벌거벗은 세계사

벗겼다, 세상을 뒤흔든 결정적 순간들

벌거벗은 세계사

tvN 〈벌거벗은 세계사〉 제작팀 지음

사건편 2

교보문고

목차

벌거벗은 그리스 민주주의

제우스의 집안싸움이 불러온 민주주의의 탄생

김헌

● 이야기를 시작하기 전에 먼저 그림을 보겠습니다. 살짝만 잘못 움직였다가는 금방이라도 떨어질 듯 아슬아슬하게 절벽에 매달린 인물은 인류의 창조자라 불리는 신, 프로메테우스Prometheus입니다. 그는 가파른 절벽에 매달려 신들의 신이라 불리는 제우스Zeus의 형벌을 받는 중입니다. 제우스와 프로메테우스는 사촌이자 동지 관계였습니다. 하지만 이들은 적이 되어 다시 만났습니다. 프로메테우스가 제우스 몰래 신들의 전유물인 불을 훔쳐 인간에게 선물했기 때문입니다. 그러자 제우스는 프로메테우스에게 절벽에 매달리는 형벌을 내렸습니다. 하지만 프로메테우스는 최고의 신인 제우스에 맞서 그의 비밀이자 치명적 약점인 '아킬레스건'을 쥐고 흔들면서 절대 굴복하지 않았습니다. 결국 천하의 제우스마저 프로메테우스를 두려워하게 만들었죠.

이 사건은 신화 속 허구에만 그치지 않고 훗날 고대 그리스의 아테네인들이 최초의 민주정을 실현하는 데 큰 영향을 미쳤습니다. 그 이후 지금까지 전 세계적으로 보편적인 정치 체제인 민주주의의 씨앗이 되었죠. 제우스와 프로메테우스의 대결 신화는 어떻게 고대 그리스 사회를 움직인 것일까요? 그리고 이들의 대결은 과연 어떤 결말로 끝이 났을까요? 지금부터 제우스의 집안싸움이

절벽에 묶인 프로메테우스

라는 신화 속에 감춰진 비밀을 통해 민주주의 시작과 그 역사를 벌거벗겨 보겠습니다.

제우스를 선택한 프로메테우스의 특별한 능력

그리스 신화에서 최고의 신으로 '신과 인간들의 아버지'라 불리는 제우스는 어쩌다가 프로메테우스와 다툼을 벌인 것일까요? 그 이유를 알려면 두 신의 갈등이 언제부터 시작됐는지부터 살펴봐야 합니다. 그 서막을 연 사건은 제우스와 티탄Titan 신족의 전쟁입니다. 이 전쟁을 '티타노마키아

〈티타노마키아〉, 제우스와 티탄 신족 사이의 전쟁

Titanomachia'라고 합니다. 그림을 보면 어두컴컴한 암흑세계로 떨어지는 이들과 수많은 이들이 넘어지고 뒤엉키며 아수라장이 된 모습입니다. 이들은 인간이 존재하기 이전에 권력을 잡기 위해 전쟁에 나선 신들입니다.

신들의 역사는 태초에 공간의 신인 카오스Chaos로부터 시작되었습니다. 이 텅 빈 공간에 대지의 여신 가이아Gaia가 스스로 태어났죠. 그녀가 처음 낳은 아들이 하늘의 신이라 불리는 우라노스Uranus입니다. 가이아와 우라노스는 모자 관계에서 부부 관계가 되었고, 이들 사이에서 12명의 자녀인 티탄 신족이 탄생했습니다. 티타노마키아가 일어날 당시 세상은 티탄 신족이 다스리고 있었습니다. 그들의 우두머리는 시간을 관장하는 신인 크로노스Kronos였죠. 그런데 그의 아들인 제우스와 형제자매들이 크로노스에게 반기를 들었습니다. 그들은 힘을 합해 권력의 1인자인 아버지와 삼촌, 고모, 이모인 티탄 신족에게 도전장을 내밀고 전쟁을 시작했습니다. 그러자 권력의 중심에 있던 12명의 티탄 신족은 제우스와 그의 형제들을 막아섰습니다. 이들의 대결은 좀처럼 결말이 나지 않았고, 전쟁은 무려 10년이나 계속됐습니다.

12명의 형제자매를 이뤘던 크로노스에 비해 제우스의 형제자매는 그를 포함해 6명에 불과했습니다. 제우스는 승리를 위해 자신을 도와줄 더 많은 지원군을 찾아 나섰습니다. 수많은 신들은 제우스와 티탄 신족 중 어느 편에 줄을 서야 할지 고민했고, 대부분이 더욱 강한 티탄 신족의 크로노스를 선택했습니다. 그 무렵 제우스를 돕겠다고 나선 신이 한 명 있었습니다. 그가 바로 이야기의 주인공인 프로메테우스입니다. 그는 티탄 신족과 제우스 모두와 인연이 깊은 인물입니다. 10쪽의 관계도에서 보듯이 티탄 신족의 우두머리인 크로노스와 프로메테우스의 아버지 이아페토스Iapetos는 형제

프로메테우스와 제우스의 관계도

입니다. 따라서 그의 아들들인 프로메테우스와 제우스는 사촌지간인 셈이죠.

이들의 관계를 알고 나면 한 가지 의문이 생기게 됩니다. 제우스는 아버지를 몰아내고 권력을 잡으려 전쟁을 일으켰다지만, 프로메테우스는 대체 왜 티탄 신족인 아버지 편이 아닌 사촌 제우스의 편에 선 것일까요? 그의 이름에 이유가 숨겨져 있습니다. '프로메테우스(Prometheus)'에서 프로(Pro)는 '앞'이라는 뜻이고 메테우스(metheus)는 '지혜로운 자', '생각하는 자'라는 뜻입니다. 즉 프로메테우스는 '앞을 내다보며 생각할 줄 아는 지혜로운 자', '행동에 앞서 미리 생각하는 자'라는 의미를 가지고 있죠. 참고로 프로메테우스의 동생 중 한 명의 이름은 에피메테우스Epimetheus로, 프로메테우스와 달리 '나중에 아는 자', '먼저 행동하고 나중에 생각하는 자'라는 뜻입니다. 한 마디로 프로메테우스는 생각하고 일을 벌이는 신중파고, 에피메테우스는 일을 벌인 후에 생각하는 행동파라고 할 수 있습니다. 이야기의 시작을 여는 '프롤로그prologue'와 끝맺음을 의미하는 '에필로그epilogue'는 두 형제의 이름과 어원적으로 깊은 관계가 있습니다.

이름의 뜻이 보여주듯이 프로메테우스가 제우스의 편에 선 이유는 앞을 내다볼 수 있는 능력 때문입니다. 예지 능력을 가진 프로메테우스는 결국 제우스가 승리할 것을 예감하고 있었습니다. 그래서 제우스 편에 선 것입니다. 프로메테우스는 제우스가 전쟁을 치르며 어려운 고비를 만날 때마다 예지 능력으로 적들의 행동을 미리 예측하고 대비했습니다. 또한 먼저 공격하는 등 돌파구가 될 전략도 제시했죠. 작전 참모 역할을 한 프로메테우스의 능력 덕을 톡톡히 본 제우스는

프로메테우스와 에피메테우스

드디어 10년간의 전쟁 끝에 티탄 신족들을 물리쳤습니다. 아버지 크로노스를 몰아낸 그는 권력의 1인자로 우뚝 섰습니다.

하지만 제우스의 편에 선 프로메테우스는 한 가지 마음에 걸리는 게 있었습니다. 자신의 집안이었죠. 프로메테우스에게는 세 명의 형제가 더 있었습니다. 그들 중 에피메테우스는 프로메테우스와 함께 제우스의 편에 섰죠. 하지만 다른 두 형제는 프로메테우스의 조언을 무시하고 티탄 신족 편에서 싸웠습니다. 네 형제가 두 편으로 나뉜 것입니다. 그렇다면 전쟁이 제우스의 승리로 끝난 뒤 티탄 신족과 그들의 편을 든 프로메테우스의 두 형제는 어떻게 됐을까요?

우선 제우스는 자신과 대립각을 세웠던 티탄족 12신들을 지하 세계인 타르타로스에 가둬버렸습니다. 프로메테우스의 형제인 메노이티오스Menoetios는 제우스와 싸우던 도중 번개를 맞아 다른 티탄 신족들과 함께 지하

감옥에 갇히고 말았습니다. 또 다른 형제 아틀라스Atlas 역시 제우스의 벌을 받게 됐습니다. 사진은 그에게 내려진 형벌을 조각상으로 표현한 것입니다. 아틀라스가 짊어진 동그란 것은 하늘입니다. 제우스는 티탄 신족의 편에 서서 싸운 아틀라스에게 지구의 서쪽 끝에서 하늘을 영원히 떠받치고 있어야 하는 벌을 내렸습니다. 그래서 고대 그리스인들은 하늘이 땅으로 떨어지지 않는 이유를 아틀라스가 떠받치고 있기 때문이라고 상상했습니다.

하늘을 짊어진 아틀라스

　여기에는 또 다른 재미있는 이야기가 숨어 있습니다. 어느 날 제우스의 아들 페르세우스Perseus는 두 손과 어깨로 하늘을 짊어지고 서 있는 아틀라스 곁을 지나게 되었습니다. 페르세우스는 그에게 잠시 쉬어가고 싶다고 요청했으나 거절당했습니다. 화가 난 페르세우스는 보기만 하면 곧바로 돌로 변해 버리는 메두사Medusa의 머리를 꺼내 보여줬고, 그 순간 아틀라스는 거대한 돌로 변해 아틀라스산맥이 되었다고 합니다. 이 외에도 아틀라스와 관련한 단어가 있는데, 바로 대서양입니다. 영어로 '애틀랜틱 오션(Atlantic Ocean)'이라고 하는데 이는 '아틀라스의 바다'라는 뜻이죠. 고대 그리스 사람들은 아틀라스가 서쪽 수평선 너머의 바다에 있다고 생각해 그쪽의 바다를 이렇게 불렀다고 합니다.

도둑질이 부른 본격적인 집안싸움

티탄 신족과의 전쟁에서 승리해 권력을 잡은 제우스는 권력을 적절히 분배하는 일이 획득한 권력을 유지하는 데 가장 중요하다고 생각했습니다. 그래서 권력을 차지하자마자 형제자매와 나누고 똑똑한 자식들을 등용해

제우스	포세이돈	헤라	데메테르
아테나	아폴론	아르테미스	헤르메스
헤파이스토스	아프로디테	디오니소스	아레스

올림포스 12신

올림포스 12신이 다스리는 체제를 만들었습니다. 그런데 여기에는 프로메테우스가 포함되어 있지 않습니다.

대신 제우스는 프로메테우스의 공로를 인정해 그에게 중요한 임무를 맡겼습니다. 신들이 만든 여러 생명체에 다양한 능력과 특징을 부여하는 것이었죠. 이때까지만 해도 세상에는 불멸의 신들만 존재할 뿐 유한한 생명체는 없었습니다. 기원전 4세기경 플라톤Plato이 쓴 글 《프로타고라스》에 따르면 신들은 흙과 불, 물과 공기를 섞어서 다양한 생명체를 만들었다고 합니다. 이때 인간들도 창조했다는 것이죠. 그런데 이후 아폴로도로스Apollodōros나 오비디우스Ovidius 같은 후대의 작가들은 프로메테우스가 직접 인간을 빚었다고 말하고 있습니다. 이들의 이야기에 따르면 프로메테우스가 하늘에 있는 신성한 흙과 물로 빚어서 만든 것이 인간이라고 합니다. 다만 이렇게 태어난 인간은 모두 남성이었습니다.

이때 에피메테우스도 형을 도와주었는데, 각각의 생명체에게 적절한 능력을 부여하는 일을 맡았습니다. 프로메테우스는 마지막 점검을 하기로 했죠. 에피메테우스는 행동파답게 거침없이 생명체별로 필요한 능력을 다양하게 나눠주었습니다. 새에게는 하늘을 날 수 있는 날개를, 맹수에게는 날카로운 발톱을 주었죠. 그리고 거북이에게는 딱딱한 등껍질을 주고 초식 동물에게는 빨리 도망

인간을 빚는 프로메테우스

갈 수 있는 발을 줬습니다. 그런데 이렇게 나눠주다 보니 정작 인간에게는 줄 능력이 없었습니다. 결국 인간은 자신을 지킬 수 있는 능력 하나 없이 밤이 되면 추위에 떨고 맹수를 만나면 달아나기 바빴습니다. 신들이 만든 생명체 중 최약체가 된 것입니다.

이 사실을 알게 된 프로메테우스는 동생에게 일을 맡긴 것을 후회했습니다. 이번 일만은 이름값을 하지 못했던 프로메테우스는 이미 엎질러진 물을 주워 담을 대책을 세워야만 했습니다. 그는 인간에게 무엇을 줄 수 있을지 곰곰이 생각했습니다. 그리고 한 가지를 생각해냈습니다. 추위를 피할 수 있으면서 맹수도 쫓아낼 수 있는 것, 바로 대장장이의 신 헤파이스토스Hephaistos가 가진 '불'이었죠. 그리고 아테나Athena 여신의 '지혜'도 몰래 가져다가 선물했습니다. 문제는 이때만 해도 불이 신들의 전유물이었다는 것입니다. 그러자 제우스는 특별히 인간에게 불을 주려 하는 프로메테우스를 의심하기 시작했습니다. 혹시 프로메테우스가 신의 모습을 닮은 인간들의 힘을 신처럼 키워 자신의 권력에 도전하는 것은 아닌가 두려웠던 모양입니다. 티탄 신족과의 전쟁을 승리로 이끈 일등 공신 프로메테우스가 이제는 제우스의 경계 대상이 된 것이죠.

사실 제우스는 권력의 1인자가 된 뒤부터 프로메테우스를 경계하기 시작했습니다. 그의 뛰어난 예지 능력 덕에 권력을 쟁취하는 데는 성공했으나 새로운 의심이 피어나기 시작한 것입니다. '만약 프로메테우스가 반기를 든다면 버거운 상대가 되겠구나. 게다가 나와 핏줄을 나눈 친형제도 아니니 믿을 수가 없어.' 그래서 올림포스 12신 체제로 권력을 분배할 때도 프로메테우스를 배제했습니다. 하지만 아무리 제우스라도 프로메테우스를 아무 명분 없이 제거할 수는 없었죠.

제우스의 고민이 깊어질 즈음 때마침 프로메테우스가 스스로 위기를 자초하고 말았습니다. 동생 에피메테우스와 함께 생명체에게 생존 수단과 능력을 나눠주던 그가 인간에게 좋은 것을 주기 위해 제우스를 속이기로 한 것입니다. 프로메테우스는 황소 한 마리를 잡아 두 가지 제물을 준비했습니다. 하나는 살코기와 기름진 내장을 골라 쇠가죽으로 싸서 허접하게 보이도록 했고, 또 하나는 소뼈들을 잔뜩 쌓아 기름 조각으로 교묘하게 포장한 후 맛있게 보이도록 만들었습니다. 그런 제우스에게 "인간이 제물을 바치겠다고 합니다. 신의 몫으로 어느 쪽을 선택하시겠습니까?"라고 물었습니다. 제우스가 고르지 않은 남은 하나는 인간의 몫이 될 예정이었죠. 제우스가 선택한 것은 맛있어 보이는 기름 조각으로 싼 뼈였습니다. 제우스를 속이는 데 성공한 프로메테우스는 인간에게 좋은 부위를 줄 수 있게 됐다며 기뻐했습니다.

과연 제우스는 이 사실을 몰랐을까요? 사실 제우스는 이미 프로메테우스의 계략을 꿰뚫어 보고 있었습니다. 하지만 일부러 아무것도 모르는 척 기름 조각이 덮인 쪽을 선택했습니다. 프로메테우스를 권력에서 완전히 배제해 버릴 절호의 기회였기 때문입니다. 제우스는 프로메테우스가 자신을 속였다며 분노를 감추지 않았습니다. 그러고는 속임수에 대한 응징으로 인간에게 벌을 내렸습니다. 더는 불을 사용할 수 없도록 금지한 것입니다. 이제 인간은 좋은 고기를 얻었으나 불이 없으니 조리해 먹지 못했고, 맹수로부터 자신을 보호해 주고 추위를 막아주던 중요한 무기까지 잃게 되었습니다. 게다가 제우스는 인간이 그동안 신들의 보호 아래 풍요롭게 살던 것에서 벗어나 스스로 먹을 것을 얻도록 만들었습니다. 불이라는 무기를 빼앗고 노동의 고통을 안겨준 셈이죠. 결국 프로메테우스가 인간을 아끼는 마음으로 한 행동이 오히려 고통을 가져다주고 말았습니다.

고대 그리스의 서사 시인 헤시오도스Hesiodos가 쓴 책《신들의 계보》에 따르면 제우스가 프로메테우스와 달리 인간에게 야박한 데는 이유가 있습니다. 제우스의 아버지 크로노스가 세계의 지배자로 있을 때 올림포스 신들은 황금 종족이라는 인간을 만들었습니다. 신들은 그들에게 온갖 축복을 주었고, 그들은 신들처럼 살았죠. 앞서 신들이 다양한 생명체를 만들 때 인간도 같이 만들었다는 플라톤의 주장과는 조금 다른 내용입니다. 신들에게 황금 종족은 특별한 존재였고, 인간은 신들의 보호 아래 행복하게 지냈습니다. 그러던 어느 날 대지의 여신이 황금 종족을 모두 삼켜버렸고 올림포스 신들은 또다시 은의 종족이라 일컫는 인간을 만들었습니다. 이때 이들이 신을 공경하지 않자, 크로노스의 뒤를 이어 권력을 잡은 제우스는 화가 나 이들을 모두 없애버렸다고 합니다. 제우스는 세 번째 청동 종족과 네 번째 영웅 종족도 만들었지만 그들 역시 제우스의 노여움을 사서 사라지고 말았습니다. 이후 철의 종족이 나타났으나 이들도 난폭하기가 그지없었죠. 다만 헤시오도스의 이야기와 다른 여러 신화를 짜 맞춰보면 프로메

제우스에게서 불을 훔치는 프로메테우스

테우스가 철의 종족을 만든 것으로 보입니다. 그는 이들을 이름처럼 강하고 단단한 존재로 만들었던 것 같습니다. 그에 반해 제우스는 신을 공경하지 않고 신에게 위협이 될 수 있는 인간을 세상에서 모조리 쓸어버리려고 했습니다.

인간을 너무도 사랑한 프로메테우스는 제우스의 형벌로 고통받는 인간을 가만히 두고 볼 수가 없었습니다. 결국 그는 인간을 위해 제우스에게서 불을 훔치기로 했습니다. 17쪽의 그림에서 곤히 자고 있는 인물은 제우스입니다. 그 뒤에서 조심스럽게 손을 뻗은 인물은 프로메테우스로, 제우스가 잠든 사이 그가 쥐고 있는 번개에서 불을 훔쳐내고 있습니다. 그는 줄기 속이 비어 있는 회향풀 안에 불씨를 넣고 인간에게 몰래 건네줬습니다. 인간을 너무 사랑한 나머지 최고의 신 제우스를 상대로 도둑질을 감행한 것입니다.

제우스, 피의 응징을 시작하다!

프로메테우스가 불을 훔친 사실을 눈치챈 제우스는 분노했습니다. 다음은 헤시오도스가 쓴 《일과 날》에 남아 있는 제우스의 반응입니다.

> "이아페토스의 아들이여, 누구보다 꾀 많은 자여, 그대가 나를 속여 불을 훔치고는 좋아하고 있구려. 허나 그것은 그대 자신에게도 후세의 인간들에게도 큰 화근이 되리라. 나는 불의 대가로 그들에게 재앙을 줄 것이다."

제우스는 이 무시무시한 저주를 하나씩 실행에 옮겼습니다. 먼저 프로메테우스에게 자신의 경호와 수행을 담당하는 힘의 신 크라토스Kratos와 폭력의 신 비아Bia를 보냈습니다. 이들은 프로메테우스를 제압한 뒤 카우카소스산으로 끌고 갔습니다. 이곳은 현재 유럽과 아시아를 가르는 코카서스산맥에서 7번째로 높은 산입니다. 고대 그리스인들이 아틀라스산맥을 서쪽 세상의 끝이라 생각했다면, 코카서스산맥은 동쪽 세상의 끝이라고 생각했습니다. 또한 당시에는 이 산이 세상에서 가장 높다고 상상했죠. 이곳의 높은 절벽으로 끌려간 프로메테우스를 맞이한 인물은 헤파이스토스였습니다.

그는 제우스와 헤라Hera의 아들로 대장장이 신입니다. 손재주가 워낙 좋아 제우스의 번개, 바다의 신 포세이돈Poseidon의 삼지창, 아테나의 방패,

헤파이스토스

아폴론Apollon과 아르테미스Artemis의 활과 화살을 만들어 주었죠. 하지만 그는 손재주만큼이나 못생긴 얼굴로도 유명했습니다. 신화에서는 추남에 절름발이로 묘사되고 있죠. 얼마나 못생겼는지 태어나자마자 엄마인 헤라가 얼굴을 보고 헤파이스토스를 집어던졌다고 합니다. 그래서 다리를 절게 되었으며, 나중에 그에 대한 보상으로 세상에서 가장 아름다운 미의 여신인 아프로디테Aphrodite를 아내로 맞이했다는 이야기가 있습니다.

누구도 끊을 수 없는 사슬을 만든 헤파이스토스는 삼촌뻘인 프로메테우스를 꽁꽁 묶으며 말했습니다.

"그대도 나도 원치 않는 일이지만 나는 풀 수 없는 청동으로 인적 없는 이 절벽에 그대를 꽁꽁 붙들어 매야 하오. 이것은 바로 인간을 사랑하는 그대의 태도가 가져다준 결실이오. (중략) 그 대가로 그대는 아무 기쁨도 없이 이 바위를 지키게 될 것이오. 곧추서서는 잠도 자지 못하고 무릎도 구부리지 못한 채 그대는 수많은 탄식과 비명을 내뱉게 되겠지만 다 소용없는 짓이오."

그러자 프로메테우스가 탄식하듯 대답했습니다.

"보아라, 사슬에 묶인 이 불행한 신을! 인간들을 너무나 사랑했기에 제우스의 적이 되고 제우스의 궁전에 있는 모든 신들에게 미움받는 이 모습을!"

헤파이스토스는 자신이 관장하는 불을 훔친 프로메테우스가 미웠을 법한데도 오히려 안타까워하며 그를 절벽에 묶는 임무를 탐탁지 않게 생각했습니다. 하지만 이 임무는 신들의 신이자 자신의 아버지인 제우스의 명령이었기에 복종할 수밖에 없었죠. 결국 헤파이스토스는 삼촌 프로메테우스를 사슬로 둘렀습니다. 그러고는 바위에 못을 박아 팔과 다리를 단단히 고정한 다음 망치를 휘둘러 꽁꽁 붙들어 맸습니다. 양다리에도 족쇄를 채워 사지를 고정해 도망갈 수 없게 만들었죠. 프로메테우스는 카우카소스산 절벽에 사지가 묶인 채 매달려 수백 년을 견뎌야 했습니다. 그림에서 사슬을 든 왼쪽의 인물이 헤파이스토스이며, 그 아래 붙들려 괴로운 표정을 짓는 이가 프로메테우스입니다.

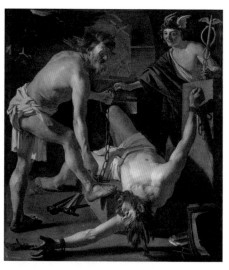

프로메테우스를 결박하는 헤파이스토스

프로메테우스에게 형벌을 내린 제우스는 인간을 사랑하는 프로메테우스에게 복수할 작정으로 인간 세상을 혼란스럽게 만들 계획을 세웠습니다. 그는 신들의 재능을 동원해 최초의 여성을 만들어 인간 세상에 내려보냈습니다. 앞서 프로메테우스가 인간을 창조할 때 남성만 만들었다고 이야기했습니다. 여성을 만든 이는 헤파이스토스였습니다. 그는 여신의 모습을 닮은 아름다운 인간 여성을 만들었습니다. 그러자 여러 신들이 새로 탄생한 여인에게로 다가와 귀한 선물을 주었습니다. 헤르메스Hermes는 남자들의 귀를 솔깃하게 하는 교묘한 말재주를 주었고, 미의 여신 아프로디테로는 그녀의 아름다움을 물려주었으며, 여러 신의 도움으로 황금 장신구와 봄 꽃으로 만든 화환을 두르게 했죠. 신들에게서 다양한 재능을 물려받은 이 여성은 호기심도 매우 강했습니다. 이렇게 탄생한 인류 최초의 여성이 바로 판도라Pandora입니다. 그리스어로 판(pan)은 '모두 다'라는 뜻이고, 도라(dora)는 '선물'이라는 뜻입니다. 즉 판도라는 '모든 선물을 받은 사람'이라는

판도라의 탄생

의미를 가지고 있죠.

　제우스는 전령의 신 헤르메스를 통해 인류 최초의 여성인 판도라를 프로메테우스의 동생인 에피메테우스에게 데려다주었습니다. 예지 능력을 가진 프로메테우스는 제우스의 계략을 이미 알고 있었고, 동생에게 제우스가 인간들에게 고통을 주기 위해 선물을 보낼 것이니 절대로 받지 말고 돌려주라고 신신당부했죠. 하지만 판도라의 아름다움에 푹 빠진 에피메테우스는 형의 말을 잊은 채 판도라를 집으로 들여 아내로 맞이했습니다. 곧바로 그녀를 에피메테우스에게 보낸 제우스의 의도가 드러났습니다.

　에피메테우스가 살던 집에는 항아리가 하나 있었는데 이를 발견한 판도라의 호기심이 반짝거린 것입니다. 에피메테우스는 판도라에게 항아리를 절대 열지 말 것을 신신당부했습니다. 하지만 호기심을 참을 수 없던 판도라는 항아리를 열어버렸습니다. 그 순간 그곳에서 무언가가 빠져나갔습니다. 이게 바로 '판도라의 항아리' 신화입니다. 우리에게는 '판도라의 상자'로 널리 알려져 있는데, 번역 과정에서 실수로 '항아리(pithos)'가 '상자(pyxis)'로 번역되었다고 합니다. 후대에 화가들도 항아리가 아닌 상자로 그리면서 '판도라의 상자'가 더 익숙해진 것입니다. 이 항아리가 에피메테우스의 집에 있게 된 배경은 어디에서도 찾을 수 없습니다. 일부의 신화 작가나 학자들은 인간을 너무나 사랑했던 프로메테우스가 인간에게 해가 될 재앙의 요소들을 항아리 안에 가둬두고 에피메테우스의 집에 보관한 것은 아닐까 추측하기도 했죠. 이와 달리 제우스가 항아리를 에피메테우스의 집에 가져다 놓았다는 이야기도 있습니다.

그런데 에피메테우스에게 판도라를 보낸 것이 왜 제우스의 형벌일까요? 제우스는 호기심 강한 판도라가 항아리를 열 것을 알고 있었습니다. 항아리 안에는 재난, 아픔, 질투, 전쟁, 배고픔 같은 온갖 재앙이 들어 있었죠. 판도라가 항아리를 열어 이 모든 것을 세상 밖으로 내보낸 순간 인간 세상

항아리를 여는 판도라

에는 무수히 많은 고통이 떠돌게 됐습니다. 육지와 바다는 재앙으로 가득 차고, 병들은 밤낮 없이 인간들을 찾아갔습니다. 이때 깜짝 놀란 판도라가 황급히 뚜껑을 닫으면서 항아리에서 빠져나가지 못한 것이 있었습니다. 바로 '희망'입니다.

이 신화에 관해서는 지금까지도 의견이 분분합니다. 누군가는 희망이 인간에게 재앙이기 때문에 항아리 속에 들어있다고 생각했습니다. 희망은 불확실한 미래를 위해 현실의 고통을 참으면서 현실을 희생하게 만든다는 의견인 것이죠. 그런가 하면 원래 항아리에는 사랑, 평화, 행복 등 좋은 것이 가득 들어 있었으나 항아리를 여는 바람에 인간들의 세상을 떠나 신들의 세계로 달아나버렸다는 의견도 있습니다. 그 결과 인간에게는 고통밖에 남지 않았고 판도라가 마지막으로 붙잡은 것이 희망이라는 것이죠. 항아리에 대한 해석은 조금씩 다르지만, 인간 세상에 재앙을 퍼트린 제우스의 형벌은 고통 없이 살던 인간에게 시련을 가져다주었습니다. 그리고 인간을 사랑하는 프로메테우스는 그들의 고통을 보며 괴로워했죠. 이처럼 제우스는 인간을 통해 프로메테우스에게 복수했습니다.

프로메테우스가 쏘아 올린 인류의 멸망과 부활

하지만 제우스는 인간에게 온갖 불행을 퍼트린 것으로는 만족하지 못했습니다. 세월이 흘러 온갖 사악함과 탐욕이 땅을 뒤덮고 인간들이 더 많이 가지기 위해 서로를 죽이는 전쟁을 계속하자, 제우스는 인간에게 더욱 혹독한 최후의 징벌을 내리기로 했습니다. 홍수를 일으켜 인간을 모두 없애고 땅을 정화하려는 것이었습니다.

그는 신들의 능력을 동원했습니다. 먼저 거친 북풍과 구름을 몰아내는 돌풍을 동굴에 가두고, 남풍의 신을 불러 비를 내리게 했죠. 그리고 바다의 신 포세이돈과 강의 신들에게 세상을 물바다로 만들라고 명령했습니다. 그러자 하늘에서 폭우가 쏟아졌고 강과 바다가 범람해 육지가 사라졌습니다. 인간은 어떻게든 살려고 애썼지만 제우스는 인간 세상에 존재하는 대부분을 홍수로 휩쓸어버렸습니다. 하늘을 나는 새조차 물에 젖어 날갯짓을 하지 못해 물에 빠져 죽었다고 합니다.

대홍수

제우스가 인간을 모조리 쓸어버리려고 했을 때 유일하게 살아남은 사람들이 있습니다. 프로메테우스의 아들 데우칼리온Deucalion과 에피메테우스와 판도라 사이에서 태어난 딸 피라Pyrrha입니다. 9일 밤낮으로 비를 퍼부은 대홍수로 물 위에는 죽은 사람들만 둥둥 떠다녔습니다. 보이는 것이라고는 파르나소스산 꼭대기의 신전뿐이었죠. 데우칼리온과 피라는 이곳으로 도망쳐 목숨을 구할 수 있었습니다. 이제 세상에는 오직 두 사람과 그들이 탄 배만 덩그러니 남았죠.

두 사람이 살아남은 것은 제우스의 마지막 징벌을 예견한 프로메테우스

덕분이었습니다. 그는 제우스가 인간을 멸종시키려 홍수를 내릴 것을 예상해 아들과 며느리인 피라에게 미리 배를 만들어놓으라고 조언했습니다. 대홍수에서 유일하게 살아남은 데우칼리온과 피라는 눈앞에 보이는 신전을 찾아갔습니다. 그러고는 신 앞에 무릎 꿇고 인류를 되살릴 방법을 물었습니다. 그러자 신전에 있던 정의와 율법의 신 테미스Themis가 이렇게 말했습니다.

데우칼리온과 피라의 배

"너희들은 머리에는 두건을 두르고 의복은 묶지 말고 이 신전을 나가도록 하라. 그리고 네 어미의 뼈를 등 뒤로 던져라."

테미스의 말을 들은 데우칼리온은 고민 끝에 피라에게 다음과 같이 말했습니다.

"곰곰이 생각해 보니 당신과 나, 우리 모두의 어머니는 바로 만물을 창조한 가이아 여신, 즉 '대지'요. 그리고 딱딱한 돌은 대지의 뼈라고 할 수 있소. 우리 돌을 등 뒤로 던져봅시다."

결국 두 사람은 신전에서 나와 바닥의 돌을 집어 등 뒤로 던져봤습니다. 그러자 테미스 여신이 말한 대로 인류가 다시 태어났습니다. 데우칼리온이 던진 돌은 남자로, 피라가 던진 돌은 여자로 변한 것입니다. 이렇게 인류를

등 뒤로 돌을 던지는 데우칼리온과 피라

멸종시키려고 했던 제우스의 뜻은 꺾이고 데우칼리온과 피라에 의해 새로운 인류가 태어났습니다. 제우스에게 대항했던 프로메테우스의 아들과 제우스가 프로메테우스에게 복수하려 만든 판도라의 딸은 새로운 인류의 조상이 됐죠.

　새 인류를 만든 데우칼리온과 피라 사이에는 세 딸과 세 아들이 태어났습니다. 그중 가장 주목해야 할 아이는 맏아들 헬렌Hellen입니다. 그는 결혼해 세 아들 도로스Doros, 크수토스Xuthos, 아이올로스Aiolos를 낳았습니다. 그중에서 크수토스는 아카이오스Achaios와 이온Ion을 낳았죠. 그 결과 헬렌의 후손들은 고대 그리스인을 이루는 주요 부족인 도리아인, 아카이아인, 이오니아인, 아이올리스인의 시조가 되었습니다. 이들 네 부족은 그리스 곳곳에 퍼져 각각의 도시 국가를 이루며 살았습니다. 이들은 비록 흩어져 있어도 프로메테우스의 아들인 데우칼리온과 판도라의 딸인 피라 사이

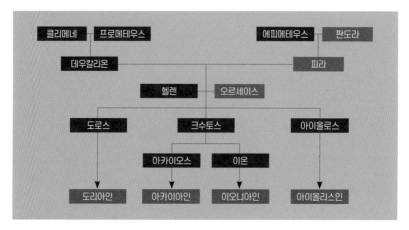

데우칼리온과 피라의 가계도

에서 태어난 '헬렌'의 후손이자 단일 민족이라는 자부심을 갖고 각 지역에서 독자적인 문명을 꽃피웠습니다.

결국 그리스인은 프로메테우스의 후예인 셈입니다. 이들은 모두 헬렌을 자신의 시조로 두고 스스로를 '헬레네스Hellenes'라고 불렀습니다. 고대 그리스와 오리엔트 세계가 융합돼 로마 제국까지 이어진 문화인 '헬레니즘'도 헬렌의 후손들이 이룩한 문명이라는 뜻이죠. 결국 하늘의 영역, 즉 신들의 영역은 제우스가 지배했으나 땅의 영역이라 할 수 있는 그리스는 프로메테우스가 지배했다고 볼 수 있습니다. 놀랍게도 데우칼리온과 피라 사이에서 낳은 세 딸은 바람둥이인 제우스와 사랑을 나눴습니다. 그들의 자녀 중 한 명은 펠로폰네소스 지방 어느 나라의 초대 왕이 됐고, 다른 딸들의 자녀 역시 '그리스'의 유래가 되거나 '마케도니아' 지역의 어원이 됐다고 합니다. 프로메테우스, 에피메테우스, 판도라, 제우스까지 모두 고대 그리스의 시조가 된 것입니다.

제우스 vs 프로메테우스, 최후의 대결

절벽에 묶인 프로메테우스

그렇다면 제우스와 프로메테우스의 대결은 과연 어떻게 됐을까요? 이때까지는 제우스가 권력의 1인자이고, 프로메테우스는 이런 제우스를 속여 신들의 특권인 불과 지혜를 훔친 도둑에 불과해 보입니다. 하지만 이후 대결은 매우 격렬해졌습니다. 먼저 제우스의 형벌로 절벽에 매달린 프로메테우스의 모습을 다시 살펴보겠습니다. 그는 이 상황에서도 절망하거나 굴복하지 않고 제우스에게 강하게 저항했습니다. 마치 그에게는 제우스를 제압할 숨겨놓은 카드가 있는 것처럼 말이죠.

어느 날 절벽에 매달린 채 고통스러운 나날을 보내고 있던 프로메테우스에게 바다의 신 오케아노스Okeanos의 딸들이 찾아왔습니다. 바다의 여신인 그녀들은 프로메테우스의 사촌 누이이자 처제였습니다. 프로메테우스는 자신을 걱정스럽게 바라보는 처제들에게 "제우스가 곧 어떤 결혼에 의해 몰락할 것"이라고 예언했습니다. 이는 제우스를 향한 협박이었습니다. 프로메테우스의 예언을 그냥 흘려보낼 수 없었던 제우스는 헤르메스를 전령으로 보내 프로메테우스의 입을 열도록 했습니다. 자신이 누구와 결혼하면 안 되는지 너무도 궁금했기 때문이죠.

헤르메스: 아버지께서 그대에게 명령하시기를, 그분을 권좌에서 축출할 거라고 그대가 허풍 치는 그 '결혼'이란 것이 대체 무엇인지 아뢰라 하시오.

프로메테우스: 제우스는 어떤 고문으로도 어떤 계략으로도 나를 움직여 내가 알고 있는 비밀을 말하게 할 수 없을 것이네. 그가 이 치욕스러운 사슬에서 나를 풀어주기 전에는.

헤르메스: 오오, 어리석은 자여. 이만큼 고초를 겪었으면 아직 시간이 있을 때 제발 정신 좀 차리시오.

헤르메스는 프로메테우스에게 윽박지르기도 하고 애원도 하면서 제우스에게 걸린 저주의 비밀을 알아내려 했습니다. 심지어는 제우스의 비밀을 말하지 않으면 지금 묶여 있는 절벽이 땅속으로 가라앉을 것이며, 오랜 시간이 지난 후 다시 땅 위로 솟아오르면 매일 독수리가 찾아와 프로메테우스의 몸을 고깃덩어리처럼 갈기갈기 찢을 거라 협박했습니다. 프로메테우스는 제우스의 협박에도 굴하지 않고 침묵을 지키다가 정말로 그림처럼 매일 독수리에게 간을 쪼아 먹히는 형벌을 받았습니다.

그런데 왜 하필 간일까요? 신화에서 정확히 설명해 주지는 않지만 여기에는 다양한 견해가 있습니다. 한 가지 설은

독수리에게 간을 쪼이는 프로메테우스

간이 인간의 장기에서 재생력이 가장 크다는 점에 근거합니다. 밝은 낮에는 독수리에게 간을 쪼아 먹히다가도 밤이 되어 독수리가 날아가면 간은 다시 자라났습니다. 하지만 날이 밝으면 다시 독수리에게 간을 쪼이는 고통이 찾아왔고, 이는 날마다 계속됐습니다. 끝없이 쪼아 먹혀도 프로메테우스의 간이 다시 자라나는 한 그의 형벌도 영원히 계속될 것임을 뜻했죠. 동시에 프로메테우스의 저항 또한 멈추지 않을 것임을 의미합니다. 또 다른 설은 고대 그리스인들이 간을 생명, 영혼, 지혜, 용기의 상징으로 여겼기 때문입니다. 즉 매일 간을 쪼아 먹는 행위는 프로메테우스의 용기를 꺾겠다는 뜻이며, 간이 매일 다시 자라나는 것은 프로메테우스의 용기가 꺾이지 않음을 상징하죠.

수백 년의 형벌에도 프로메테우스는 쉽사리 입을 열지 않았습니다. 사실 제우스는 이미 아버지인 크로노스로부터 '자식에 의해 권좌에서 쫓겨날 것'이라는 저주를 받았습니다. 그리고 예지 능력이 있던 프로메테우스는 제우스를 권좌에서 끌어내릴 자식이 누구인지 알고 있었죠. 제우스는 힘들게 얻은 권력을 자식에게조차 빼앗기고 싶지 않았고, 그럴수록 아버지가 말하고, 프로메테우스가 반복하는 그 저주에 집착했습니다. 만약 저주의 주인공을 알게 된다면 얼마든지 자신이 예방할 수 있다고 생각한 것입니다. 실제로 제우스가 권력을 잡는 과정 동안 이 같은 저주의 굴레가 반복됐습니다.

태초에 카오스 다음으로 태어난 대지의 신 가이아는 세계의 지배자였습니다. 그러나 자신이 낳은 우라노스Uranos에게 밀려 1인자에서 자리에서 물러나야 했죠. 새로운 권력자가 된 우라노스는 어머니 가이아를 아내로 삼았습니다. 그는 자신이 아내이자 어머니였던 가이아 위에서 군림한 것처럼, 자식들이 자신을 몰아내고 권력을 독점할까 두려웠습니다. 그리하여 가이아와의 사이에서 낳은 자식들을 가이아의 자궁인 땅속 깊이 감춰버렸습니다. 이때 막내아들 크로노스는 가이아가 준 낫으로 우라노스를 거세해 버리고 쫓아냈습니다. 이렇게 권력은 다시 크로노스의 차지가 되었죠.

하지만 우라노스는 크로노스도 자기처럼 자식들에게 권력을 빼앗길 것이라는 저주를 걸었습니다. 크로노스는 자신의 남매이자 흐름의 신인 레아Rhea와 결혼해 자식들을 낳았지만 늘 불안함에 떨었습니다. 그는 고민 끝에 자식들을 먹어버림으로써 자식들을 세상에서 감춰버렸습니다. 그림은 다섯 번째 자식을 삼키는 중인 크로노스의 모습입니다. 이미 그의 뱃속에는 네 명의 자식들이 있죠. 아이들을 삼키면 아버지의 저주가 실현될 수

자식을 삼키는 크로노스

없다고 생각한 것입니다. 하지만 레아는 여섯 번째 아이만은 지키고 싶었습니다. 그녀는 몰래 아이를 낳은 뒤 크레타의 산속 깊은 동굴에 숨겼습니다. 그러고는 돌덩어리를 천으로 싸서 갓 태어난 아이로 속여 크로노스에게 건넸습니다. 레아의 기지 덕분에 극적으로 살아남은 여섯 번째 아이는 결국 아버지가 삼킨 형제들을 구했습니다. 그리고 티탄 신족들과 전쟁을 벌이고 아버지를 몰아냈죠. 그 아이가 바로 제우스입니다.

우라노스의 저주대로 아버지 크로노스를 몰아내고 어렵게 권력을 잡았던 제우스는 자신 역시 같은 일을 당할 것이 두려워 노심초사했던 것입니다. 이 같은 불안은 제우스를 늘 따라다녔습니다. 어느 날 신들이 "메티스 Metis가 딸을 낳고 그다음에 아들을 낳을 텐데, 그 아들이 제우스를 왕의 자리에서 쫓아낼 것이다"라고 하자 제우스가 메티스를 꿀꺽 삼켰다는 이야기도 있습니다. 메티스는 그가 권력을 잡을 때 도와주었던 여신이자 그의 첫 번째 아내였음에도, 권력을 지키기 위해 이런 일도 서슴지 않았죠. 그만큼 권력을 빼앗기는 것을 두려워했습니다.

과연 프로메테우스는 제우스에게 비밀을 이야기했을까요? 제우스의 권력을 빼앗을 수 있는 자식이 누구인지 말한다면 일단 그를 풀어주겠지만, 다른 기회를 틈타 보복할 수도 있었죠. 그렇다고 계속 입을 꾹 다물고 있으면 제우스의 분노가 더욱 커질 것이 뻔했습니다. 이때 프로메테우스의 결정에 큰 영향을 미친 인물이 나타났습니다. 제우스의 아들이자 엄청난 힘을 가진 그리스 신화 속 대영웅, 헤라클레스Heracles입니다. 과거에 헤라클레스를 싫어한 헤라는 그에게 광기를 보냈습니다. 이로 인해 헤라클레스는 자신의 아이들을 죽였고 12가지 과업을 치르게 되었습니다. 과업 중 하나는 요정들이 관리하는 정원에서 황금사과를 가져오는 것이었는데, 이때 프

프로메테우스를 구해주는 헤라클레스

로메테우스의 조언 덕분에 황금사과를 얻는 데 성공했습니다.

　12가지 과업을 마친 헤라클레스는 자신을 도왔던 프로메테우스에게 은혜를 갚았습니다. 우선 프로메테우스의 간을 쪼는 독수리를 죽였습니다. 그런데 이것은 제우스의 지시에 의한 것이기도 했습니다. 프로메테우스의 뚝심에 결국 제우스가 손을 들고 말았던 겁니다. 제우스는 프로메테우스가 자신과 관련된 비밀을 말해준다면 무슨 소원이든 들어주겠다고 제안했습니다. 단, 권좌만 빼고 말이죠. 그러자 프로메테우스는 제우스에게 폭력적이고 독재적으로 세상을 다스리지 말고, 인간을 괴롭히고 멸종하지도 말 것이며, 법과 원칙에 따라 통치하는 정의의 지도자가 되어달라는 약속을 내걸었습니다. 자신은 제우스의 권력을 노리지 않는다는 것을 확실히 보여주면서 세상과 인간에 대한 애정을 끝까지 드러낸 것입니다. 제우스는 그렇게 하겠다고 약속했습니다.

프로메테우스는 제우스의 약속을 믿고 비밀을 말해주었습니다.

"테티스Thetis 여신과 당신 사이에서 자식이 태어난다면, 그 자식에 의해 당신은 몰락할 것이오"

이 사실을 알게 된 제우스는 몰락을 막기 위해 바다의 요정 테티스를 인간 펠레우스Peleus와 결혼시켰습니다. 두 사람 사이에서 태어난 아이가 트로이아 전쟁의 최고 영웅인 아킬레우스Achilleus입니다. 비밀을 듣고 안심한 제우스는 프로메테우스를 풀어주었습니다. 고통에서 벗어난 프로메테우스는 신들의 권력 싸움에서 물러나 인간을 돌보는 신으로 남았습니다. 제우스도 프로메테우스와의 약속대로 난폭한 폭군의 이미지를 벗어나 정의와 법도를 통해 인간 세상을 다스리는 신으로 거듭났습니다.

프로메테우스처럼 고통받던 아테네의 평민들

인간을 너무도 사랑했던 프로메테우스는 제우스와의 오랜 대결을 거쳐 결국 자신의 자손들을 새로운 시대의 주인공으로 만들었습니다. 제우스마저 두 손 두 발 들게도 했죠. 그런데 프로메테우스가 불러일으킨 변화의 물결은 신화 속에서만 존재하는 것은 아닙니다. 고대 그리스의 중심지에서 프로메테우스 신화를 재해석하면서 새로운 바람이 일기 시작한 것입니다. 이 바람은 그리스 문명과 함께 전 세계의 역사를 뒤바꾼 정치 체제를 꽃피우는 계기가 됐습니다. 과연 프로메테우스 신화와 아테네는 어떤 연관이 있을까요?

이를 알기 위해서는 먼저 당시 아테네에 무슨 일이 있었는지 알아볼 필요가 있습니다. 프로메테우스 신화가 널리 알려진 때는 기원전 8~7세기 무렵입니다. 이 시기는 문화적, 정치적으로 큰 발전이 없던 그리스 문명이 암흑기에서 벗어나 새롭게 도약하는 기간이었습니다. 또한 그리스 전역에 폴리스라는 도시 국가를 세우면서 정치적 혼란을 수습하고 경제적으로도 부강해졌죠. 아테네는 그중에서도 가장 주목받던 도시 국가였습니다. 초기 아테네는 모든 권력을 왕이 독점하는 왕정 국가였습니다. 그런데 폴리스를 세우고 나라의 규모가 커지면서 왕이 혼자서 다스리기가 어려워졌습니다. 이때 유능한 사람들이 모여서 함께 정치를 시작했습니다. 실제로 아테네에서는 아르콘archon이라 부르는 9명의 고위 관리가 입법, 행정, 사법을 주관했습니다. 일명 귀족 정치가 시작된 것입니다.

아테네의 국가 체제 변화

하지만 부를 가진 귀족에게 집중된 정치권력은 아테네 평민을 고통으로 몰아넣었습니다. 귀족은 자신의 땅에서 수확한 농산물을 팔아 번 돈을 평민에게 비싼 이자를 받고 빌려주면서 배를 불렸습니다. '재산은 가문에 속한 것'이라는 당시 원칙 때문에 토지와 재산은 점점 더 소수 귀족에게 집중됐죠. 가난에 짓눌린 평민들은 자기 몸을 저당 잡아 빚을 지거나 심지어는 자식을 팔기까지 하는 고통 속에 살았습니다. 이때 아테네는 평민들을 구제하기 위해 최초의 성문법을 제정했습니다. 그런데 평민을 위한 법 제정이 오히려 평민들을 더욱 가혹하게 수탈하는 원인이 되고 말았습니다.

'드라콘 법'이라고 하는 이 법은 경찰력에 의해 나라의 질서를 유지하는 방법을 제시하고 있으나, 그 형벌이 너무도 가혹했습니다. 법은 돈이 없어 귀족에게 빚을 진 평민이 이를 갚지 못하면 대신 귀족의 노예가 되어야 한다고 말했습니다. 어느새 귀족들은 노예가 된 평민을 직접 부리거나 다른 사람에게 팔아넘겨 몸값을 챙기기도 했죠. 한 기록에 따르면 '서민치고 소수 부유층에게 진 빚으로 허덕이지 않는 사람이 없었다'라는 말이 나올 정도로, 이 무렵 귀족을 제외한 아테네 시민 대부분이 노예로 전락할 위기에 처했습니다. 이 법이 가혹하다고 평가받는 또 다른 이유는 채소나 과일을 훔쳐도 사형을 판결했기 때문입니다. 누군가가 성문법 공포자인 드라콘 Dracon에게 대부분의 죄를 사형으로 처리하는 이유를 묻자 "작은 범죄도 사형이다 보니 큰 범죄를 달리 처벌할 수 없어서"라고 대답했다고 합니다. 사람들은 이 법을 가리켜 '잉크가 아니라 피로 쓰인 법'이라고 평가했습니다. 외국의 신문이나 뉴스를 보면 'draconian'이라는 단어가 자주 등장하는데 이는 '가혹하다'라는 뜻으로, 아테네의 성문법을 만든 드라콘의 이름에서 생겨난 것입니다.

이때 고통받던 평민이 반전을 꾀할 기회가 찾아왔습니다. 당시 상업에 종사했던 평민 가운데 일부가 해상무역으로 돈을 벌어들이기 시작한 것입니다. 38쪽의 지도를 보면 이 시기 아테네의 해상무역이 에게해를 거쳐 바로 옆 나라인 이탈리아는 물론 소아시아를 넘어 흑해까지 뻗어나간 것을 알 수 있습니다. 덕분에 일부 평민들은 큰돈을 벌어 귀족 못지않은 신흥 세

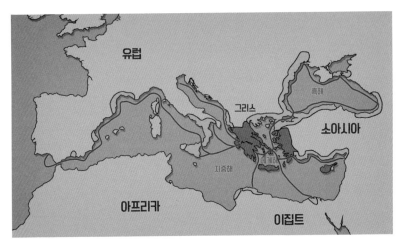

아테네인들이 뻗어나간 주요 무역로

력으로 부상했으며, 가난한 평민들도 배를 움직이는 노잡이를 하며 돈을
벌 수 있었죠.

게다가 상공업의 발달로 값싼 무기가 대량으로 아테네에 풀렸고, 농사를
지으며 힘겹게 살아가던 평민들은 스스로를 지키기 위해 무기를 구입하기
시작했습니다. 그러자 언제든지 무장봉기할 수 있는 무기를 지닌 농민과 무
역과 상업으로 돈을 벌어들인 부유한 평민들이 연대해 목소리를 내기 시
작했습니다. 이런 가운데 아테네의 현자로 불린 솔론Solon이 귀족에게만
부여한 정치권력을 부유한 평민들에게도 주자는 입법안을 제출하기도 했
죠. 그의 개혁은 미완에 그치고 말았으나 새 시대를 여는 계기가 되었습니
다. 경제력이라는 제한이 붙기는 했으나 귀족이 아닌 평민도 정치적 권한
을 가질 수 있게 된 것입니다. 아테네는 결국 채무 노예를 해방하고 금지하
는 등 반민주적인 법을 대부분 폐지했습니다.

프로메테우스 신화가 일깨운 아테네 민중의 힘

기원전 6세기경, 아테네 평민에게도 새로운 시대가 열렸습니다. 왕정과 귀족 정치를 거쳐, 참주 정치가 시작된 것입니다. 이는 하층 민중의 불만을 이용해 그들의 지지를 얻어 무력으로 정권을 장악한 후 정치를 펼치는 것을 의미합니다. 한마디로 독재를 하는 귀족이죠. 다만 이들은 이전과 달리 세력이 커진 평민의 마음을 사로잡기 위한 정책을 내걸었습니다. 그 결과 기원전 6세기 중반에 아테네 최초의 참주로 등극한 페이시스트라토스Peis-istratos는 노예를 해방시키고, 귀족이 독점했던 땅을 빼앗아 평민들에게 나눠줬으며, 농사지을 자금을 빌려주기도 했습니다.

아테네의 국가 체제 변화

그리고 참주들은 대규모 축제를 기획해 평민들의 지친 마음을 풀어주려 했습니다. 농산물의 풍작과 다산을 기원하며 시작한 작은 축제는 어느새 아테네 한복판에 있는 광장에서 모든 평민이 참여할 수 있는 대규모 행사인 '디오니소스 축제Dionysia'로 성장했습니다. 40쪽의 그림에서 포도주를 들고 있는 인물이 디오니소스로, 그는 포도주의 신이자 풍요를 기원하는 농경의 신입니다.

아테네 평민들은 축제 기간만큼은 노동의 고통에서 벗어나 포도주를 마음껏 마시며 즐겼습니다. "행복한 자나 가난한 자나 근심을 잊게 하는 포도주의 환희를 똑같이 누릴 수 있게 하신다네"라는 말이 있을 정도로 포도주는 평민들의 시름을 잊게 해주는 탈출구였습니다. 디오니소스는 '해방자'라는 의미의 엘레우테리오스Eleutherios라 불리기도 한 신입니다. 당시 사회에서 소외된 하층민들은 축제 기간에 디오니소스를 따라 근심에서 해방된 기쁨을 누리며 광기 어린 춤을 추기도 했습니다.

그런데 평민들의 마음을 달래고 독재를 계속하기 위해 열었던 이 축제는 참주의 의도와 다르게 흘러갔습니다. 평민들이 축제를 통해 새로운 힘을

포도주를 든 디오니소스

기르게 된 것입니다. 그 계기가 된 곳이 디오니소스 극장입니다. 이곳은 최대 1만 8,000여 명의 관객이 들어갈 수 있는 대규모의 공연장이었습니다.

원래는 축제 기간에 사람들이 많이 모이는 아고라 광장에 간이 객석과 무대를 만들어 비극 경연대회를 개최했습니다. 그런데 기원전 6세기 말에 극장 붕괴 사고로 인명 피해가 생기자, 아크로폴리스의 남동쪽 기슭을 따라 디오니소스 극장을 건설한 것입니다. 일주일의 축제 기간 중 무려 3일을 이곳에서 열리는 비극 경연대회에 할애했습니다. 그 외에도 다양한 공연이 열렸죠.

그런데 평민들은 이 극장에서 어떻게 힘을 키운 것일까요? 디오니소스 극장은 소리가 잘 울려 맨 끝에 앉은 사람도 소리를 들을 수 있는 구조를 갖췄습니다. 게다가 연극배우들이 쓴 마스크는 입이 보이지 않을 정도로 구멍이 작아 오히려 확성기 같은 효과가 나서 소리가 더욱 울려 퍼졌죠. 이

디오니소스 극장 재현도

렇게 열린 공연은 학교나 공식 교육기관이 없던 아테네에서는 일종의 대규모 시민교육과도 같았습니다. 그래서 디오니소스 극장을 '아테네의 학교'라고도 말하죠. 이곳에서 작가들은 평민들의 감정과 예술적 신념, 그리고 정치적·종교적 사상의 메시지를 전하는 연극을 만들어 무대에 올렸습니다. 특히 대부분의 공연은 신화를 바탕으로 펼쳐졌는데, 평민들은 공연을 보며 신화 속 인물에 자신을 투영했습니다. 민중의 잔치 속에서 벌어진 연극은 예술적 감성은 물론 종교심과 정치적 의식까지 높여주었고, 평민이 축제의 주인이 되듯이 정치에서도 주인이 된다는 의식을 키워나갈 수 있게 만들어주었습니다.

그런데 마침 이곳에서 프로메테우스를 주인공으로 한 〈결박된 프로메테우스〉라는 연극이 상연된 것입니다. 절벽 위에 매달리면서도 끝까지 제우스에게 굴복하지 않은 프로메테우스의 이야기였죠. 그림 속 프로메테우스는 절벽에서 독수리에게 간을 쪼아 먹히는 중에도 제우스가 있는 하늘을 노려보고 있습니다. 또한 그의 왼발 아래에 독수리 깃털이 눌려 있는 모습에서는 독수리를 보낸 제우스를 향한 저항의 힘을 느낄 수 있죠. 연극 장면도 그림과 같았습니다. 절벽에 매달린 프로메테우스는 뜻을 굽히지 않았고 자신을 묶은 대장장이 신 헤파이스토스와 제우스의 전령 헤르메스에 맞섰습니다. 특히 그가 내뱉은 대사 속에 숨겨진 저항 정신은 아테네 평민의 심금을 울렸습니다. 평민을 억압하는 기득권 세력인 귀족에게 하고 싶은 말이 프로메테우스의 대사에 그대로 반영되었기 때문입니다.

"그대들 신출내기들은 통치한 지가 얼마 안 되거늘 벌써 고통도 모르고 성채에서 사는 건가? 나는 그곳에서 폭군이 둘이나 떨어지는 것을 보았네. 지금 통치하고 있는 세 번째 폭군도 수치스럽게 금세 떨어지는 것을 보게

저항의 상징 프로메테우스

되겠지. 자네는 내가 겁먹고 새로운 신들 앞에 굽실댈 줄 알았나?"

　여기서 말하는 두 명의 폭군은 신화 속 제우스의 할아버지인 우라노스와 아버지인 크로노스의 몰락을 뜻합니다. 세 번째 폭군은 제우스입니다. 신출내기들은 폭군 제우스에 복종하는 신들, 즉 올림포스 12신을 의미하죠. 연극이 제우스와 올림포스 신들을 이처럼 표현한 데는 당시 아테네의 상황과 밀접한 관련이 있습니다. 그리스의 정치 역사를 살펴보면 비극 경연 대회가 창설된 시기에 참주는 민중을 위해 정치했다고 하지만 독재적인 권한을 가지고 통치했습니다. 물론 평민을 위한 참주도 있었지만 타락한 참주와 잘못된 선택을 하는 참주도 있었습니다. 참주정이 몰락하고 민주정이 들어섰지만, 여전히 참주의 피가 흐르는 사람들은 참주의 복위를 꿈꾸었고, 권력을 잃었던 귀족들과 왕족들도 지난날의 영광과 권력을 회복하려고 호시탐탐 기회를 노리고 있었죠. 이런 상황이 비극의 대사에 고스란히 반영된 것입니다.

축제를 통해 연대 의식을 느끼고, 공연을 통해 저항 정신과 민주 의식을 깨친 시민들은 이제 국가 권력의 주체는 자신들이라고 생각했습니다. 그런데 참주들이 독재 정치를 하며 권력을 독점하려는 움직임을 보이자 평민들이 들고 일어섰습니다. 민중은 모든 아테네 시민에게 평등한 참정권을 부여했던 정치인 클레이스테네스Kleisthenes와 힘을 합쳐 독재자 참주를 쫓아내고 새로운 권력의 주체로 올라섰습니다. 민중이 권력의 주체가 되는 '민주정'이 시작된 것입니다. 민주주의라는 뜻의 영어단어 'democracy'의 어원은 그리스어 'demokratia(데모크라티아)'입니다. 이는 그리스어로 '민중'을 뜻하는 'demos(데모스)'와 '정치 또는 지배'를 의미하는 'kratia(크라티아)'가 합쳐진 단어죠. 즉 민주주의는 '민중이 주인이 되는 정치'라는 뜻입니다.

마틴 웨스트Martin West라는 학자에 따르면 연극 〈결박된 프로메테우스〉는 기원전 약 445년에서 435년 사이에 공연된 것으로 추정합니다. 이때는 이미 아테네가 민주정을 시작하고 급진적으로 발전시켜 나가던 시기라고 할 수 있죠. 하지만 당시에도 민주정은 많은 부침을 겪었습니다. 달콤한 권력의 맛을 누리던 참주 가문과 기득권 세력인 귀족의 견제가 심했기 때문입니다. 이 같은 정치적 과도기에 귀족-왕족-참주의 기득권 세력과 새로운 민주 세력의 갈등은 계속됐습니다. 아테네의 민중은 페르시아의 침략까지 막아내며 민주정의 위대함을 자각했지만, 여전히 기득권 세력의 반발에 부딪혀야만 했죠.

이런 상황에서 아테네 민중은 프로메테우스를 단순히 인간을 좋아해서 불을 훔친 신화적 인물로만 보지 않았습니다. 제우스라는 절대 권력 또는 기득권에 저항하며 인간을 구하려는 모습에서 민주정을 수호하고 민중을 상징하는 신으로 재해석한 것입니다. 참주(제우스)에게 저항하는 민중의 투사로 여겨진 프로메테우스는 아테네 민중을 대변하는 인물이자 민중 그 자체였죠. 과거에 서사 시인 헤시오도스가 제우스를 위대한 지배자로, 프로메테우스를 속임수를 쓰는 도둑으로 그렸던 이야기와 비교하면 아테네 민중과 비극작가 아이스킬로스Aeschylos가 전하려는 메시지가 매우 명확하게 드러나고 있습니다.

판도라 신화도 민중에 의해 새롭게 재해석됐습니다. 과거 판도라는 단순한 호기심으로 인간에게 재앙을 가져다준 존재로만 비쳐졌습니다. 그러나 기원전 6세기경부터 원래의 신화와 다르게 해석되었습니다. 판도라가 항아리를 열어 인류를 재앙에 빠뜨렸다는 내용은 사라진 채 판도라의 탄생을 신성시하면서 대지에서 솟아난 여신의 모습으로 등장시킨 것이죠. 제우스가 프로메테우스에게 복수하기 위해 만든 인물이 아니라, 스스로 태어나 아테나 여신처럼 아테네인들을 지켜주는 수호신으로 만든 것입니다. 이를 바탕으로 아테네 민중은 신으로부터 보호받는 민족이라는 자부심을 키워 나갔습니다.

게다가 고대 그리스인들이 자신을 프로메테우스의 자손, 즉 데우칼리온의 아들인 헬렌의 자손으로 자부하고 있을 그때 아테네인들만은 여기에서 더 나아가 자신들만이 순수 토종 토착민이라는 자부심을 가졌습니다. 당시 아테네 최초의 왕이 땅에서 저절로 솟아난 인물이라는 이야기가 널리 퍼져 있었기 때문이죠. 판도라를 단순히 제우스가 보낸 인물이 아닌 땅에서 솟아난 인물로 재해석한 이유도 여기에 있습니다.

이처럼 아테네의 정치적 변화 속에서 프로메테우스는 아테네 민주정을 대변했고, 독재적인 참주나 기득권을 대표하는 세력에 대항해 민중들의 권익을 보호하고 민주 세력을 상징하는 인물로 새롭게 해석되었습니다. 여기에 판도라는 제우스가 보낸 재앙의 씨앗이 아니라, 아테네의 조상과 뿌리를 같이하며 모두에게 모든 것을 고르게 선물하는 대지의 어머니 신이자 민주적인 여신의 모습으로 재탄생한 것입니다.

민중이 세운 아테네 민주주의의 탄생

프로메테우스로 연결된 신화는 아테네 민중의 저항 정신을 일깨워줬고 새로운 세상을 향한 열망으로 이어졌습니다. 새 시대를 연 아테네 민중의 힘은 어마어마했습니다. 민주정을 세운 지 20년도 되지 않은 기원전 490년에 이들의 힘은 시험대에 올랐습니다. 페르시아와의 전쟁이 시작된 것입니다. 1만~2만 명의 병력뿐이었던 아테네는 100만 명에 가까운 대군을 상대로 승리를 쟁취했습니다. 이때 아테네 민중들은 각자가 주인의식을 갖고 싸웠기 때문에 숫자적 열세를 극복했다고 생각했고, 민주주의의 힘을 깨달았습니다. 그리고 아테네는 그리스의 중심 국가가 되었습니다. 기원전 478년에는 섬과 해안의 도시 국가 150여 개를 모아 델로스 동맹까지 결성하며 아테네를 굳건히 지켰죠. 이를 통해 아테네는 문화적, 경제적, 정치적 황금기

파르테논 신전

를 맞이했습니다.

아테네인들은 전쟁으로 파괴된 아크로폴리스를 재건할 때 새로운 시대를 탄생시킨 자신들의 업적을 대대적으로 홍보했습니다. 그 결과 고대 그리스 문명에서 가장 특별하다고 평가받는 건축물이자 민주주의의 출발을 상징하는 '파르테논 신전'이 탄생했습니다. 아테네의 심장부인 아크로폴리스로 들어가는 문이자 양팔을 벌려 민중을 맞이하는 듯한 거대한 관문인 '프로필라이아'도 건축했죠.

하지만 아테네 민중이 민주정 안에서 가장 신경 쓴 것은 '독재'입니다. 독재는 이전처럼 돌아가지 않기 위해서라도 반드시 뿌리 뽑아야 할 존재였습니다. 아테네 민중은 지역별로 10개 부족을 '구'로 묶어, 각 구에서 50명의 대표를 추첨해 500인 평의회를 만들었습니다. 그리고 각 구에서 추첨해 뽑은 50명의 대표 중 의장이 되는 순서도 제비뽑기로 정했습니다. 이렇게 정한 의장 역시 매번 바뀌었는데, 이 역시 제비뽑기로 이루어졌습니다.

이때 만들어진 제도가 '도편 추방제'입니다. 아테네인들은 도자기 조각에 독재를 할 것 같은 사람의 이름을 적어 항아리에 넣었습니다. 이렇게 모인 도자기 조각이 한 사람에게 6,000개 이상 몰리면 그 사람을 10년간 나라 밖으로 쫓아내는 제도입니다. 물론 혁신적이었던 도편 추방제에도 구멍은 있었습니다. 정적을 제거하는 데 도편 추방제를 이용한 사람이 많았던 것이죠. 별명이 '정의로운 사람'일 만큼 모든 사람을 공평하게 대했던 아리스티데스Aristeides라는 사람에게 어느 날 글을 쓰지 못하는 누군가가 도자기 조각을 내놓으면서 '아리스티데스'라는 이름을 써달라고 부탁했습니다. 그가 모르는 척 이유를 묻자 "나쁜 짓을 했는지는 잘 모르겠고 사람들이 하도 정의롭다고 하는 게 듣기 싫었다"라고 대답한 것입니다. 아리스티데스는 끝내 추방됐습니다.

하지만 아테네인들은 이렇게 해서라도 독재자가 될 법한 인물을 한껏 경계했습니다. 마치 프로메테우스를 고통 속에 몰아넣은 제우스가 나오지 못

아테네인들이 이름을 새긴 도자기

하도록 말이죠. 이런 정치적 분위기 속에서 새롭게 부각되고 재해석된 신화적 인물이 바로 프로메테우스입니다. 제우스조차 프로메테우스와의 대결을 통해 정의로운 신이라는 이미지로 거듭날 정도였습니다. 이 외에도 아테네인들은 아테네 외곽에 프로메테우스 제단을 만들어놓고 이곳에서 불타는 횃불을 들고 달리는 대회를 열어 신들로부터 불을 빼내어 자신들에게 문명을 안겨 준 프로메테우스를 찬양하기도 했습니다. 이렇듯 아테네 민중들은 자신이 세운 민주정을 지켜줄 인물을 전면에 내세우며 급진적으로 발전시켜 나갔습니다.

그중 대표적인 인물이 페리클레스Pericles입니다. 귀족 출신인 그는 누구보다 민중을 지지했습니다. 도편 추방제를 활용해 자신의 정적을 쫓아내는 수완을 발휘했고, 기원전 약 443년경부터는 15년 연속 장군으로 선출돼 아테네 민중을 대신해 실질적으로 나라를 이끌었죠. 그는 다수결의 원칙에 의해 선출된 배심원과 500인 평의회 의원들이 제비뽑기로 뽑은 공직자들에게 공무 수당을 제공했습니다. 민중들은 그를 가리켜 '올림포스의 주인' 또는 '민주정을 지킨 보루'라 칭송했죠. 하지만 비판적인 시각도 존재했습니다. 비판에 앞장선 대표적 인물이 소크라테스Socrates입니다. 플라톤의 《고르기아스》에 따르면 소크라테스는 당시 페리클레스가 시행한 이 정책에 대해 다음과 같이 말했습니다.

"그가 처음으로 수당을 지급해서 아테네인들을 게으르고 비겁하게 만들고 수다와 돈을 좋아하게 만들었다는 얘기가 있소."

다른 사람의 말을 빌려서 이야기하는 듯하지만 소크라테스(또는 그를 자기 작품의 주인공으로 내세운 플라톤)는 당시 페리클레스가 행한 민주주의 정책에 대해 비판적 시각을 드러냈습니다. 그럼에도 불구하고 페리클레스가 나눈 이 수당은 민주주의를 한층 더 발전시켰습니다. 가난한 평민도 정치 활동에 적극적으로 참여할 기회가 늘어난 것입니다. 게다가 재산을 기준으로 공직 참여에 대한 계급 제한이 어느 정도 남아있었던 상태였는데 페리클레스는 모든 계급의 성인 남성이 공직에 참여할 수 있도록 만들었죠. 비록 여성과 노예, 그리고 외국인은 정치 참여에 제한을 받았지만, 그를 통해 아테네 민주주의 이념인 '평등'의 가치가 실현된 것입니다. 마치 제우스와 신들만 독점하던 불을 프로메테우스가 인간에게 나눠주었듯이, 아테네가 탄생시킨 민주주의 안에서 소수의 전유물이던 권력이 다수의 민중에게 평등하게 돌아간 것입니다.

신화 속 프로메테우스에 얽힌 대서사시와 그의 저항 정신은 단순한 신화가 아니라 민주주의의 뿌리와 정신이 되었습니다. 로마의 공화정도 아테네의 민주정과 맥을 같이 한다고 볼 수 있죠. 그 이후 오랜 세월 유럽에서는 민주정이 사라졌으나 훗날 프랑스 대혁명을 일으킨 정신으로 부활해 유럽 전체로 확산됐습니다. 그 결과 프로메테우스가 남긴 정신적 가치를 지키기 위해 전쟁까지도 불사하며 오늘날의 보편적인 정치 체제인 '민주주의'로 계승되고 있습니다.

프로메테우스의 서사는 이후에도 유명한 작품을 통해 다양한 메시지를 전달하고 있습니다. 위대한 음악가 프란츠 리스트Franz Liszt는 〈프로메테우스〉라는 교향곡을 통해 프로메테우스가 고통을 참고 견딘 끝에 승리한 모습을 그려냈습니다. 《젊은 베르테르의 슬픔》을 쓴 독일 작가 요한 볼프강 폰 괴테Johann Wolfgang von Goethe는 미완성 희곡을 통해 신에 열등한 존재가 아닌 고유한 의지를 가진 프로메테우스를 무대에 올려 시대정신의 상징으로 드높였습니다. 프로메테우스 신화는 우리나라에도 영향을 미쳤습니다. 식민지 시대를 살면서 인간의 존엄성과 양심을 지키겠노라 다짐한 윤동주 시인도 작품 〈간肝〉에서 프로메테우스를 언급하며 일제강점기의 가혹하고 부당했던 현실에 저항한 것입니다.

이처럼 신화는 단순히 재미있는 허구의 이야기가 아니라, 특정 시대를 살았던 사람들에게 당시 정치적 상황을 비춰주고 어디로 가야 할지를 그려내는 정치적 이정표와 같습니다. 그리고 먼 옛날 그때 그곳에서만 통하는 이야기가 아니라 지금 여기의 우리를 비추는 거울로서 여전히 가치와 생명력을 가지고 있습니다. 따라서 세계 어느 곳에서나 보편적으로 적용될 수 있는 그리스 신화를 고대 그리스의 이야기, 서양의 이야기로만 여기기보다 인류의 공동 자산으로서 우리의 이야기이자, 우리의 역사라는 시각으로 바라봐야 합니다.

벌거벗은 인도

힌두교와 카스트의 진실

이광수

● 인도는 14억 명이 넘는 인구를 보유한 국가이자 수천 년간 독특한 문화와 전통을 이어온 나라입니다. 동시에 과학 분야와 IT 산업에서 맹활약하고 있는 기술 강국이기도 하죠. 특히 2023년에 중국을 제치고 세계 1위의 인구 대국으로 올라서면서 세계 경제의 새로운 중심지로 떠오르고 있습니다. 그러는 한편 소를 숭배하고 갠지스강에 몸을 담그며 깨달음을 추구하는 등 완전히 상반된 이미지도 가지고 있습니다. 한마디로 정의할 수 없는 복잡한 나라가 인도입니다.

가령 인도에는 세계에서 가장 비싼 개인주택을 비롯해 높고 화려한 빌딩이 줄줄이 들어선 지역이 있는가 하면, 멀지 않은 곳에는 전기나 가스조차 안 들어오는 판자촌이 있습니다. 첨단과학과 정보기술이 발달해 IT 강국이라고 불리지만, 한쪽에서는 수천 년부터 전해져 내려온 종교와 문화를 숭배하고 있죠. 또 돈을 최고로 여기는 사람이 있는가 하면, 아무 욕심 없이 수행만 하는 사람도 있습니다. 이처럼 다양한 모습이 인도의 매력이 아닐까 합니다.

정신과 물질, 부와 빈곤, 전통과 현대 등 세상에서 가장 상반된 모습이 인도에 공존하는 이유는 무엇일까요? 여기에는 여러 역사적 이유가 얽혀 있는데, 그 중심에 있는 것이 2,500여 년간 인도를 지배해 온 강력한 시스템인 힌두교와 카스트 제도입니다. 힌두교는 불평등을 바탕으로 인도 사회를 세우는 데 일조했고, 카스트 제도는 계급에 따라 사람을 가르며 지배 구조를 확립했죠. 이렇게 오랜 세월 굳어진 인도 사회는 갈등과 대립을 보이며 오늘날에 이르렀습니다.

그렇다면 인도의 뿌리이자 분열의 시초가 된 힌두교와 카스트 제도는 어떻게 시작된 것일까요? 그리고 이토록 오랫동안 인도에 영향을 끼칠 수 있었던 이유는 무엇일까요? 지금부터 인도 사회를 움직이는 힌두교와 카스트 제도에 관한 궁금증을 낱낱이 벌거벗겨 보겠습니다.

3,500년 전에 탄생한 인도의 세계관 '힌두교'

힌두교의 본격적인 시작을 알기 위해서는 지금의 인도가 있는 인도 아대륙의 기원전 1500년 상황을 먼저 짚어봐야 합니다. 그 전에 이 책에서는 인도어를 산스크리트어 발음에 가까운 방식으로 표기하겠습니다. 원래 인도 아대륙에는 세계 4대 문명 중 하나인 인더스 문명이 들어서면서 사람들이 살아가고 있었습니다. 그런데 기원전 1500년에 중앙아시아에 살던 유목민족인 아리야인이 이곳으로 이동해 왔습니다. 풍족한 땅을 찾아온 이들은

아리야인의 이동

약 1,000년에 걸쳐 갠지스강 유역에 정착해 농경사회를 이뤄나갔죠. 이때 힌두교의 4대 성지 중 한 곳인 하리드와르를 품은 갠지스강을 농업의 근간이 되는 어머니의 강으로 숭배하며 생명의 원천으로 여기게 되었습니다. 이렇게 기존 인도 문화와 아리야인의 문화가 합쳐지면서 서서히 힌두교가 만들어진 것입니다. 그래서 힌두교는 인더스강 너머 인도 아대륙에 사는 사람이 믿는 종교, 즉 인도의 종교라고 불리기도 합니다.

힌두교는 타 종교와는 다른 특징이 있습니다. 대개의 종교가 한 명 또는 소수의 신을 믿는 것과 달리 힌두교는 모든 신을 받아들이고 인정하는 다신교라는 것입니다. 바람, 물, 태양과 같은 자연은 물론 풍요나 파괴처럼 추상적인 개념까지 신으로 숭배합니다. 그리고 인도인이 믿는 신과 믿음뿐 아니라 문화와 도덕, 법, 질서, 관습까지 모두 받아들인 사회 체계를 통틀어 힌두교로 삼는 것이죠. '힌두'는 '인도'라는 뜻이므로 힌두교를 인도의 종교 그 자체로 보기도 합니다. 따라서 힌두교는 단순한 종교가 아니라 수천 년간 인도인이 받아들여 온 일종의 '세계관'이라고 할 수 있습니다. 이런 세계관을 바탕으로 힌두교는 인도 인구의 80%, 약 11억 명의 신도를 거느리며 기독교, 이슬람교와 함께 세계 3대 종교로 꼽힐 만큼 성장했습니다.

아리야인은 힌두교가 만들어지는 과정에서 큰 영향을 미쳤습니다. 유목 생활 당시 생존에 가장 중요한 역할을 한 자연을 신으로 숭배한 것입니다. 예를 들어 번개나 폭풍우, 물과 바람 등을 신격화한 것이죠. 이들이 신앙을 바탕으로 만든 힌두교의 근본 성전인 '베다Veda'는 세계에서 가장 오래된 경전으로, 아리야인이 신에게 올리는 일종의 찬양과 기도 모음집입니다. 이렇게 아리야인이 갠지스강 인근에 정착하면서 숭배하는 신이 늘어났고, 토착민과 아리야인이 함께 섞이면서 두 집단의 신들도 합쳐졌습니다.

창조의 신 브라흐마 　　　　　 보존의 신 비슈누 　　　　　 파괴의 신 시바

그러면서 수많은 신의 서열을 정리했는데, 이때 힌두교를 상징하는 세 명의 주(主)신이 정해졌습니다.

첫 번째 신은 우리가 사는 세상을 처음으로 만들어낸 창조의 신 브라흐마Brāhma입니다. 두 번째 신은 우주의 질서를 유지하는 비슈누Viṣṇu, 마지막은 파괴의 신 시바Śiva입니다. 위대한 세 신으로 불리는 이들은 우주의 창조와 보존, 파괴를 반복하며 세계의 균형을 이루고 있습니다. 이들 가운데 인도에서 가장 사랑받는 신은 비슈누와 시바입니다. 특히 시바는 아내와 자식들이 있고 춤과 음악을 사랑하는 신으로도 알려져 있죠. 또한 생산의 신이자 우주의 제왕으로도 불리며, 요가의 신이기도 합니다. 금욕과 고행의 상징으로 명상을 즐기던 시바가 요가를 창시했다는 이야기도 전해지고 있습니다.

시바에게는 가네샤Gaṇeśa라는 아들이 있었습니다. 어느 날 가네샤는 어머니 빠르와띠Pārvatī가 목욕 중인 문 앞을 지키고 있었습니다. 이때 긴 명상을 떠났던 시바가 돌아왔습니다. 하지만 아버지를 몰라본 가네샤가 들

어가지 못하게 막았고, 시바 역시 성
장한 아들의 얼굴을 알아보지 못한
채 그를 침입자로 여겨 목을 베어버렸
습니다. 이를 본 부인이 울부짖자 깜
짝 놀란 시바가 마침 지나가던 코끼
리의 목을 잘라 아들에게 붙여줬다고
합니다. 사람의 몸에 코끼리 얼굴을
한 신을 누가 좋아하겠냐는 빠르와띠
의 말에 시바는 "힌두교의 모든 기도
는 가네샤 신에게 비는 것부터 시작할
것"이라고 선언했습니다. 그 후 가네
샤에게 온갖 축복을 내려 지혜, 재물,
행운 등을 가져다주는 능력 있는 신

아들 가네샤와 아내 빠르와띠 여신을 안고 있는 시바

이 되었죠. 대부분의 집이나 식당에 가네샤의 그림이 걸려 있을 만큼 인도
에서 사랑받는 신입니다.

  세상의 모든 개념을 신으로 보는 인도에는 수많은 신이 존재합니다. 사
랑, 성, 풍요 같은 추상적 개념뿐 아니라 온갖 동물까지 신으로 섬기고 있
죠. 인도 북부에는 '쥐 사원'으로도 부르는 까르니마따Karnimata 사원이 있
습니다. 팔이 12개 달린 두르가Durgā라는 여신이 인간계에 나타났고, 이후
여신과 그 자손이 쥐로 환생했다고 전해지면서 쥐를 숭배하는 사원이 생긴
것입니다. 곳곳에 공물로 바친 우유와 빵, 땅콩 등이 있는 사원은 쥐들의
천국과 같습니다. 이렇듯 세상 모든 것을 종교적으로 해석하고 숭배하는
곳이 인도입니다.

사회 유지를 위한 질서, 카스트 제도

이후 힌두교는 세상의 모든 개념을 신으로 보는 세계관을 바탕으로 인도 사회를 유지할 하나의 질서를 만들기 시작했습니다. 힌두교의 세계관이 처음 형성된 것은 기원전 8세기경 인도에 철제 농기구가 도입되면서부터입니다. 수확량이 크게 증가하고 삶이 윤택해지자 더 많이 가지려는 사람들이 생겨나면서 곳곳에서 전쟁이 일어났습니다. 전쟁에서 승리하는 데 가장 필요한 조건은 사회가 안정적으로 유지되는 것입니다. 이때 힌두교 세계관을 유지할 사회 질서로 카스트 제도가 생겨났습니다.

그림은 당시 카스트 제도를 나타낸 것으로, 각자 맡은 일에 따라 사람들을 4개의 그룹으로 분류했습니다. 먼저 '브라만Brahman'은 제사와 교육을 담당했습니다. 전쟁을 수행하는 왕과 무사들은 '끄샤뜨리아Ksatriya'라고 불렀습니다. 그리고 농업과 상업에 종사하는 '바이샤Vaiśya'와 각종 육체노동을 하는 슈드라Sudra'가 있었습니다. 이처럼 초기 카스트는 직업을 기준으

| 브라만 | 끄샤뜨리야 | 바이샤 | 슈드라 |
| 사제 | 왕, 무사 | 농민, 상인 | 수공업자 |

카스트 제도

로 계급을 구분했고, 하는 일을 바꾸면 계급 간 이동이 가능했습니다. 위아래 계급의 의미도 없었죠. 농사를 짓던 바이샤가 싸움을 잘해 권력을 잡으면 끄샤뜨리아가 될 수도 있었습니다.

그런데 기원전 6세기경, 카스트 제도에 커다란 변화가 일어났습니다. 인도 북부 전역에 수십 개의 도시와 16개의 나라가 세워지면서 농사지을 땅을 차지하기 위한 전쟁이 더욱 치열해진 것입니다. 이런 난세 속에 한 계급이 엄청난 권력을 갖게 되었습니다. 하늘에 제사를 지내는 제사장인 브라만이었죠. 이 시기에는 신들이 전쟁의 승패를 좌우한다고 믿었습니다. 때문에 전쟁에 나서기 전에 여러 신에게 제사를 지내는 브라만 계급으로 힘이 몰린 것입니다.

제사에서 가장 중요한 과정은 소를 죽여서 신에게 바치는 것이었습니다. 신에게 소원을 빌 때는 가장 소중한 것을 올려야 하기 때문이었죠. 아리야인이 유목 생활을 할 때는 우유와 식량을 바쳤고, 정착한 뒤에는 농사를 돕는 가장 귀중한 존재인 소를 바치게 됐습니다. 브라만은 이토록 귀한

변화된 카스트 제도

소를 신에게 바치는 제사를 독점함으로써 강력한 권력을 손에 쥐었습니다. 그리고 자신의 특권을 강화하기 위해 카스트를 굳건한 계급으로 만들어버린 것입니다.

이때부터 인도는 철저한 계급 사회로 들어섰습니다. 권력을 독점한 브라만은 전쟁을 치르는 *끄샤뜨리아*와 손잡고 바이샤가 만든 수확물을 가져가고, 슈드라를 노예로 부렸습니다. 지금으로부터 약 2,500년 전인 기원전 6~5세기경의 일이었죠. 평등하던 사회에 갑자기 계급이 생기자 반발이 뒤따랐습니다. 특히 끄샤뜨리아와 바이샤의 반발이 거셌죠. 브라만은 고민 끝에 이들이 카스 제도를 받아들일 특단의 대책을 마련했습니다. 힌두교에 새로운 신화를 만든 것입니다.

그림은 최초의 인간인 뿌루샤pu-ruṣa가 자기 몸을 제사에 바치자, 각 부위가 카스트로 변한 모습을 나타낸 것입니다. 머리는 지혜를 상징하는 브라만이, 두 팔은 힘과 무력을 가진 *끄샤뜨리아*가, 몸을 지탱하는 배와 넓적다리는 바이샤가, 두 발은 이들을 떠받드는 슈드라가 되었습니다. 이 신화에 따르면 인간은 태어나면서부터 철저하게 계급이 정해진 존재였죠.

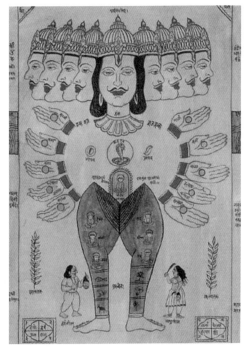

최초의 인간 뿌루샤

깨끗함과 더러움으로 계급을 나누다

　계급에 따른 불평등을 전제로 한 새로운 카스트 제도는 브라만의 의도와 달리 거센 반발을 받았습니다. 그러자 브라만은 각각의 계급을 확실하게 차별화할 수 있도록 카스트 제도의 토대가 되는 개념을 더욱 정교하게 만들었습니다. '깨끗함'과 '더러움'을 계급 차별을 정당화하는 수단으로 삼은 것입니다. 이는 지금의 인도를 만든 중요한 개념으로 깨끗함은 성스러운 생명을, 더러움은 죽음이나 오염된 것을 나타냅니다. 브라만은 이 개념을 카스트 제도에 적용해 신에게 제사를 올리는 자신들은 생명과 같은 깨끗한 계급이며, 가장 아래 있는 슈드라는 더러운 계급이라는 인식을 심었습니다.

　그렇다면 힌두교에서 말하는 깨끗함과 더러움은 정확히 무엇을 의미할

갠지스강

까요? 이를 위해서는 인도에서 가장 성스러운 것으로 여겨지는 갠지스강에 관해 알아봐야 합니다. 앞에서 이야기했듯 갠지스강을 중심으로 농사를 지은 인도인은 모든 것을 베푸는 어머니이자 생명을 내려주는 성스러운 갠지스강을 숭배했습니다. 61쪽의 사진은 인도 북부의 도시 바라나시에 있는 갠지스강의 모습입니다. 힌두교의 숭배 대상인 이 강은 사진처럼 매우 탁한 편입니다. 시체를 태우는 불길이 밤낮으로 타오르고, 바로 옆에서는 목욕을 하며, 다른 한켠에서는 신에게 제사를 지내기 때문이죠.

바라나시의 갠지스강변에는 수십 개의 돌계단이 펼쳐져 있습니다. 가뜨 ghat라고 부르는 이 화장터에서 가장 크고 오래된 가뜨인 마니까르니까는 365일 불이 꺼지지 않는 곳입니다. 바라나시 전역에서는 매일 200구~300구의 시신을 화장하는데, 화장터 주변에서는 '아르티 푸자'라고 하는 힌두교 제사를 지내는 모습을 볼 수 있습니다. 과거 브라만 제사장들이 신들에게 바쳤던 제사가 지금까지 내려오는 것이죠. 매일 일출, 일몰 때 제사를 지내며 생명의 근원인 갠지스강의 여신과 시바신에게 기도를 올립니다. 마지막으로 디아라는 꽃등을 강에 띄우면서 소원을 빌면 신이 이루어준다고 합니다.

이곳에서 시신을 태우는 것은 신성한 갠지스강이 더러운 것을 모두 깨끗이 정화한다고 믿기 때문입니다. 이곳에서 목욕을 하면 모든 죄가 씻겨 내려가고, 몸에 붙은 나쁜 병도 낫는다고 생각하는 것이죠. 또한 시체를 태운 유골을 갠지스강에 뿌리면 영혼이 죄를 씻고 다음 생에 좋은 모습으로 윤회할 수 있다고도 믿습니다. 즉 눈에 보이는 것은 혼탁한 강일지라도 종교적으로는 세상에서 가장 깨끗한 강인 셈입니다. 깨끗함의 기준이 전혀 다른 것이죠.

아무리 신성한 강이라고는 해도 수많은 사람이 몸을 담그고, 빨래를 하고, 시체까지 태우는 갠지스강은 5급수 정도로 악취가 심하며 마실 수 없는 물입니다. 손을 담그면 보이지 않을 만큼 탁합니다. 실제로 강물을 마시고 배탈이 나거나 두드러기가 나는 사람도 많습니다. 갠지스강은 종교 행위 외에도 도시에서 흘려보낸 생활 하수와 공장에서 방류한 각종 산업 폐수까지 흘러 들어가고 있습니다. 그 결과 종교적으로는 가장 깨끗한 강일지 몰라도 현실적으로는 세상에서 가장 오염된 강 중 하나가 되고 말았습니다. 인도 정부가 정화를 위해 많은 돈을 쏟아붓고 있지만 좀처럼 회복하지 못하는 상황입니다. 가장 신성하게 여기는 강을 누구보다 열심히 오염시킨다는 사실이 아이러니합니다.

힌두교에서 말하는 깨끗함이 갠지스강이라면 더러움은 무엇일까요? 힌두교에서는 살아있는 몸에서 떨어져 나간 모든 것을 '오염된 것', '부정한 것'으로 여겼습니다. 그래서 몸에서 배출한 대변, 입에서 튀어 나간 침, 깎은 손톱, 여성의 생리혈 등을 모두 부정하게 생각합니다. 몸에 붙어있을 때는 괜찮지만 살아있는 몸에서 떨어져 나가는 순간 주변을 오염시키고 죽음의 영역으로 넘어간다고 본 것입니다. 특히 부정한 것 가운데 가장 강력한 것이 시체입니다. 시체는 보는 것도, 닿는 것도, 치우는 것도 피해야 했죠. 그러니 청소를 하거나 배설물을 치우고, 시체를 다루거나 화장하는 일은 낮은 카스트의 몫이었습니다. 지체 높은 카스트인 브라만은 고기도 죽은 동물의 시체라 여겨 채식을 했습니다. 그래서 지금도 인도에는 채식주의자가 많습니다. 전체 인구의 30%~40%로, 약 4억~5억 명 정도입니다.

이렇게 종교적으로 오염된 것을 최대한 피하다 보니 브라만은 매일 아침 의식을 치르듯 배변을 봤습니다. 화장실이 없는 시골이라면 대변을 해결하기 위해 집을 벗어나야 했습니다. 대변이 집을 오염시킨다고 생각했기 때문이죠. 그래서 작은 놋쇠 단지에 물을 담아 집에서 떨어진 밭으로 간 다음, 심한 경우에는 신발을 벗고 눈을 가렸습니다. 종교적으로 오염된 대변을 보면 눈이 오염되고, 그 눈으로 다른 브라만에게 오염을 퍼트릴까 봐 아예 눈을 가린 것입니다. 용변을 본 뒤에는 놋쇠 단지에 담긴 물로 엉덩이를 씻어 냈습니다. 이때는 오염의 범위를 최대한 줄이기 위해 왼손만 사용했습니다. 인도에서 왼손을 더럽다고 여기는 것은 오염된 것, 즉 대변을 처리해 온 문화에서 유래했습니다. 단순히 더럽다는 개념을 넘어 종교적 믿음이 강하게 남아있는 것이죠.

인도 식당에 가면 손으로 밥을 먹는 모습을 종종 볼 수 있는데, 이는 식당의 숟가락이 어떤 계급의 입에 들어갔다 나왔는지 모르기 때문입니다. 설거지를 했어도 종교적으로는 오염이 남아있다고 여기는 것이죠. 이런 관습이 2,500년이나 이어지다 보니 지금까지 손으로 밥을 먹는 문화가 남아 있습니다. 또 돈을 줄 때는 직접 건네지 않고 날리듯 주는데 이 역시 종교적으로 오염된 사람인 하층 계급과 손이 닿지 않으려는 행동입니다. 물과 음식을 나눠 먹지 않는 문화도 과거에 낮은 계급이 먹던 음식을 높은 계급이 먹으면 오염된다고 생각한 관습이 지금까지 이어져 영향을 미치는 것이라고 합니다.

이 같은 깨끗함과 더러움의 개념은 브라만의 신성함을 강화하는 데 도움을 주었습니다. 계급이 낮을수록 오염된 존재로 못 박고, 브라만을 가장 깨끗한 존재로 만든 것입니다. 이제 인도는 출신 집안에 따라 카스트가 정해지는 원리에 따라 태어날 때부터 깨끗한 계급과 더러운 계급으로 나눠지게 되었습니다. 인도인들은 이런 불평등함을 어떻게 받아들였을까요? 인도에서는 대체로 전생과 윤회를 믿었습니다. 그래서 브라만은 전생에 죄를 많이 지어 영혼이 오염된 사람은 낮은 카스트로 태어나 고생하고, 전생에 좋은 일을 많이 해 영혼이 깨끗한 사람은 높은 카스트로 태어난다고 가르쳤습니다. 그러니 낮은 카스트가 다음 생에 좋은 삶을 살려면 높은 카스트에 철저히 복종해야 한다고 주장한 것이죠.

원하는 대로 권력을 손에 쥔 브라만은 왕과 무사 계급인 끄샤뜨리아와 힘을 합쳐 다수의 평민과 노예들로부터 각종 세금을 걷고 노동력을 착취했습니다. 또 자신의 권력을 더욱 키우기 위해 제사 때마다 대규모로 소를 도살하며 제사의 규모를 점점 키웠습니다. 당시 문헌에는 한 번의 제사에 죽인 소의 숫자가 무려 1만 4,400마리라고 기록돼 있을 만큼 성대하게 치렀습니다. 문제는 무엇보다 농사가 중요했던 시대에 이토록 많은 소를 죽이면서 농사짓기가 더욱 힘들어졌다는 것입니다. 수확량이 계속해서 감소하면서 사람들은 빈곤과 굶주림에 시달려야 했습니다. 제사를 독점한 브라만은 막대한 부를 차지하는데 낮은 계급인 바이샤와 슈드라는 점점 가난해지자 이들의 불만이 커졌습니다.

이때 브라만이 추구하는 가치관과 정반대의 가르침을 설파하는 인물이 나타났습니다. 세계 4대 종교의 창시자인 가우타마 싯다르타 Gautama Siddhārtha, 즉 부처입니다. 싯다르타는 당시 인도의 여러 나라 중 하나였던 사끼야 왕국의 왕자이자 끄샤뜨리아 계급으로 태

부처

어났습니다. 인생의 무상함을 느끼고 출가한 그는 35세에 깨달음을 얻고 모든 윤회의 고리를 끊어 부처가 된 인물입니다.

막강한 브라만 세력에 맞선 부처가 가르친 것은 무엇일까요? 첫 번째는 무소유입니다. 재물을 쌓고, 카스트에 따라 사는 것을 부인한 것입니다. 당시 브라만은 제사를 명목으로 소중한 재산인 소를 바치게 하고, 제사 후에 남은 소와 제물을 모두 차지했습니다. 한마디로 낮은 계급을 착취해 부를 독점한 브라만에 정면으로 맞선 것입니다. 두 번째 가르침은 제사를 지내지 않는 것입니다. 이는 불살생不殺生, 즉 살아있는 것을 죽이지 않기 위함이었죠. 브라만은 제사를 지낼 때 신에게 소를 바쳤는데 이때 살아있는 소를 죽였습니다. 부처는 불살생을 통해 제사를 위한 살생을 못 하게 한 것입니다. 그런데 살생하지 말라는 부처의 가르침은 힌두교에서 천 년이 넘도록 이어온 전통에 정면으로 반대하는 일이었습니다. 이처럼 부처는 무소유와 불살생으로 불평등의 고리를 끊고, 세상 사람이 모두 평등한 존재임을 설파했습니다.

많은 사람이 부처의 파격적인 교리를 따랐습니다. 특히 평민 계급인 바이샤가 크게 환호했죠. 이들은 농업과 상업의 발달로 돈을 벌어 힘을 키웠으나, 자신이 벌어들인 부를 빼앗아 가는 브라만에 큰 불만을 품었습니다. 그러던 중 부처의 가르침을 접하고 불평등한 카스트 제도에 거세게 반발한 것입니다. 상황이 심상치 않게 돌아가자 브라만은 거센 불만을 잠재울 방법을 고민했습니다. 그리고 제사에 소를 바치지 않겠다는 중대한 결단을 내렸습니다. 대신 곡식과 식용유, 채소 등을 신에게 바치기로 한 것이죠. 이는 힌두교의 대표 의례인 푸자로 자리 잡았습니다.

그뿐 아니라 소를 힌두교에서 가장 성스러운 동물로 승격시켰습니다. 그

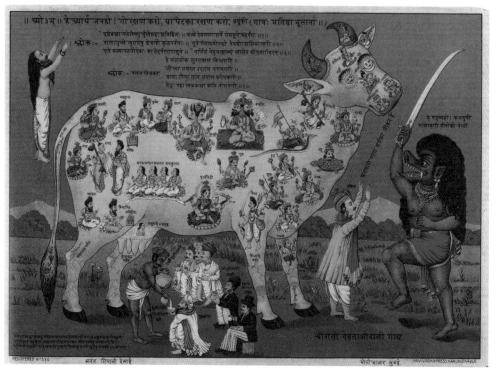

성스러운 암소

림을 보면 암소의 몸에 수많은 힌두교 신이 머무는 것을 확인할 수 있습니다. 몸속에 신을 모시는 동물을 함부로 죽이거나 먹을 수 없다는 이유로 브라만은 인도에서 소를 죽이거나 식용으로 먹는 것을 금지했습니다. 이후에도 인도인들은 오랜 시간 소를 신성시해 왔습니다.

인도에는 지금도 소와 관련한 여러 전통이 내려오고 있습니다. 그중 하나가 인도에서 가장 큰 명절 중 하나인 '디왈리 축제'의 일종으로, 일부 지역에서 신성한 암소를 보호한 것을 기념하는 기쁨의 축제입니다. 인도에는 소똥을 몸에 바르면 병이 사라지고 건강해진다고 믿는 사람이 많습니다.

디왈리 축제의 일부

소똥은 신성한 소에게서 나온 것이므로 부정한 것을 없애는 힘이 있다고 생각하는 것이죠. 위의 사진에서 진흙처럼 보이는 것은 모두 소똥입니다. 이 축제에서 소똥을 몸에 바르면 건강하게 한 해를 보낼 수 있다는 이야기가 있어 서로에게 소똥을 던지고 몸에 바르는 것입니다. 축제에 참여한 사람들은 달리는 소에게 밟히면 행운이 찾아온다고 믿기도 합니다.

다만 지금도 소를 숭배하는 것은 아니며, 오히려 알차게 이용하는 편입니다. 전 세계 소의 3분의 1을 보유한 인도는 음식에 우유와 소기름을 많이 사용합니다. 소고기가 매우 저렴하며 세계에서 소고기를 가장 많이 수출하는 나라 중 하나이기도 하죠. 세계 소고기의 약 10%가 인도산이라고 합니다. 이렇듯 힌두교는 반대 세력이 생기면 대립하기보다 신화로 받아들이는 유연함을 보이며 더욱 다양한 인종과 신들을 포용해 나갔습니다.

힌두교를 이해하기 위한 4가지 인생 목표

이제 브라만은 힌두교와 카스트 제도에서 자신의 권력을 더욱 굳건히 할 또 다른 방법을 찾아 나섰습니다. 그들은 '종교적으로 지켜야 할 4가지 인생 목표'라는 묘수를 떠올렸습니다. 브라만이 만든 첫 번째 인생 목표는 '사회적 의무'입니다. 인도 사회가 체제에 맞게 유지될 수 있도록 모든 사회 구성원이 따라야 할 의무를 정한 뒤 이 내용을 집대성한 것입니다. 세계에서 가장 오래된 법전 중 하나인 《마누법전》이 그것입니다. 약 2,000년 전에 고대 인도인이 만든 이 법전은 카스트에 따른 의무를 법으로 정하고 있습니다. 누구도 어길 수 없도록 강력한 힘을 실은 것이죠. 법전은 "창조자가 카스트마다 알맞은 '업'을 정해 주었으며, 그 스스로가 반복하여 카르마를 겪으면서 다시 태어나고 있는 것이다"라고 이야기합니다. 이는 태초에 신이 모든 것을 창조했으며 브라만, 끄샤뜨리아, 바이샤, 슈드라가 할 일도 모두 정해 두었다는 뜻입니다. 그리고 주어진 의무를 따라야 좋은 세상에 윤회할 수 있다는 말이죠.

《마누법전》에는 각 계급이 따라야 할 의무도 상세히 담겨 있습니다. 이를 산스크리트어로 '다르마dharma'라고 합니다. 그렇다면 신은 카스트에 따라 어떤 다르마를 부여했을까요? 먼저 브라만은 '세상의 모든 것은 브라만의 것이요, 브라만은 그 태생 자체로 모든 것에 권한이 있다'라고 합니다. 신의 권위를 빌어 브라만에게 강력한 권력을 부여했고, 태어나면서부터 세상을 다스릴 자격을 가졌음을 인정하고 있습니다. 그 아래 계급인 끄샤뜨리아에는 백성을 지키는 의무를 주었습니다. 바이샤는 상업과 농사, 짐승을 기르는 일과 함께 신이나 브라만에게 바칠 제물을 준비하라는 등의 의

무가 내려졌죠. 가장 낮은 계급인 슈드라의 의무는 '슈드라가 다른 계급의 이름을 무례하게 부르면, 그 입에 손가락 길이 10배 되는 쇠못을 박아야 한다', '슈드라의 이름은 사람들이 혐오하도록 지어라', '슈드라에게는 먹고 남은 음식, 해진 옷, 남은 곡물, 쓰던 낡은 그릇을 주어야 한다' 등의 의무가 주어졌습니다. 이 법에 따라 슈드라는 태어나서 죽을 때까지 비천한 노예로 살면서 평생 다른 계급을 주인으로 섬겨야 했던 것입니다.

그런데 《마누법전》에는 슈드라보다 더 극악한 취급을 받는 계급이 등장합니다. 바로 불가촉천민입니다. 닿기만 해도 오염되는 사람이라는 뜻의 불가촉천민을 가리켜 인도에서는 '짠달라Caṇḍāla'라고 합니다. 산스크리트어로 '부정 타는 사람', '닿으면 안 되는 사람'이라는 뜻을 담고 있죠. 호칭에서도 알 수 있듯이 불가촉천민을 향한 차별은 상상을 초월합니다. 눈으로 보기만 해도 부정해지는 존재로 취급받는 불가촉천민은 마을에 들어올 때는 막대기를 탁탁 치면서 소리를 내거나 방울을 달아야 했습니다. 다른 사람들이 미리 피할 수 있도록 신호를 보내는 것이죠. 또한 그들이 밟은 땅은 오염됐다는 이유로 자신의 발자국을 쓸면서 뒷걸음질로 엉거주춤 걸어가야 했습니다.

《마누법전》은 불가촉천민의 의무를 다음과 같이 정했습니다. '짠달라는 마을 밖에 거주해야 한다', '낮에 돌아다니되 다른 사람들이 그를 쳐다보지 않도록 표식을 달아야 하며, 밤에 돌아다녀서는 안 된다', '짠달라, 개, 돼지, 닭 등은 다른 계급이 식사하는 것을 보지 못하게 해야 한다' 등입니다. 불가촉천민이 가축보다 못한 인간 이하의 취급을 받았음을 알 수 있습니다. 이들은 신발을 신어서도 안 됐고, 다른 계급이 다니는 길을 걸을 수도 없었습니다. 비가 와도 우산을 쓸 수 없었죠. 게다가 상층 카스트가 사용하는

카스트 제도와 불가촉천민

저수지에서 물을 길어 오거나 마실 수도 없었다고 합니다. 불가촉천민이 손을 담그면 저수지 전체가 오염된다고 여겼기 때문입니다. 혹시라도 저수지에 손을 담근 불가촉천민은 물을 오염시킨 죄로 처형당하기도 했습니다.

　이토록 불가촉천민을 천대한 것은 그들의 출신과 관련 있습니다. 기원후 인도는 굽타 가문이 영토를 정복하면서 굽타 왕조가 들어섰습니다. 그러면서 이들이 다스리던 사람들도 인도 사회로 새롭게 유입됐죠. 다만 인도에는 이미 카스트 계급이 굳건히 자리 잡고 있어 이방인을 완전히 별개의 집단으로 구분했습니다. 그들이 바로 불가촉천민입니다. 또한 카스트 제도의 규범을 어기면 불가촉천민으로 강등되기도 했는데, 주로 상층 카스트와 슈드라 사이에서 태어난 자식들이었습니다. 《마누법전》에서 브라만 같은 상층 카스트가 노예인 슈드라 여성과 관계를 맺고 아이를 낳는 것을 철저히 금기했기 때문입니다. 이처럼 사회에서 가장 소외된 약자가 최하층 계급이 된 것입니다.

불가촉천민은 다른 계급과 닿을 수도 없기에 힌두교인이 가장 기피하는 일을 해서 먹고살았습니다. 브라만이 불가촉천민에게 맡긴 일은 힌두교에서 가장 부정하고 오염됐다고 여긴 '죽음'과 관련한 것이었습니다. 화장터에서 유골을 강에 뿌리거나 시체를 옮기는 일, 살아있는 동물을 도축하는 일 등이었죠. 그뿐 아니라 빨래나 청소 등 더럽고 부정한 것은 모두 불가촉천민의 몫이 되었습니다. 이처럼 불가촉천민은 모두가 꺼리는 일을 대신 처리하며 다른 계급이 주는 식량을 받아 삶을 이어가야만 했습니다.

최상위 계급부터 최하위 불가촉천민까지, 카스트에 따른 의무를 법으로

죽음과 관련한 불가촉천민의 직업

정한 브라만은 그들이 원하는 인도 사회를 구축해 나갔습니다. 이 틀 안에서 만든 두 번째 인생 목표는 '재물을 모으는 것'입니다. 인도에서는 이를 가리켜 '아르타artha'라고 합니다. 산스크리트어로 '실리, 부, 물질' 등의 뜻이죠. 아르타를 실현하기 위해 《아르타샤스트라》라는 경전도 만들었습니다. 다음은 경전의 한 구절입니다.

> '아직 얻지 못한 것은 얻고, 얻은 것은 지키고, 지킨 것은 늘리고, 늘린 것은 적절하게 나누어주는 것을 목표로 한다.'

일반적으로 종교가 사랑과 용서, 구원을 이야기하며 욕심을 버리라고 하는 것과 달리 힌두교는 부자가 될 것을 강조합니다. 이는 힌두교가 단순한 종교가 아니라 고대에 사회를 유지하는 시스템으로서 작용했기 때문입니다. 사회가 안정적으로 발전하기 위해서는 사람들이 잘 먹고 잘살아야 하는데, 여기에는 반드시 물질이 필요하니 돈이나 재산을 얻기 위해 노력해야 한다는 의미죠.

힌두교의 영향 때문인지 인도인은 돈 버는 데 관심이 많습니다. 세계 2위 부자 가우땀 아다니Gautam Adani는 인도의 기업인으로, 2022년 기준 그의 재산은 무려 204조 원이라고 합니다. 세계 8위 부자 무께시 암바니Mukesh Ambani는 딸의 결혼식 비용으로 1,100억 원을 쓰기도 했죠. 세계에서 가장 비싼 저택 중 하나인 그의 1조 원짜리 집에서 결혼식을 올렸으며, 축가는 유명 가수 비욘세Beyonce가 불렀습니다.

인도인이 화려한 결혼식을 치르는 것도 힌두교의 인생 목표인 아르타의 영향으로 볼 수 있습니다. 돈을 모으고 쓰는 것을 부끄럽게 여기지 않는 힌두 문화에서 결혼식은 재산이 얼마나 되는지, 사회적 영향력이 얼마나 큰지를 보여주는 시험대와 같습니다. 게다가 인도는 의례를 중시하는 전통이 있으므로 인생 최대 의례인 결혼식에 최대한 많은 돈을 써서 성대한 결혼식을 치르는 것입니다.

브라만이 만든 세 번째 인생 목표는 '육체적 쾌락'입니다. 산스크리트어로 '까마kāma'라고 하죠. 고대 인도의 성애와 쾌락을 다룬 경전으로 널리 알려진 《까마수뜨라》는 이때 만들어졌습니다. 남녀가 결혼해 육체적 쾌락을 즐기는 법, 여자가 남자의 성욕을 만족시키는 법 등 대대로 내려온 비결을 집대성한 것입니다. 성생활 백과사전이라고 할 만큼 성에 관한 모든 것을 자세하게 묘사하는 것으로 유명합니다. 포옹과 입맞춤은 어떻게 하는지, 성관계 체위는 어떤 것이 있는지, 정력을 높이는 법, 미모를 보존하는 방법까지 설명하고 있죠. 《까마수뜨라》는 수위가 매우 높은 것으로도 유명한데, 그중 상대적으로 수위가 낮은 내용을 발췌해 보겠습니다.

'키스하는 동안에 한 사람이 혓바닥을 상대방의 입안에 넣고 그 혀끝으로 이, 윗잇몸, 혀 등을 누른다. 이때 남녀의 혀는 서로 닿게 된다. 이것을 혀 싸움이라고 한다.'
'여자는 두 손으로 땅을 짚고 엎드리고, 남자는 그 뒤로부터 황소가 암소와 교접할 때처럼 동작한다. 이 경우 남자가 여자의 등을 껴안는다. 이 외에도 여러 가지 성교 방법이 있다. 이는 개, 사슴, 노루, 당나귀, 호랑이 등 각각 동물의 성교 방법에 따라 이해해야 한다.'

현대 시각에서 《까마수뜨라》는 외설스럽기 그지없습니다. 고대 인도에서 이런 경전을 만든 이유는 당시에 남녀의 성관계 개념을 곧 출산으로 여겼기 때문입니다. 농경 시대에는 아이를 노동력이라고 생각해 가능한 아이를 많이 낳으려 했습니다. 특히 사회 유지를 위해 철저하게 실리를 따랐던 힌두교는 인구 증가와 경제 발전을 고려해 《까마수뜨라》를 만들고 전파한 것입니다.

UN 인구기금에 따르면 인도는 2023년에 인구수 14억 2,860만 명을 기록하며 중국을 제치고 세계에서 가장 인구가 많은 나라에 등극했습니다. 이는 힌두교의 영향이기도 합니다. 과거 인도 정부는 일부 남성들에게 강제로 불임수술을 시행했습니다. 이때 극심한 반대에 부딪히며 정권이 바뀌는 초유의 사태가 벌어지기도 했죠. 그래서 지금까지도 강제 산아제한은 엄두도 내지 않습니다. 출산율이 낮은 나라와 비교했을 때 경제활동을 할 인구가 폭발적으로 증가한다는 것은 엄청난 강점입니다.

신분의 의무를 지키는 다르마, 물질적 풍요를 추구하는 아르타, 쾌락을 통해 다산하는 까마에 이은 네 번째 인생 목표는 '깨달음을 추구하는 것'입니다. 산스크리트어로 '목샤moksha'라고 하며, 해탈이라는 의미를 지니고 있습니다. 인도에서는 사회에서 벗어나 자신만의 깨달음을 얻기 위해 수행하는 사람들을 가리켜 '사두sadhu'라고 합니다. 종종 독특한 모습을 한 사두들이 눈에 띄는데, 76쪽의 사진처럼 머리에 화로를 올리고 뜨거움을 참는 고행을 통해 깨달음을 얻기도 합니다. 이들은 육체는 곧 물질이며, 물질을 넘어서야 비로소 정신을 찾을 수 있다고 믿습니다. 자신의 몸을 괴롭히는 극단적 고행이 깨달음에 도달하는 방법이라 생각하는 것이죠.

힌두교 최대 축제인 꿈브 멜라에서는 다양한 사두를 만날 수 있습니다.

꿈브 멜라 축제에서 수행 중인 사두

꿈브 멜라는 유네스코 세계문화유산에도 등재된 순례자들의 축제입니다. 이곳을 찾은 수행자들은 구덩이를 파고 땅속에 머리를 집어넣거나, 불이 붙은 뜨거운 화로를 머리에 이기도 하며, 힘든 자세를 유지하는 고행을 하기도 합니다.

그리고 인도인이 미간에 점을 찍은 모습을 볼 수 있는데 이 역시 목샤와 관련 있습니다. 남자들이 찍는 점은 띨락, 여자들이 찍는 점은 빈디라고 부릅니다. 신을 느낄 수 있는 제3의 눈으로, 신을 만나서 깨달음에 더 가까이 가고 싶다는 열망을 표현한 것입니다. 또한 악마의 공격을 막기 위한 보호의 의미도 있습니다. 악마가 주로 이마 한가운데를 공격하기 때문이죠.

깨달음을 얻는 목샤는 앞서 이야기한 세 가지 목표와 결이 많이 다른 편입니다. 브라만은 왜 깨달음을 네 번째 목표로 삼은 것일까요? 사실 힌두교는 원래 사회적 의무와 물질적 풍요, 쾌락만 가르쳤습니다. 그런데 시간이 흘러 불교와 자이나교 등 여러 종교가 등장하면서 힌두교가 물질만 추구하고 불평등을 강조한다는 비판의 목소리가 커지기 시작했습니다. 동시에 불평등한 사회를 떠나 수행자의 가르침을 쫓아 깨달음을 구하려는 사람도 점차 증가했죠. 이에 위협을 느낀 브라만이 고심 끝에 내놓은 해답이 힌두교도의 삶의 목표에 '깨달음'을 추가한 것입니다. 힌두교에 반발하는 사람들을 회유하려는 의도였죠. 그 결과 힌두교에는 물질과 쾌락을 추구하는 동시에 깨달음을 얻고자 하는 다소 모순적인 가치관이 공존하게 되었습니다.

이처럼 인도의 힌두교는 다양한 모습을 가지고 있습니다. 그런데 왜 많은 사람이 인도를 깨달음과 수행자의 나라로 여기는 것일까요? 이러한 이미지가 만들어진 것은 1968년의 어느 사건이 계기가 됐습니다. 당시 세계적으로 큰 인기를 얻은 영국의 밴드 비틀스가 인도 여행을 떠난 것입니다. 재충전을 위한 휴식, 신비한 인도 음악과 힌두 철학을 경험하고 싶다는 이

인도에서 영적 여행 중인 비틀스

유에서였죠. 비틀스는 마하리시 마헤시 요기Maharishi Mahesh Yogi라는 힌두교 수행자를 만났고, 힌두교 성지인 리시께시와 갠지스강을 방문하기도 했습니다. 힌두교 신도들이 수행하며 거주하는 아쉬람을 찾아간 뒤 존 레논John Lennon은 다음과 같은 말을 남겼습니다.

"나는 5일 동안 방에서 명상을 했다. 수백 곡을 썼다. 나는 잠들 수 없었고, 미친 듯한 환각에 시달렸다. 냄새를 맡을 수 있는 꿈도 꾸었다. 한 번에 몇 시간씩 명상과 요가를 했다. 그것이 단지 그곳에 도달할 수 있는 방법이었다. 놀라운 여행이었다."

이후 비틀스가 인도에서 깨달음을 얻는 여행을 했다는 소식이 전 세계에 빠르게 퍼져나갔습니다. 1960년대는 전쟁에 지친 사람을 중심으로 자유를 추구하는 히피 바람이 불었고, 히피들의 우상인 비틀스의 행보는 인도 여행 열풍을 불러일으켰습니다. 이때부터 전 세계에 '인도는 깨달음의 나라'라는 인식이 굳어진 것입니다. 비틀스가 다녀간 뒤인 1970년대에 인도는 히피들의 성지가 됐습니다. 당시 20대 청년이었던 스티브 잡스Steve Jobs도 히피였죠. 잡스는 깨달음을 얻으러 인도로 떠났고 7개월간 장기 여행을 했습니다. 훗날 그는 "인도에서의 깨달음이 일하는 방식에 큰 영향을 줬다"라고 이야기했습니다.

사라져가던 카스트를 부활시킨 영국

사실 힌두교의 네 번째 목표인 깨달음을 추구하며 속세에서 벗어난 사람은 인도에서도 극히 일부에 불과합니다. 대부분의 인도인은 힌두교라는 거대한 세계관 안에서 각자의 이익과 삶을 추구하며 살아가고 있었죠. 그런데 시간이 흐르면서 인도 사회에 커다란 변화가 나타났습니다. 5세기부터 17세기까지 기나긴 중세 시대를 겪으면서 처음에는 4개로 구분되던 카스트가 수천 개로 나눠지게 된 것입니다. 사회가 점점 복잡해지고 직업이 많아지면서 생겨난 변화였죠. 이를 '자띠Jati'라고 부르는데, 직업이나 가문이라는 뜻입니다. 실제로 인도인들은 카스트보다 자띠라는 단어를 더 많이 사용한다고 합니다.

인도의 자띠는 직업 수만큼 다양합니다. 차(tea)와 관련한 자띠만 해도 차 끓이는 자띠, 차 끓일 때 필요한 석탄을 깨는 자띠 등으로 세세하게 나뉘죠. 게다가 같은 직업이라도 지역마다, 시대마다 위아래가 달라 과거처럼 네 개의 계급으로 나누는 것이 어려워졌습니다. 어느 지역에서는 상위 계급이어도, 다른 지역에 가면 하위 계급이 되기도 한 것입니다. 그리고 서로 다른 자띠가 결혼을 하면 두 가문이 섞이면서 새로운 자띠가 만들어지기도 하고, 가족이 단체로 이주할 경우 다른 직업을 가진 자띠가 되기도 했습니다. 그러는 사이 자신이 어느 자띠인지는 알아도 브라만-끄샤뜨리아-바이샤-슈드라 중 어디에 속하는지는 잘 알지 못하게 됐습니다. 카스트가 매우 복잡하게 변한 것입니다.

이런 카스트 체계는 18세기를 기점으로 또다시 커다란 변화를 겪었습니다. 영국이 인도 꼴까따에 동인도회사를 세우고 인도를 침략하기 시작한 것입니다. 당시 인도는 무갈 제국이 통치했으나 이미 쇠약해질 대로 쇠약해져 제대로 싸워보지도 못했습니다. 결국 1857년에 영국 동인도회사에서 고용한 인도인 용병인 세포이들이 반란을 일으켰습니다. 세포이 항쟁으로 알려진 '1857년 인도 항쟁'이 일어난 것입니다. 하지만 이듬해에 영국이 승리하며 무갈 제국은 역사 속으로 사라졌고 영국령 인도 제국을 수립했습니다. 본격적인 영국의 식민지 지배가 시작된 것입니다.

하지만 영국이 멀리 떨어진 거대한 인도 대륙을 다스리기는 쉽지 않았습니다. 영국은 고민 끝에 한 가지 묘안을 떠올렸습니다. 1871년에 인도 역사상 최초로 인구 총조사를 실시한 것입니다. 성별, 나이, 거주지, 직업, 교육 수준 등 인도 전체 인구를 파악하기 위해서였죠. 이때 영국은 조사 항목에서 인도인을 단순한 기준으로 구분했는데 바로 고대 인도 때 만든 힌두 경전의 카스트였습니다. 문제는 이미 수천 개의 자띠로 나누어져 있던 인도인들은 자신이 바이샤인지, 슈드라인지 알지 못했다는 것입니다. 영국은 하는 수 없이 인도인을 몇 개의 카스트 안에 욱여넣듯이 분류했습니다.

카스트가 정부에 공식적으로 등록되면서 인도인은 영국이 새롭게 구분한 카스트를 강하게 의식할 수밖에 없었습니다. 게다가 힌두교 제1의 법이라 불리는 《마누법전》에는 여전히 각 카스트에 따른 사회적 의무가 분명하게 명시돼 있었죠. 결국 영국의 인구 총조사는 사그라들었던 카스트 제도에 다시 불을 지폈습니다. 어느새 인도인은 더 높은 카스트로 올라가려는 강한 움직임을 보였습니다. 바이샤나 슈드라는 돈을 열심히 모아 신분 상승을 꾀하기도 했죠. 가장 높은 계급인 브라만에게 사원을 지어주고 더 높은 계급인 *끄샤뜨리아*로 인정받은 뒤, 영국 정부에도 *끄샤뜨리아*로 등록하는 식이었습니다.

이런 격변기에 사회에서 비참한 상황에 놓인 불가촉천민은 어떤 선택을 했을까요? 그들 역시 어떻게든 위로 올라가려 했습니다. 마침 영국의 식민 지배는 불가촉천민에게 이전에 없었던 새로운 기회를 주었습니다. 인도에서는 모두가 꺼렸던 도축업이 가죽과 육류 가공이라는 근대 산업으로 떠오르면서 큰돈을 벌 수 있게 된 것입니다. 뿐만 아니라 더럽다고 여겨졌던 소 키우는 일이나 우유 짜는 일도 영국에 꼭 필요한 축산업이었죠. 불가촉천민이 대대로 이어서 하던 일이 시대의 변화에 따라 영국의 필요와 딱 맞아떨어진 것입니다.

불가촉천민의 영웅이 등장하다

도축업이나 축산업 등에 종사했던 일부 불가촉천민은 드디어 수천 년간 이어진 가난의 굴레를 벗어날 수 있게 되었습니다. 다른 계급처럼 돈을 뿌려서 높은 카스트로 올라가거나 고급 교육을 받고 외국으로 유학을 다녀오기도 했습니다. 그리고 이들은 인도의 뿌리 깊은 차별과 불평등을 없애겠다는 하나의 목표를 갖게 되었습니다. 이때 등장한 대표적인 인물이 불가촉천민의 영웅으로 불리는 빔라오 람지 암베드까르Bhimrao Ramji Ambed-

암베드까르

kar입니다.

19세기 말에 불가촉천민으로 태어난 암베드까르는 영국 유학을 통해 카스트가 없는 세상을 경험하고 인도로 돌아왔습니다. 이후 마하뜨마 간디 Mahatma Gandhi와 함께 불가촉천민 차별 철폐 운동에 나섰습니다. 그는 차별 철폐를 위해 불가촉천민인 자신들을 '달리뜨dalit', 즉 '짓밟힌 자'라고 불렀습니다. 그러면서 카스트 차별이 인도 사회를 파멸시키고 있으며, 국민에게 악영향을 미칠 것을 열렬히 호소했죠. 급기야는 인도의 불가촉천민을 대표해 격렬한 저항 운동을 펼쳤습니다. 암베드까르가 한 행동은 지난 2,000년간 차별의 근원이었던 《마누법전》을 불태우는 것이었습니다.

허나 인도 사회에서 가장 성스럽게 여기는 경전을 불태우는 것은 자살 행위와 같았습니다. 암베드까르는 이 일로 인도에서 온갖 위협을 받았으나 그 후로도 불가촉천민 차별 철폐를 위한 노력을 그치지 않았습니다. 이런 가운데 인도는 1947년에 약 200년에 걸친 식민지에서 해방돼 드디어 독립에 성공했습니다. 2년 뒤에는 헌법도 제정했죠. 당시 초대 법무부장관에 임명된 암베드까르는 불가촉천민이 그토록 원했던 법을 만들었습니다. 다음그 주요 조항입니다.

- 헌법 제15조: 국가는 종교, 인종, 카스트, 성, 출신지 가운데 그어떤 것으로도 국민을 차별해서는 안 된다.
- 헌법 제17조: 불가촉천민제를 폐지하고 관행을 금지한다. 불가촉천민이라 하여 그들에게서 어떤 자격을 박탈하는 것은 법률에 따라 처벌되는 범죄에 해당한다.

뿌리 깊은 차별을 깨부수고 이 같은 차별금지법이 만들어질 수 있었던 것은 오랜 식민지 시대를 끝내고 새롭게 들어선 인도 정부에서 통합과 평등을 가장 필요로 했기 때문입니다. 카스트에 따른 차별이 인도를 분열시킨다고 생각한 것이죠.

차별금지법이 생기면서 카스트로 인한 차별은 공식적으로 폐지됐습니다. 이제 카스트에 상관없이 누구나 어떤 직업이든 가질 수 있게 되었습니다. 불가촉천민이라 해도 힌두교 사제가 될 수 있었고, 의사나 변호사 등 원하는 일을 할 수 있게 됐죠. 더는 강제로 마을 바깥에 모여 살지 않아도 됐으며, 높은 계급 사람들을 피해 다닐 필요도 없었습니다. 직업뿐 아니라 학교에서도 계급과 관련한 제한이 완전히 사라졌습니다. 법적으로 모든 카스트가 평등해진 것입니다. 현재 인도에서 카스트를 물어보는 것은 예의에 어긋나는 행동입니다. 카스트로 상대를 차별하겠다는 뜻으로 받아들여질 수 있기 때문입니다. 젊은 층의 경우 카스트에 대해 아예 관심이 없을 정도라고 합니다.

2,000년이 넘도록 유지됐던 카스트가 빠르게 바뀌는 데는 도시화가 매우 중요한 역할을 했습니다. 인도는 도시화가 엄청난 속도로 진행된 나라로, 현재 인구 1,000만 명이 넘는 대도시가 5개나 있습니다. 과거에 조상 대대로 같은 지역에 살았을 때는 교류가 잦았으니 서로의 카스트에 대해 잘 알 수밖에 없었습니다. 하지만 지금은 고향에서 도시로 떠나온 사람들이 많은데 이들은 부모가 먼저 카스트를 알려주지 않는 이상 집안과 자신의 카스트를 알 길이 없습니다. 그러니 내 앞에 있는 사람이 불가촉천민인지, 브라만인지 점차 상관없게 된 것입니다. 게다가 좁은 도시 공간에서는 불가촉천민에 닿으면 오염된다는 카스트 인식 또한 소용없었죠. 특히 1984년

콜카타를 시작으로, 델리, 뭄바이, 첸나이, 하이데라바드 등 인도의 주요 도시에 지하철이 생겼습니다. 그러면서 많은 사람이 더욱 밀접하게 접촉하게 됐는데, 바쁘고 정신없이 붐비는 지하철에서 상대가 불가촉천민인지 아닌지 따지는 것은 불가능할뿐더러 아무 의미 없어 보였습니다. 이렇게 낯선 사람들끼리 부대낄 수밖에 없는 환경인 도시를 중심으로 카스트는 빠르게 사라졌습니다.

사라졌지만 사라지지 않은 카스트

그렇다면 인도에서 카스트는 완전히 없어진 것일까요? 사실 카스트는 여전히 인도 사회에 남아있습니다. 법적으로는 완전히 사라졌으므로 취업할 때 카스트로 차별하는 것은 엄연한 범죄입니다. 하지만 오랜 세월 인도에 뿌리내려 온 카스트는 국가가 관여할 수 없는 사적인 부분에 남아서 아직도 영향을 끼치고 있습니다.

가령 우리는 학력이나 외모로 사람을 차별하지 말라고 배웠습니다. 하지만 사적인 차별은 분명히 존재합니다. 마찬가지로 인도에서 카스트는 법적으로는 사라졌지만 지역에 따라, 또 개인과 개인 사이에 무시할 수 없는 질서로 남아 있습니다. 실제로 1949년에 법을 제정한 이후에도 인도 사회에서는 카스트로 인한 차별과 억압이 꾸준히 문제가 되어왔습니다. 차별이 어찌나 심했던지 차별금지법을 제정한 암베드까르마저 힌두교를 버리고 불교로 개종할 정도였죠. 카스트의 차별은 힌두교에 그 근원이 있다고 본 것입니다.

그러던 중 1968년 인도 따밀나두에서 충격적인 사건이 일어났습니다. 불가촉천민 44명이 산채로 불에 타서 죽은 것입니다. 당시까지도 불가촉천민은 같은 일을 해도 다른 계급에 비해 터무니없이 적은 돈을 받았습니다. 실수라도 하면 피가 날 때까지 채찍질을 당하기도 했죠. 참다못한 불가촉천민 농부들이 자신을 같은 인간으로 대우해 달라고 요구하자, 일부 지주와 마을 사람들은 반항하는 불가촉천민들을 모두 죽이기로 했습니다. 수백 명의 마을 사람들이 마을을 봉쇄하고 불가촉천민들을 향해 무자비하게 총을 쐈습니다. 더 끔찍한 사실은 그중 일부가 인근 오두막으로 피신하자 오두막의 문을 잠그고 기름을 부어 불태워버린 것입니다. 그곳은 지옥이나 다름없었습니다. 엄마들은 아이라도 구하려고 오두막 창문 밖으로 아이를 던졌는데 바깥에 있던 사람들이 아이들을 잡아서 다시 불 속으로 던져 넣었습니다. 그리고 아예 밖으로 나오지 못하도록 날카로운 농기구로 마구 찔렀다고 합니다.

그런데 이 사건은 빙산의 일각에 불과했습니다. 법이 만들어졌으나 불가촉천민은 여전히 멸시와 차별의 대상이었고, 온갖 폭력과 살해 협박에 시달렸습니다. 불가촉천민 여성이 강간을 당하는 일도 부지기수였죠. 급기야 참다못한 불가촉천민 사이에서 차별에 대한 저항이 거세게 일어났습니다. 그중 대표적인 것이 1970년대 초에 등장한 불가촉천민 조직 '달리뜨 팬서(달리뜨 표범단)'입니다. 이들은 자신을 향한 공격을 더 이상 참지 않겠다며 끊임없이 저항하고 시위를 벌였습니다. 하지만 시위 도중에 돌에 맞아 사망하는가 하면, 경찰이 집회를 해산하는 과정에서도 여러 명이 죽거나 부상을 입었습니다.

지금도 불가촉천민은 폭력에 노출되어 있습니다. 뉴스에서는 연일 불가

시위 도중 사망한 불가촉천민

촉천민을 향한 차별과 폭력 사건을 보도하고 있죠. 2022년에는 9세의 불가촉천민 소년이 학교에서 교사에게 구타당해 사망하는 사건이 일어나기도 했습니다. 구타 이유는 아이가 교사의 물병에 든 물을 마셨다는 것이었죠. 이는 일부이기는 해도 여전히 불가촉천민이 닿은 식기나 물을 오염됐다고 여기는 사람들이 존재한다는 뜻입니다. 교사는 아이가 자신의 물병에 입을 댔다는 사실에 분노해 폭력을 휘둘렀고 아이는 과다 출혈로 사망하고 말았습니다. 2023년 6월에도 22세의 불가촉천민 청년이 끔찍하게 살해되는 사건이 벌어졌습니다. 암베드까르의 탄생 기념일 행사를 준비하고 있던 청년을 상위 카스트 여러 명이 둘러싸고 칼과 몽둥이를 휘둘러 죽인 것입니다. 이 사건으로 말미암아 카스트 차별을 더욱 강하게 규제해야 한다는 외침과 함께 인도의 나렌드라 모디Narendra Modi 수상을 향한 비난이 쏟아졌습니다.

그렇다면 불가촉천민이 다른 계급 사람과 결혼하면 어떻게 될까요? 이는 지역마다 받아들이는 방식이 매우 다른 편입니다. 인도에서는 신문이나 홈페이지에서 결혼 상대를 구하기도 하는데 'No caste bar', 즉 카스트는 상관없다는 광고문이 많습니다. 하지만 때로는 무서운 사건이 터지기도 합니다. 인도 남부의 뗼랑가나주에서는 상위 카스트 여성과 불가촉천민 남성이 결혼하자 화가 난 여성의 아버지가 킬러를 고용해 사위를 죽여버리기도 했습니다. 차별이 조금씩 사라지는 중이라고는 하지만 여전히 인도 곳곳에서는 불가촉천민을 대상으로 한 폭력과 사망 사건이 매년 벌어지고 있습니다. 2,500년간 이어온 카스트 제도가 지금까지도 인도의 차별과 불평등을 야기하고 있는 것은 명백한 사실이죠.

불가촉천민에서 대통령까지, 지정 카스트

인도 정부는 처음 차별금지법을 만들면서 불가촉천민을 보호할 정책도 함께 추진했습니다. 억압받는 불가촉천민을 국가가 보호해야 할 소수자로 지정하고, 이들이 사회에 진출할 수 있도록 쿼터제를 실시한 것입니다. 이때 불가촉천민이라는 용어가 또 다른 차별을 불러올 수 있다는 판단에 따라 이들을 불가촉천민이 아닌 '지정 카스트'라고 부르기 시작했습니다. 한국으로 치면 일종의 지역균형 선발제도인 셈인데, 공무원 시험이나 대학 입학시험 등에 일정 비율을 할당해서 고등 교육을 받고 직업을 가질 수 있도록 한 것입니다. 이 정책의 시행으로 불가촉천민 일부는 의회의 의원이나 행정부의 고위 관직에도 진출할 수 있게 됐습니다.

불가촉천민으로 가장 높은 직위에 오른 사람은 제15대 인도 대통령인 드라우빠디 무르무Draupadi Murmu입니다. 불가촉천민 출신 여성이죠. 본래 인도는 총리가 대부분의 권력을 가지고 있지만, 사회 통합을 위해 각 정당에서 사회적 약자를 대변하는 인물을 대통령 후보로 선출합니다. 제14대 인도 대통령인 람 나트 꼬윈드Ram Nath Kovind도 불가촉천민이었습니다.

문제는 불가촉천민에게만 혜택을 준다며 불만을 품는 사람이 생기기 시작한 것입니다. 가장 먼저 반발한 계급은 과거 노예 계급이자 카스트의 네 번째에 위치한 슈드라였습니다. 이들은 자신 역시 차별당하고 피해를 입었으니 불가촉천민처럼 쿼터제 혜택을 받을 수 있게 해달라고 요구했습니다. 이때 한 정당에서 이 주장을 받아들여 1978년에 슈드라까지 혜택 범위를 확장하는 정책 시행 보고서를 작성하기에 이르렀습니다. 보고서는 '기타 후진 계급(Other Backward Classes)', 즉 OBC라는 용어를 새롭게 만들었으며 여기에 슈드라를 비롯해 사회적으로 낙후된 집단을 포함시켰습니다. 그런데 이 보고서는 인도 사회에 큰 파장을 불러일으켰습니다. 슈드라 계급을 포함한 OBC의 비중이 무려 전체 인도 사회의 40%나 차지했기 때문입니다. 여기에 불가촉천민 15%까지 합치면 인도인의 절반 이상이 쿼터제의 혜택을 받게 되는 셈이었죠.

그러자 이번에는 상위 카스트인 브라만과 끄샤뜨리아에서 불만이 터져 나왔습니다. 이들은 오랫동안 사회 지배층이었으나 영국 식민지를 거치면서 빈곤층으로 떨어진 이들도 꽤 많았습니다. 이런 상황에서 OBC 쿼터제를 시행하면 교육과 취업 경쟁에서 매우 불리했죠. 이들에게도 생존의 문제가 된 것입니다. 브라만과 끄샤뜨리아는 OBC 쿼터제 시행에 격렬하게 반대하며 저항 의지를 보여주기 위해 자살을 시도하기도 했습니다. 그 결

분신자살을 시도한 브라만 청년

과 실제로 수십 명이 죽음에 이르는 비극이 벌어졌습니다. 사진은 쿼터제에 반대하던 브라만 집안의 대학생 라지브 고스와미Rajiv Goswami가 분신자살을 시도한 모습입니다. 이처럼 거센 반대에도 불구하고 정부는 1990년에 OBC 쿼터제를 시행하겠다고 밝혔습니다.

이후 인도에서는 OBC 쿼터제를 두고 격렬한 갈등이 벌어졌습니다. 일부는 OBC가 역차별이라며 결사반대했고, 반대로 일부 힘 있는 집단들은 자신들도 OBC 쿼터에 들어가게 해달라며 폭동을 일으켰습니다. 결국 하층 카스트에 대한 배려 정책을 불씨로 인도 전체가 심각한 분쟁을 겪게 된 것입니다. 현재 이 갈등은 정치 싸움으로까지 확장됐습니다. 각 정당이 불가촉천민, 슈드라, 끄샤뜨리아, 브라만 등 각 카스트를 대변한다며 더 많은 쿼터를 받기 위해 싸우는 중입니다. 계급마다 자기 이익에 따라 똘똘 뭉쳐서 정당을 지지하며 치열한 다툼을 벌이고 있습니다. 법적으로 철폐된 카스트가 이제는 정치의 도구로 이용되는 것이죠.

인도인이 이렇게까지 극단적으로 투쟁하는 모든 문제의 핵심은 경제입니다. 인도는 빈부격차가 매우 심한 국가입니다. 우리나라의 서울 강남처럼 화려한 곳이 있는가 하면 상상 이상으로 열악한 환경의 빈민가가 많습니다. 특히 인도에서 가장 가난한 지역 중 하나인 북쪽의 비하르주는 농사를 짓는 사람들이 많은데, 빚 때문에 크게 고통받는다고 합니다. 2022년 인도의 GDP 규모는 세계 5위에 올랐지만, 그 부가 제대로 분배되지 못하고 있습니다. 나라의 부가 한쪽으로 쏠리면서 가난 때문에 절박한 상황으로 몰린 빈곤층이 너무도 많습니다. 게다가 인도는 실업률도 매우 높습니다. 전 세계 빈곤 퇴치와 개발도상국의 경제 발전을 목표로 하는 세계은행에 따르면 2022년 기준 인도의 청년 실업률은 무려 23%나 됩니다. 매년 젊은 노동 인구가 쏟아지는데 인도 내에서는 일자리가 없는 상황이죠. 결국 카스트와 관계없이 가난에 몰린 빈곤층이 증가하면서 많은 국민이 살기 위해 목숨을 건 싸움을 하는 중입니다.

인도가 카스트 계급이 아닌 가난의 정도를 따져보고 쿼터제를 시행했다면 이 같은 문제는 생기지 않았을 거라는 주장이 많이 생겼습니다. 이는 상위 카스트들이 주장하는 내용이기도 합니다. 경제 상황, 즉 누가 가난한가를 따져서 지원하자는 것이죠. 그래서 2019년부터는 경제적 취약 계층에게 10%의 쿼터를 주게 되었습니다. 하지만 불가촉천민과 슈드라에게 주는 쿼터도 여전히 유지되고 있습니다. 오히려 쿼터만 더 늘어난 셈이죠. 때문에 인도의 갈등은 끊이지 않고 있습니다.

힌두교에서 비롯한 카스트 '제도'는 분명히 사라졌습니다. 하지만 '카스트'는 여전히 남아서 영향을 미치고 있죠. 이 같은 일이 벌어진 까닭은 사회가 바뀌어도 사람의 인식이 변화하는 데는 아주 많은 시간과 경험이 쌓여야 하기 때문입니다. 그래서 카스트는 지금도 인도의 빈곤 문제, 정치 문제와 결합해 망령처럼 남아 또 다른 문제를 일으키고 있습니다. 과연 인간 사회에서 계급 차별은 완전히 사라질 수 있을까요? 계급 차별에서 오는 갈등과 고통을 생각하며 보다 밝은 눈으로 인간의 가치와 평등에 관해 한 번쯤 고민해 보기 바랍니다.

벌거벗은 초한지

《삼국지》의 모태가 된 두 영웅

이성원

● 지금부터 우리의 삶 가까이에 있지만 누군가는 잘 몰랐던, 그러나 또 누군가에게는 너무도 유명한 역사 이야기를 하겠습니다. 우리에게 잘 알려진 영화 〈패왕별희〉는 고대 중국에서 일어난 역사적 사건을 주제로 만들어진 경극을 소재로 삼아 다시 영화로 만든 작품입니다. 앞으로 등장할 두 인물은 그 역사의 주인공이기도 합니다. 그들의 이야기는 영화 속 이야기뿐 아니라 우리의 일상에도 널리 퍼져 있습니다.

> 만인지적萬人之敵, 파부침선破斧沈船, 금의환향錦衣還鄉, 배수진背水陣, 사면초가四面楚歌, 토사구팽兎死狗烹, 권토중래捲土重來

누구나 한 번쯤은 들어보거나 말한 적 있는 고사성어일 것입니다. 이는 모두 오늘 이야기할 두 인물이 살았던 시대에 탄생했습니다. 역사가 사마천司馬遷은 첫 번째 황제인 진시황제秦始皇帝가 세운 진 제국이 무너지고 다음 왕조인 한나라가 세워지는 소위 '진한 교체기'의 생생한 역사를 《사기》라는 책에 담았습니다. 여기서 위의 고사성어가 파생되었으며, 일부는 후대의 문인들이 그 극적인 역사를 반추하는 과정에서 웅대한 시구로 다시 표현되었습니다.

진한 교체기는 훗날 우리가 잘 아는 소설로 엮이기도 했습니다. 《삼국지》와 함께 중국 고전 소설 중 으뜸으로 꼽히는 《초한연의》로, 우리나라에서는 《초한지》로 알려져 있습니다. 진한 교체기에 나타난 불세출의 두 영웅을 통해 시대를 이끄는 리더십과 인재관을 엿볼 수 있는 이 책은 '인생 교과서'로도 불렸고, 우리나라에 넘어오면서 역사와 문학, 그리고 영화 등 수많은 콘텐츠로 삶 속에 스며들었습니다. 가까이 있지만 잘 몰랐던 이야기가 바로 《초한지》인 셈이죠.

특히 지금부터 우리가 알아볼 두 인물은 많은 학자들이 《삼국지》에 등장하는 캐릭터의 원형으로 꼽기도 합니다. 이들의 대결을 따라가다 보면 삶의 자세와 리더십, 그리고 시대를 통찰하는 힘을 깨닫게 될 것입니다. 지금부터 《삼국지》의 모태가 된 초나라의 항우項羽와 한나라의 유방劉邦의 이야기를 살펴보려 합니다. 두 영웅이 천하 패권을 둘러싸고 벌인 세기의 대결을 벌거벗겨 보겠습니다.

진시황제의 죽음과 제국의 붕괴

중국 역사상 최고의 용장이라 불린 항우와 뛰어난 참모들을 이끈 용인술의 천재 유방은 세기의 라이벌이었습니다. 먼저 앞서 이야기한 〈패왕별희〉에서 '패왕'은 항우를 가리킵니다. 비록 황제가 되지는 못했으나 《사기》의 편목 가운데 제왕들의 전기를 기록한 〈본기〉 편에 당당히 이름을 올릴 만큼 황제에 버금가는 업적을 이룬 인물이었죠. 유방은 중국의 통일왕조인 한나라를 세운 군주입니다. 한나라는 전한 후한 약 400년 동안 지속돼 중국 역사상 가장 오랜 번영을 누린 왕조이자 오늘날 중국인의 문화적 정체성을 보여주는 왕조로 평가받고 있습니다. 한자, 한족, 한시, 한약 등 중국을 대표하는 단어는 모두 유방이 세운 한나라에서 비롯된 것입니다.

두 라이벌의 관계가 더욱 매력적인 이유는 모든 것이 너무도 달랐기 때문입니다. 전국시대 초나라의 명문 귀족 가문 출신인 항우는 청동솥을 한 손으로 거뜬히 들어 올릴 만큼 엄청난 힘을 가졌으나 공부와 무예를 익히는 데는 게을렀다고 합니다. 그의 정치적 멘토인 숙부 항량項梁이 그 점을 타박하자 항우는 이렇게 대답했습니다.

"글은 이름 석 자를 적을 정도면 되고, 무예는 한 사람을 대적할 정도면 족합니다. 저는 만 명의 적을 상대하는 법을 배우고 싶습니다."

항우의 대범한 면모가 드러난 유명한 일화로, 이후 중국 역사는 최고의 영웅에게 '만 명을 필적할 만한 인물'이라는 의미로 '만인지적萬人之敵'이라는 칭호를 주었습니다. 항우 이래 만인지적의 칭호를 받은 인물로는 삼국시대의 관우關羽와 장비張飛가 있습니다.

반면 유방은 가난한 농사꾼 집안에서 태어나 생업마저도 소홀한 채 사람들과 어울리기를 즐겼습니다. 그는 주변 사람들에게 한없이 베풀며 술과 여자를 좋아하는 한량이기도 했습니다. 출발부터 전혀 다른 삶을 살던 두 사람이 거대한 역사의 수레바퀴 속에서 세기의 라이벌로 만나게 된 계기는 한 사람 때문이었습니다. 기원전 221년에 동아시아 최초로 천하를 통일한 진시황제입니다. 항우와 유방은 중국이 통일되기 전인 전국시대에는 초나라 사람이었습니다. 초나라는 진시황제의 통일전쟁 과정에서 가장 저항이 심했던 남방의 강대국이었으나 기원전 223년에 끝내 진나라에 의해 멸망했습니다.

《사기》에는 항우와 유방이 진시황제의 행차를 목격한 일화가 기록되어 있습니다. 유방은 한때 진의 수도 함양으로 요역에

진시황제

징발되어 갔다가 먼발치에서 황제의 행차를 보았고 '모름지기 대장부라면 저 정도는 돼야지'라고 감탄했습니다. 항우는 진시황제가 마지막 5차 순행 중 남쪽 회계 지방을 지날 때 멀리서 황제의 행차를 보며 '저 자리는 가히 내가 취할 만하도다'라며 자신의 정치적 야망을 드러냈습니다. 진 제국이 초나라를 멸망시켰다는 원한도 있었지만, 장대한 황제의 행차를 보며 자신이 그 자리를 차지하고픈 야망이 은연중에 드러난 것입니다. 두 사람의 미묘하게 대비되는 반응은 이들이 서로 다른 개성을 가진 인물임을 드러냅니다. 다만 당시 항우는 20대 초반의 혈기 왕성한 청년이었고, 유방은 그보다 20세 가까이 나이가 많았습니다.

그러던 어느 날 항우와 유방은 각자의 야심에 한 발짝 다가갈 기회를 얻었습니다. 기원전 210년에 진시황제가 순행 중 사구라는 곳에서 급작스럽게 객사한 것입니다. 황제의 죽음을 은폐하고 유언을 조작한 환관 조고趙高는 어릴 적부터 자신이 보필했던 둘째 아들 호해胡亥를 두 번째 황제에 즉위시키고, 태자 부소扶蘇는 폐위시켰습니다. 이때부터 조고의 위세는 하늘을 찔렀습니다. 그가 사슴을 가리켜 말이라고 해도 모두가 권세에 눌려 동의할 정도였죠. 《사기》는 이 일화를 '지록위마指鹿爲馬'라는 고사성어로 전하고 있습니다. 시황제가 죽었다는 소문은 곧 널리 퍼졌고, 무능한 호해와 조고의 국정농단에 의해 진 제국은 급격히 붕괴되기 시작했습니다.

초나라를 일으키려 강호로 나온 두 영웅

이때 진승陳勝이라는 인물이 등장해 흉흉한 민심에 불을 붙였습니다. 한

둔의 장으로서 병사와 죄수들을 인솔해 변방을 수비하러 가던 진승은 폭우로 길이 막혀 예정된 기일 안에 도착하지 못하게 됐습니다. 당시 진나라의 엄격한 군율에 따르면 병사들이 예정된 일정에 도착하지 못하면 참수형에 처했다고 합니다. 진승은 어차피 참수당할 바에야 자신의 조국 초나라 재건을 위해 싸우다 죽겠다며 반란을 일으켰습니다. 그때 그가 군사를 일으키며 남긴 유명한 말이 있습니다.

"왕후장상의 씨가 어찌 따로 있겠는가?王侯將相 寧有種呼"

신분 질서가 엄연하던 당시에 누구나 왕, 제후, 장군, 재상이 될 수 있다는 이 선동적인 말은 전국에서 반(反)진 세력을 결집하는 기폭제가 되었습니다. 진승이 일으킨 반란은 삽시간에 확산되어 '장초'라는 나라를 세우기까지 하였으나, 약 6개월 만에 진나라 관군에 진압되었습니다. 그러나 그가 일으킨 불씨는 초나라, 위나라, 조나라, 제나라, 연나라 등 전국시대 각 열국의 반란 세력으로 전파되었습니다. 이런 상황에서 살아남기 위해서는 두 가지 중 하나를 선택해야만 했습니다. 진나라에 대항하는 반란에 합류하거나, 이 반란을 진압하거나.

이때 항우와 유방은 어떤 선택을 했을까요? 두 사람은 당연히 반란에 가담해 조국이었던 초나라 재건에 앞장섰습니다. 항우는 숙부인 항량과 함께 반란 세력을 조직했습니다. 이때 24세에 불과했던 항우를 묘사한 말이 '역발산기개세力拔山氣蓋世'입니다. '그의 힘은 산을 뽑을 만하고 기

항우

개는 온 세상을 덮을 만하다'라는 뜻으로 영웅의 탄생을 예고하는 말이죠. 2,200년 전 인물인 항우의 키는 8척으로 180cm를 훌쩍 넘었습니다. 기골이 장대하고 기개가 높았으며, 무엇보다 자신에 대한 자부심이 대단했습니다. 그 드높은 자부심은 항우의 정체성이자 훗날 정치가로서의 아킬레스건이 되기도 했습니다.

항우와 항량은 먼저 자신들이 살았던 지역인 회계군을 점령했습니다. 이때 항우는 어떤 자비도 보이지 않았습니다. 진나라에 부역한 회계군 태수의 머리를 단숨에 베어버렸고, 그 머리를 태수의 부하들에게 보여준 다음 저항하는 부하 100여 명도 처단했습니다. 그러자 회계의 사람들은 항우의 위세에 머리를 조아리며 엎드려 복종했다고 합니다. 태수를 죽이고 병사들을 진압한 항우가 정예 병사 8,000여 명을 확보하자 그 명성이 일대에 퍼졌고, 초나라 명문가 출신인 항우와 숙부 항량 밑으로 초나라 재건을 꿈꾸는 세력들이 합류하기 시작했습니다. 항우의 군대는 어느새 6만~7만 명으로 늘어났고 점점 세력을 넓혀 나갔습니다.

그렇다면 유방은 이 시기에 무얼 하고 있었을까요? 유방은 일찍이 고향에서 일종의 마을 이장이자 파출소장처럼 치안을 담당하는 '정장'의 직무를 맡아 다양한 무리의 사람들과 어울리기를 즐겼습니다. 주로 저잣거리의 장사꾼, 도축업자, 수배자, 건달 등 제도권 밖에 있는 사람들이었죠. 항상 많은 사람과 어울리며 술을 즐기던 유방은 그들에게 아낌없이 베풀며 신의와 우정으로 끈끈한 유대관계를 맺었습니다. 《사기》의 일화에 따르면 유방이 가는 술집마다 신기하게도 사람이 금세 구름처럼 모여들어, 그가 나타났다 하면 매상이 올라 술집 주인들은 유방이 외상을 해도 쫓아내지 못했다고 합니다. 일본의 유명한 역사학자 마스부치 다츠오增淵龍夫는 유방이 젊은 시절 고향에서 맺은 끈끈한 인적 관계를 그가 정치적으로 성공한 가장 중요한 비결로 평가했습니다.

이처럼 아무것도 가진 것 없던 유방은 놀랍게도 지역 유지의 딸을 아내로 맞이했습니다. 당시 재력가였던 여공呂公이라는 사람이 유방의 관상만 보고 그에게 딸을 시집보낸 것입니다. 이때 여공은 유방에게 다음과 같은 말을 했습니다.

"내가 젊어서부터 관상 보기를 좋아하여 많은 사람의 관상을 보았는데 그대만 한 관상이 없었소. (중략) 나에게 딸이 하나 있는데 그대에게 시집을 보낼까 하오."

대체 관상이 어땠길래 유방에게 선뜻 딸을 내준 것일까요? 사마천은 《사기》에서 한나라를 수립하고 황제에 올라 입지전적인 인물이 된 유방에 대해 '유방은 코가 높고 앞이마가 돌출하였다. 이른바 용안龍顔이었다'라고 묘사했습니다. 이후 동아시아에서는 왕의 용모를 '용안'이라고 부르기 시작했습니다. 관상의 영향인지는 알 수 없으나 유방의 아내는 훗날 황후의 자리까지 올라 그 유명한 여태후呂太后가 되었습니다.

유방 역시 진시황제가 죽었다는 소식과 함께 진승의 반란과 조국 초나라의 재건을 위해 사람들이 모이고 있다는 이야기를 들었습니다. 그가 오랫동안 고락을 함께한 동료들과 반란에 합류하려 하자, 마을 사람들은 진나라가 임명한 현령(현재의 구청장)을 제거하

유방

고 유방을 추대했습니다. 이때 유방은 자신은 현령이 될 만한 인물이 아니라면서 사람들의 제안을 거절했습니다. 그러자 주위에서는 더 강력하게 유방을 추대했고, 유방은 그제야 못 이기는 척 현령 자리를 받아들였습니다. 민심을 얻는 그의 책략이라고 볼 수 있죠. 겸손까지 갖춘 유방의 모습에 젊고 뛰어난 참모들이 하나둘씩 모이기 시작했고, 유방은 장정 수천 명을 뽑아 세력을 넓혀갔습니다. 이때 유방의 나이는 이미 인생의 후반부를 맞이한 50세에 가까웠습니다.

그리고 마침내 세기의 라이벌 항우와 유방의 첫 만남이 이뤄졌습니다. 각자 세력을 키워나가던 두 사람이 한 사건을 계기로 연합한 것입니다. 유방이 진나라군에 맞서 전투에 나갔을 때, 한 부하에게 배신당해 근거지를 잃었던 일이 있었습니다. 유방은 당시 대규모 반란군을 이끌며 이름을 날리던 항우의 숙부 항량에게 도움을 청했습니다. 항량은 같은 초나라 출신인 유방에게 선뜻 병사 5,000명과 장수 10명을 지원해 주었습니다. 덕분에 근거지를 되찾은 유방은 이후 항량과 항우의 진영에 합류해 진나라 세력에 맞섰습니다.

이때 의형제를 맺었다는 이야기도 있으나 유방과 항우의 위치는 완전히 달랐습니다. 항우는 막강한 전력을 등에 업고, 전투에 나갔다 하면 승전고를 울리며 최고의 명성을 날리고 있었습니다. 유방과 만나기 직전에는 양성이라는 지역을 함락하고 성안의 모든 사람을 생매장하는 잔인한 면모를 보이며 적군에게 공포의 존재로 이름을 높이고 있었죠. 반면 유방은 이제막 항량의 진영에 합류한 시골뜨기 중년 장수일 뿐이었습니다.

승승장구하며 세력을 넓혀 나가던 항우와 항량의 군대는 초나라 재건의 명분과 구심점을 확보하기 위해 과거 초나라 왕의 손자를 찾아 회왕懷王으

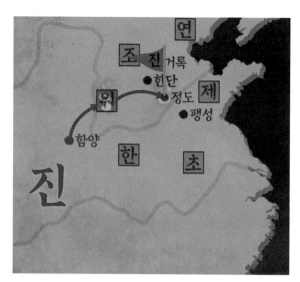
반진 세력을 진압하는 진나라

로 추대했습니다. 왕까지 세운 초나라 재건 세력은 점점 진나라 땅을 점령
해 나갔습니다. 초나라의 반란과 함께 위나라, 조나라, 연나라 등 다른 지
역도 자신의 나라를 찾기 위해 반란을 일으켰죠. 하지만 진나라 관군의 공
세도 만만치 않았습니다. 진나라의 명장 장한章邯은 20만 대군을 이끌고
위나라와 제나라 지역의 반란 세력을 공격했습니다. 그다음에는 정도성에
서 초나라의 군대를 공격하며 반란 세력의 중심이자 항우의 정치적 스승인
항량을 제거했습니다. 실권자 항량의 죽음에 초나라 세력은 흔들리기 시작
했고, 기세등등해진 진나라는 북쪽의 조나라로 향했습니다. 그러자 포위
될 위기에 처한 조나라 왕은 거록성으로 도망가 제나라와 초나라에 도움
을 요청했습니다. 항우와 유방이 있는 진영 역시 조나라의 구원 요청을 받
았죠.

관중을 차지하는 자가 천하를 얻으리라

이즈음 초나라 회왕은 진나라와의 전쟁에서 승기를 잡아야 하는 이들에게 '관중 땅을 먼저 차지하라'라는 임무를 내렸습니다. 관중 지역은 진나라의 수도 함양이 있는 곳으로, 천혜의 요새와 같은 지정학적 요충지이자 자급자족이 가능한 풍요로운 땅이었습니다. '관중을 차지하는 자가 천하를 얻는다'라는 말이 있을 만큼 중국 역대 13개 왕조의 수도가 있던 곳이기도 하죠. 진나라를 멸망시키기 위해서, 그리고 천하를 얻기 위해서도 관중은 항우와 유방을 비롯한 모두가 욕심낼 수밖에 없는 지역이었습니다.

지도처럼 관중 땅으로 들어가기 위해서는 소관·대산관·함곡관·무관이라는 네 개의 관문 가운데 하나를 통과해야 합니다. 특히 함곡관은 중원과 관중을 가르는 관문으로 동쪽에서 관중으로 입관하는 가장 중요한 길목이었기 때문에 수많은 충돌과 전쟁이 벌어진 곳이기도 합니다. 그런데 그때 초나라의 회왕이 "누구든 진나라 땅인 관중 지역에 먼저 들어가는 자를 관중의 왕으로 삼겠다!"라고 공표했습니다. 초나라 장수들의 사기를 북돋기 위한 선언이었죠. 이 소식을 들은 항우와 유방의 승부욕이 불타올랐습니다. 과연 두 사람 중 누가 먼저 관중으로 들어갔을까요?

이 시기 거록성으로 도망친 조나라 왕의 구원 요청은 뜻밖

4개의 관문과 관중 평야

의 변수로 작용했습니다. 초나라 회왕이 항우에게는 군대를 이끌고 거록성으로 가 조나라를 지원하도록 출정 명령을 내리고, 유방에게는 진나라 장군 장한이 거록성을 공략하는 틈을 타서 관중으로 입관하도록 명령한 것입니다. 항우에게 숙부 항량을 죽인 진나라군과 장한 장군에게 복수할 기회를 준다는 명분도 있으나, 《사기》는 초나라 회왕이 유방에게 관중 지역을 먼저 확보할 기회를 주면서 항우를 견제한 이유를 다음과 같이 전하고 있습니다.

> '항우는 사납고 잔인한 자이다. 일찍이 양성 전투에서 적이지만 모두 생매장하여 살아남은 이가 없었다고 한다. (중략) 관중 지방에는 어진 사람이 들어가 진나라 백성을 회유하는 것이 필요한데, 유방이야말로 관대한 장자이니 보낼 만하다.'

즉 초나라 회왕은 성격이 사납고 거친 항우 대신 포용력을 갖춘 유방을 선택한 것입니다. 당시에는 항우의 집안에서 초나라 회왕을 세웠고, 오랜 시간 항우 집안의 눈치를 본 왕이 일부러 항우를 견제했다는 풍문이 떠돌기도 했습니다. 거록성으로 향하는 초나라 군진은 송의宋義가 상장군으로 책임을 맡고, 그 아래 차장으로 항우가 임명되었습니다.

104쪽의 지도에서 보듯이 항우의 군대가 초나라의 근거지인 팽성에서 안양을 거쳐서 거록성으로 가려면 황하강을 건너야 했습니다. 항우는 하루라도 빨리 진군해 거록성에서 진나라 군대를 무너뜨리고 숙부 항량의 원수를 갚은 뒤 함양이 있는 관중으로 진격할 계획이었습니다. 그런데 상장군 송의는 진나라가 힘이 빠졌을 때 공격해야 한다면서 안양성에서 무려

46일이 넘도록 진군하지 않았습니다. 빨리 공격하자는 항우의 의견도 묵살했죠. 결국 항우는 새벽에 몰래 송의의 막사로 들어가 그의 머리를 베어버렸습니다. 그러고는 장수들에게 제나라와 모의해 반란을 꾀한 배신자 송의를 처단했다고 설명했습니다. 항우가 기세가 얼마나 무서웠던지, 어느 장수도 항우에게 저항하지 못했습니다.

상장군이 된 항우는 그제야 거록성으로 향했습니다. 숙부 항량을 잃고 온전히 자신의 역량을 검증받아야 하는 중요한 전투였죠. 그는 강을 건너 거록성으로 진군하는 병사들의 전투력을 끌어올리기 위해 파격적인 전술을 구사했습니다. '황하를 건널 때 타고 온 배를 강에 가라앉히고, 밥을 지을 솥을 부숴버린 것'입니다. 이 전투에서 패배해도 강을 건너 돌아갈 수 없고, 단기간에 적의 솥을 확보하지 않으면 굶어 죽을 수밖에 없으니 죽을 각오로 맞서 싸워야 할 극한의 상황으로 병사들을 몰아간 것입니다. 사마

거록성으로 향하는 초나라 군대의 경로

천은 《사기》에서 이 전술을 언급했고 '파부침선破釜沈船'이라는 고사성어가 탄생했습니다.

극한의 절박함으로 무장한 군사들과 함께 진나라 대군을 상대한 항우는 9전 9승을 거두며 조나라를 구원하고 거록성을 지켜냈습니다. 그리고 숙부를 죽인 진나라의 명장 장한의 항복을 받아냈죠. 그는 장한과 20만 명의 진나라군을 죽이지 않고 반진 연합군에 합류시켰습니다.

거록 전투 후 드디어 관중 지역으로 향한 항우와 대규모 연합군은 첫 관문에 입성하기 전에 신안이라는 곳에서 잠시 주둔하게 되었습니다. 그런데 이 어색한 동거에서 균열이 일어나기 시작했습니다. 초나라를 비롯한 연합군들이 과거 진나라에 당했던 원한을 떠올리며 진나라 병사들을 경멸한 것입니다. 진나라 병사들 사이에서는 만약 관중 지역에서 함양 공격에 실패해 진나라를 격파하지 못하면 연합군이 자신들을 포로로 만들 것이며, 가족의 목숨까지 위험할 수 있다는 풍문이 떠돌았습니다.

불안해하는 이들의 뒷말을 몰래 들은 장수 하나가 항우에게 이 일을 보고했습니다. 항복한 진나라 병사들을 온전히 신뢰할 수 없었던 항우도 혹시나 그들이 관중 지역에 도착했을 때 반란을 일으킬지도 모른다는 고민에 빠졌습니다. 결국 그날 밤, 초나라군은 새롭게 합류한 진나라 병사들을 습격했고 20만 명의 진나라 병사들을 신안성 남쪽 땅에 그대로 생매장했습니다. '신안 대학살'이라고도 불리는 이 사건은 항우의 잔인한 행보에 지울 수 없는 사건으로 기록되었습니다.

그렇다면 초나라 회왕의 명령으로 항우보다 먼저 관중 지역으로 향한 유방의 상황은 어땠을까요? 그는 책사들의 조언을 따라 정예병의 저항이 예상되는 함곡관 대신 무관으로 입관하는 우회 전술을 선택했습니다. 아울러 진나라 장수들과의 직접적인 충돌보다는 회유책을 활용해 저항과 피해를 최소화했죠. 유방은 줄곧 소문을 퍼트리면서 진군했는데, 그 소문은 '항복하고 투항하면 지금의 지위나 권위를 보전해 주겠다는 것'이었습니다. 항복한 성의 태수 직위를 그대로 보전해 주면 싸우고 싶지 않은 다른 성들 역시 쉽게 항복하리라 생각한 것입니다. 유방은 먼저 함락한 성에서 태수를 제후로 삼고 그 위상을 보전해 주었습니다. 유방에게 항복하면 전투 없이 자리를 지킬 수 있다는 소식이 일대에 전해지자 수많은 성이 유방에게 성문을 열고 항복했습니다. 이미 기울어져 가는 망국의 지방 관리들에게는 잃을 게 없는 제안이었기 때문입니다. 유방은 이 방법으로 격렬한 저항 없이 단숨에 관중 지역 바로 앞까지 진군했습니다.

이제 관중에 들어가기 직전의 관문이자 가장 험준한 곳인 무관만이 남았습니다. 이때 책사 장량張良은 관중에 들어가기 전에 진나라의 장수들에게 뇌물을 보내 그들의 마음부터 달래자고 했습니다. 그런 다음 그들이 방심한 틈을 타 관중의 관문인 무관을 급습하자는 계획이었죠. 적의 허를 찔

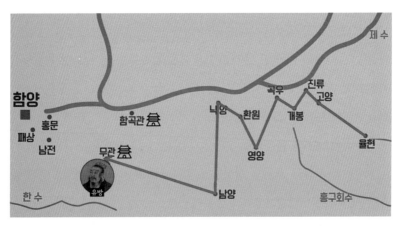

관중으로 입관하는 유방의 경로

러 관중 지역으로 들어간 뒤에는 깃 발 수를 늘려 병사들의 수가 많은 것처럼 위장해 기세가 꺾인 진나라군을 누르고 관중 지역을 차지했습니다.

장량

장량의 전술을 받아들인 덕분에 관중 지역에 입성한 유방은 병사들에게 진나라 백성을 약탈하지 말 것을 철저히 당부했습니다. 이 명령으로 유방은 진나라 백성의 민심을 얻을 수 있었죠. 나라의 중심인 관중 지역을 점령당한 진나라는 싸울 의지를 잃어버렸고, 기원전 206년 10월에 진나라 왕 자영子嬰이 옥새를 넘겨주면서 항복했습니다. 드디어 유방이 관중 땅을 차지한 것입니다. 이렇게 관중의 입관을 둘러싼 경쟁에서는 유방이 먼저 우위를 확보했습니다. 항우는 거록성에서 9번이 넘는 전쟁을 치르며 대승을 거뒀지만 그런 방법으로는 관중 지역까지 빠르게 도착할 수 없었습니다. 반면 유방은 적을 회유하고 포용하면서 빠르게 진군하는 길을 택했습니다. 피해를 최소화하고 민심을 얻는 방법으로 항우보다 먼저 관중 땅을 밟은 것입니다.

유방은 결국 관중 지역의 중심이자 진나라의 수도인 함양까지 입성했습니다. 이때 유방이 가장 먼저 한 일은 진나라 백성의 마음을 어루만지고 민심을 얻기 위한 정책을 시행하는 것이었습니다. 유방은 참모들의 간언에 따라 진나라의 보물과 재화 창고를 걸어 잠그고 약탈할 뜻이 없음을 분명히 했습니다. 유방의 이러한 행보는 곧 입성할 항우에게 자신의 정치적 야망을 노골적으로 드러내는 것이 오히려 갈등과 충돌을 불러일으킬 수 있음을 경계한 것이기도 합니다. 대신 오랜 전쟁으로 지친 진나라 백성 앞에서 과거의 악법 폐지를 약속하며 민심을 얻으려 노력했습니다. 당시 진나라에는 죄인의 신체 일부를 절단하거나 훼손하는 가혹한 형벌인 '육형肉刑'이 여전히 남아 있었습니다. 참수는 물론 다리나 생식기, 코나 피부 등을 훼손하는 형벌이었죠. 유방은 기존의 정교하고 엄격한 법률 대신 가장 기본적인 형사·민사 사건에 대한 처벌만 간략하게 시행하는 '약법삼장約法三章'을 적용하기로 했습니다. 그 내용은 다음과 같습니다.

> 약법삼장
> 1. 사람을 죽인 자는 사형에 처한다.
> 2. 사람을 다치게 하면 처벌한다.
> 3. 남의 물건을 훔치면 그 죄에 따라 처벌한다.

그리고 진나라 관리를 대동해 모든 지역을 다니며 사람들에게 이 사실을 알렸습니다. 어느새 관중 지역의 진나라 백성들은 유방이 아닌 사람이 왕이 될까 봐 걱정할 만큼 유방을 신뢰했습니다. 진정한 관중 지역의 왕이 되기 위해 먼저 민심을 돌본 유방의 작전이 들어맞는 순간이었죠.

항우와 유방의 운명을 건 죽음의 잔치, 홍문연

유방이 관중에서 민심을 얻을 즈음, 뒤늦었지만 항우 역시 관중을 코앞에 두고 있었습니다. 그는 유방이 먼저 관중 지역에 들어가 수도 함양까지 입성했다는 소식을 듣고 상당히 놀랐습니다. 자부심이 하늘을 찌를 듯한 항우는 유방을 경쟁자라고 생각한 적이 없을지도 모르겠습니다. 그러나 항우의 책사인 범증范增은 유방의 비범함을 일찍부터 간파하고 항우에게 유방을 경계하고 기회가 있을 때 제

범증

거해야 한다고 강조했습니다. 함곡관을 지나 관중 지역에 입성한 항우는 진나라 수도인 함양 바로 앞에 있는 마을인 홍문에 40만 대군을 주둔시켰습니다. 유방도 함양 근처의 다른 마을에서 10만 군대와 함께 주둔하는 상황이었죠. 항우와 유방이 모두 머물고 있는 관중 지역에는 팽팽한 긴장감이 감돌았습니다. 이때 범증이 항우에게 다음과 같이 말했습니다.

"유방이 지금 입관해서는 고향에서와 달리 재물에 손도 안 대고 여자도 가까이하지 않습니다. 이는 그 뜻이 작은 곳에 있지 않다는 것입니다. (중략) 그의 주변으로 용과 호랑이의 기운이 오색으로 찬란하니 이는 천자의 기운입니다."

범증은 항우에게 지금이 유방을 없앨 절호의 기회임을 설득하고 반드시 유방을 제거할 것을 간언했습니다. 이에 항우는 함양에 입성한 유방의 공을 치하한다는 명분으로 홍문에서 연회를 베풀며 유방을 초대했습니다. 유방을 제거할 항우의 계략을 숨긴 채 마침내 두 영웅의 만남이 성사된 것입니다. 두 사람 사이에는 어떤 일이 벌어졌을까요?

초나라 회왕의 약속대로 관중에 먼저 입성한 유방은 관중을 차지할 명분은 확보했습니다. 그러나 상황은 녹록하지 않았습니다. 함양 초입인 홍

문에는 항우의 40만 대군이 주둔해 있고 유방의 병력이 10만 정도이니, 누가 봐도 여러 면에서 항우가 우세한 상황이었죠. 유방은 장량의 간언대로 정치적 야심을 드러내지 않고 자신의 병력은 함양성 밖 패성에 주둔시킨 채 항우의 입성을 맞이해야 할 판이었습니다. 항우의 초대를 거절하자는 참모들의 의견도 있었으나 유방은 100여 명의 병사만 데리고 항우의 진영인 홍문을 방문했습니다. 그는 항우에게 납작 엎드리며 관중 지역을 고스란히 넘겼습니다. 그리고 자신은 함양에 대한 욕심이 전혀 없으며, 오히려 항우를 기다리며 먼저 길을 닦아놓았다고 아부했죠. 함양궁의 금은보화도 건드리지 않았다는 유방의 말에 한껏 의심의 눈초리로 바라보던 항우의 마음도 조금 풀렸습니다.

드디어 잔치가 벌어졌습니다. 항우와 유방, 그들의 책사 범증과 장량, 그리고 항우의 백부 격인 항백項伯까지 한자리에 앉아 술을 마시며 연회를 즐겼습니다. 술잔이 돌고 음악이 흐르는 가운데 서로의 공을 치하하는 덕담이 오고 갔습니다. 하지만 막사 밖은 항우의 신호에 유방을 즉살할 병사들이 잠복해 있는 살얼음판이었죠. 항우가 술잔을 떨구면 이를 신호로 유방을 암살하기만 하면 되는데 항우는 좀처럼 결단을 내리지 못했습니다. 결국 참다못한 범증이 항우의 사촌인 항장項莊을 불러서 유방을 제거하라고 명령했습니다.

연회장으로 나선 항장은 장검을 빼 들고 축하의 칼춤을 추기 시작했습니다. 그가 휘두르는 검은 점차 유방을 향했고, 상황이 예사롭지 않음을 직감한 항백은 자신도 함께 검무를 추겠다고 나섰습니다. 항백은 항우의 백부였으나 일찍이 유방과 사돈을 맺기로 약속한 사이였습니다. 홍문연에서 항씨 가문의 두 사람이 축하의 의미로 검무를 추었으나 한 사람은 유방을

홍문연을 묘사한 화상전

제거하기 위해, 그리고 또 한 사람은 유방을 보호하기 위해 춤을 추는 검투와 다름없었죠. 사진은 중국 하남성에서 출토된 후한 시대 화상전畵像塼(입체적 형상을 조각한 벽돌)입니다. 왼쪽에서 칼을 높이 든 채 검무를 추고 있는 인물이 항장이며, 그 옆에는 유방과 항우가 마주 앉아 술을 마시고 있습니다.

이때 유방의 또 다른 참모인 번쾌樊噲가 연회장에 들어서서 항우가 내리는 술을 받아 마셨습니다. 그는 항우에게 "저의 주군께서는 진을 격파하고 함양에 입성했지만 조금도 사사로이 차지한 바 없으니 그 공로가 작지 않은데 어찌 대왕께서는 오늘 저의 주군을 주살하려고 하십니까?"라고 당당하게 물었습니다. 번쾌의 의연함에 당황한 항우가 망설이는 사이 유방의 부관들은 유방에게 조용히 탈출할 것을 종용했습니다. 유방이 주저하자 번쾌는 "큰일을 행함에 있어 작은 것을 돌아보지 않고, 큰 예의를 위해 작은 질책을 주저하지 않는 것입니다"라며 재촉했죠. 결국 유방은 홍문을 벗어나 죽음의 위기를 넘겼습니다. 모든 계획이 물거품이 된 사실을 깨달은 범증은 탄식했습니다.

"아, 어린아이와는 천하를 도모할 수가 없구나! 항우를 무찌르고 천하를 얻을 자는 유방이 될 것이다."

범증이 말하는 '어린아이'는 항우로, 천하 영웅임에도 냉정한 결단을 내리지 못하는 그의 우유부단함과 실리보다는 명분에 집착하는 모습에 탄식한 것입니다. 무엇보다 항우가 다시없는 절호의 기회를 놓치고 끝내 유방이라는 감당할 수 없는 정적을 만들었음을 안타까워했습니다.

어쩌면 역사의 방향이 바뀌었을지도 모를 홍문연에서 항우가 기회를 놓친 가장 큰 이유는 자존심이었습니다. 자신은 위대한 사람인데 별다른 능력도 없어 보이는 유방을 경계하고 암살해야 한다는 사실을 용납할 수 없었던 것입니다. 항우의 이러한 판단과 결정은 이후에도 반복되었고 돌이킬 수 없는 패착이 되었습니다. 반면 유방은 젊었을 때도 그랬듯이 주변 사람을 믿고, 그들의 이야기를 경청하며, 중요한 순간에는 과감한 결단을 내렸습니다. 덕분에 일생일대의 위기를 모면할 수 있었죠.

항우가 저지른 세 가지 패착

일생의 라이벌이 될 유방을 제거하지 못한 최대 실수를 저지른 항우는 드디어 수도 함양에 입성했습니다. 그에게서 관대함을 기대할 수는 없었으나, 그 과정에서 항우는 몇 가지 치명적인 패착을 저질렀습니다. 그의 첫 번째 잘못은 진나라의 수도인 함양에서 저지른 대학살입니다. 유방과 달리 항우는 진나라 왕족과 관리 4,000여 명을 몰살했습니다. 그리고 진나라의 보물과 여자들을 차지하고 궁을 불태워버렸습니다. 불길은 무려 3개월이

나 꺼지지 않을 만큼 거셌다고 합니다.

항우는 자신의 조국인 초나라를 멸망시키고 진나라를 통일한 진시황제의 무덤을 파괴하고 여기에도 불을 질렀다고 합니다. 이 사건은 역사서에는 기록됐으나 진시황제의 무덤이 오랫동안 밝혀지지 않아 진위를 알 수 없었습니다. 그런데 1975년에 진시황릉의 일부인 병마용갱兵馬俑坑이 발굴

불에 탄 흔적의 병마용갱

되었고, 갱 속의 일부 도용陶俑(무덤 속에 넣기 위해 흙으로 빚은 인형)과 목조 구조물에서 불에 탄 흔적들이 발견되었습니다. 항우가 진시황제의 무덤에 불을 질렀다는 게 사실일 가능성이 커진 것이죠. 이뿐 아니라 항우는 관중 지역의 진나라 백성을 약탈하고 살육하기까지 했습니다. 그의 폭거를 경험한 사람들은 항우를 두려워하고 더욱 유방을 그리워했습니다.

공공의 적인 진나라를 공식적으로 멸망시킨 항우가 이제 다시 세상을 통일하고 황제가 되는 것은 의심의 여지가 없어 보였습니다. '관중을 차지해야 천하를 얻는다'라는 것은 당연한 수순이었죠. 그런데 뜻밖에도 항우는 관중을 포기하고 고향인 팽성으로 돌아가기로 했습니다. 이것이 항우의 두 번째 패착입니다. 만류하는 부관들에게 항우는 이렇게 말했습니다.

"부귀해진 뒤 고향으로 돌아가지 않는 것은 마치 화려한 비단옷을 입고 밤길을 가는 것과 같으니 (고향으로 돌아가지 않는다면 나의 위업을) 누가 알아주겠소."

자신의 조국 초나라를 멸망시켰던 진나라를 다시 자신이 멸망시킨 위업을 조상들이 있는 고향으로 돌아가 인정받고 싶었던 것입니다. 여기서 유래한 '금의환향錦衣還鄉'은 지금도 널리 쓰일 만큼 큰 공감을 얻었으나, 이 말은 소박한 성정에 매몰되어 관중이라는 천하의 대세를 차지하지 않은 항우의 치명적 잘못이 되었습니다.

진 제국 시절 진시황제는 전국을 군으로 나누고 이를 다시 현으로 갈라, 중앙 정부에서 지방관을 보내 직접 다스리는 군현제郡縣制를 실시했습니다. 덕분에 막강한 중앙집권국가를 이룩할 수 있었죠. 그런데 고향으로 돌아간 항우는 스스로 옛 초나라 지역 9개 군을 통치하는 '서초패왕'이 되고, 나머지 땅은 공신 집단과 일족에게 분봉해 18개의 제후국을 세웠습니다.

서초와 18제후국

과거의 봉건제도로 회귀한 것입니다. 이것이 항우의 세 번째 패착입니다. 항우의 선택을 제외하면 이후 중국의 역사는 청나라 말기까지 기본적으로 진시황제가 구상한 중앙집권적 황제 지배체제를 고수했습니다. 한마디로 항우는 유구한 역사의 흐름을 간과했던 것입니다. 그나마도 분봉된 땅을 둘러싸고 제후들 사이에서 불만과 갈등이 터져 나왔습니다.

놀라운 점은 항우가 유방에게도 땅을 분봉했다는 것입니다. 관중 지역을 먼저 차지하는 사람을 관중 왕으로 삼겠다는 초나라 회왕의 선언이 있었고, 실제 먼저 입관한 사람은 유방이었는데 그를 배제하는 것이 항우의 자존심상 허락치 않았던 것입니다. 대신 요지인 관중 평야 남쪽의 진령산

맥과 대파산으로 가로막혀 있는 험지인 한중 땅을 분봉했습니다. 그리고 관중 땅은 셋으로 나눠 자신에게 항복한 진나라 장수들에게 각각 분봉했죠. 유방을 험난한 한중 땅에 격리하고 그를 견제할 세력을 관중 땅에 심어놓은 셈입니다. 그럼에도 관중을 향한 유방의 야망을 꺾을 수는 없었습니다. 한중은 관중에 접근할 수 있는 가장 근접한 지역이기에 두 영웅의 갈등은 여전히 불씨를 남겨놓은 상태였습니다.

그렇다면 초나라 지역에서 진나라 세력에 대항하며 군사를 일으킬 수 있었던 명분이자 구심점이었던 회왕은 어떻게 되었을까요. 진나라를 멸망시킨 후 고향으로 돌아가던 항우는 초나라 회왕을 살해했습니다. 자신이 서초패왕에 오르는 데 기존 왕족의 세력이 남아 있는 것이 부담스러웠기 때문입니다. 여기에는 앞서 유방을 먼저 관중으로 보내고 자신은 거록성을 정벌하라고 명령했던 원망도 한몫했습니다.

비록 항우가 진나라를 멸망시키긴 했으나, 제대로 보상받지 못해 불만이었던 여러 세력에게 회왕의 죽음은 항우에게 반발하는 좋은 명분이 되었습니다. 유방은 이러한 기회를 절묘하게 활용해 반(反)항우 연합전선을 구축하고 본격적인 '초한 전쟁'을 선포했습니다.

천하 패권을 향한 팽성에서의 공방

사방이 꽉 막힌 한중으로 간 유방은 틈틈이 관중을 차지할 틈을 엿봤고, 곧 기회가 찾아왔습니다. 항우에게 분봉받은 제후들 사이에 영토 분쟁이 벌어졌고, 일부는 반란을 일으킨 것입니다. 항우는 각 지역의 분쟁과 반란을 진압하기 위해 다시 원정에 나섰습니다. 이때 수많은 백성이 희생되거나 노비로 전락했고, 많은 병사가 생매장되었습니다. 이처럼 혼란한 틈을 타 유방은 은밀한 계획을 실행했습니다. 한중에서 관중으로 넘어가는 가장 중요한 경유지이자 교두보인 진창을 확보하고 드디어 꿈에 그리던 관중 지역을 차지해 제후를 겸한 것입니다. 항우가 관중을 포기하고 유방을 한중에 분봉한 패착은 고스란히 부메랑이 되어 항우를 향해 날아왔습니다. 이어 유방은 항우에게 불만이 많은 제후들을 설득하고, 항우가 초나라 회왕을 시해한 명분을 활용해 대규모 연합군을 결성한 후 드디어 항우가 다스리는 서초의 팽성으로 출정을 떠났습니다.

팽성으로 밀고 들어간 유방의 한나라 군대와 연합군의 숫자는 무려 56만 명이었습니다. 때마침 항우가 반란군 진압을 위해 자리를 비웠기 때문에 연합군은 손쉽게 팽성을 함락했습니다. 그러나 항우가 없는 팽성에서 유방이 제후들과 마음 놓고 있는 사이, 팽성이 함락됐다는 소식을 들은 항

팽성으로 진군하는 연합군

우는 기동력이 뛰어난 정예부대 3만 명을 선발해 득달같이 팽성을 기습했습니다. 수적으로 압도적이었던 연합군은 항우의 '역발산기개세'에 눌려 도망치기 바빴습니다. 유방도 달아나기에 급급했는데, 얼마나 다급했던지 가족도 제대로 챙기지 못했다고 합니다. 그 사이 유방의 아버지와 아내는 항우에게 생포당해 인질이 되었습니다. 얼마나 크게 참패했던지 팽성 부근의 강에서 한나라 병사 10만여 명이 패사했는데, 《사기》는 그 참담함을 다음과 같이 전하고 있습니다.

> '한나라군이 퇴각하여 초나라군에게 쫓기게 되자, 수많은 군사가 떼죽음을 당했고 그중 10만여 명의 군졸들은 휴수로 뛰어들었다. 이로써 강은 죽은 한나라군의 시체로 가득 찼고, 강물조차 흐르지 못할 정도였다.'

흐르는 강도 막힐 만큼 엄청난 수의 한나라 병사들이 희생된 전투는 항우의 압도적인 승리로 끝났습니다. 연합군에 가담했던 제후들은 항우의 거대한 위세에 눌려 항우에게 투항하고 복종했습니다. 그리고 이번에는 항우와 연대해 유방을 공략하는 편에 섰죠.

'전쟁의 신' 한신의 활약과 반간계

아버지와 아내마저 인질로 내준 채 충격적인 패배를 당한 유방은 절체절명의 위기에 직면했습니다. 그러나 늘 그래왔듯 그는 사람들의 이야기를 경

여포

한신

청하고, 주변의 뛰어난 인재들을 적재적소에 등용하며 남다른 리더십을 발휘했습니다. 마침 유방에게는 전투에 나가기만 하면 승리를 안겨주는 전쟁의 신이 있었습니다. 《삼국지》에 일당백 무적의 장수 여포呂布가 있다면, 《초한지》에는 한신韓信이 있다고 할 만큼 용맹함과 뛰어난 지략을 갖춘 인물이었죠. 원래 한신은 항우의 참모로 수많은 전쟁에서 공을 세웠지만, 항우는 그에 합당한 예우를 하지 않았고 부관들의 의견도 제대로 듣지 않았습니다. 자신이 인정받지 못한다고 생각한 한신은 결국 유방의 밑으로 들어갔습니다. 유방은 한신의 능력을 높이 평가했고, 그는 대장군의 자리까지 올랐습니다.

그리고 드디어 한신이 유방의 믿음에 보답할 기회가 온 것입니다. 그는 위기에 빠진 한나라를 구하기 위해 항우와의 전면전은 피하고, 후방에서 항우를 압박할 작전에 나섰습니다. 항우의 초나라군을 피해 도망가던 유방은 형양으로 들어갔습니다. 그러자 항우는 형양을 포위해 한나라군의 보급로를 차단했습니다. 이때 한신은 항우와의 대결에서 유리한 위치를 차지할 작전을 감행했습니다.

기원전 205년, 한신은 군대를 이끌고 위나라로 향했습니다. 지금 항우와 전면전으로 충돌하는 것은 위험하므로 서초의 북방 지역을 공략하기로 한 것입니다. 지도에서처럼 서초와 맞닿은 모든 지역을 점령해 항우를 도울 수 있는 외부 세력의 접근을 봉쇄할 계획이었죠. 단숨에 위왕을 제압한 한신은 동북쪽으로 진격해 군대를 격파하고 곧장 조나라를 향해 진격했습니다. 여기서 '배수진背水陣'이라는 유명한 말을 만들어낸 작전을 펼쳤습니다. 배수진은 말 그대로 물길을 등지고 진을 치는 일입니다. 일반적으로 병법에서 진을 칠 때 물은 앞이나 왼쪽에 있어야 합니다. 그런데 한신은 강을 등지고 진을 쳤습니다. 퇴로를 막아놓고 싸우는 그의 방식은 벼랑 끝에 몰렸을 때나 쓰는 작전이었죠. 당시 조나라 왕은 20만여 명의 대규모 군사를 동원해서 방어진을 구축했습니다. 한신은 방어진을 무너뜨리기 위해 우선

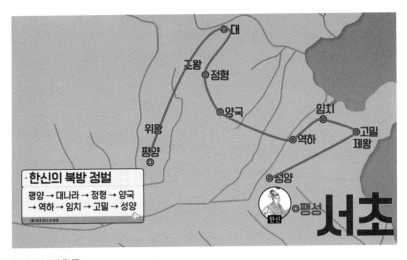

한신의 북벌 경로

2,000명의 기병을 적의 성채 뒤에 매복시켰습니다. 나머지 군대는 강을 등지고 진을 쳤습니다.

조나라 왕의 군대는 퇴로가 막힌 한신의 배수진 작전을 비웃으며 그제야 공격에 나섰습니다. 조나라 병사들이 성문을 열고 뛰쳐나오자 한신은 강까지 퇴각하는 척하며 시간을 끌었습니다. 이때 매복해 있던 한나라 기병대 2,000여 명이 성채를 점령했습니다. 한신의 군대는 돌아갈 성채를 잃어버린 채 우왕좌왕하는 조나라의 군대를 몰아붙여 대승을 거뒀습니다.

조나라 왕을 격파하고 연나라 왕과 제나라 왕의 땅까지 빠르게 점령한 한신은 드디어 초나라군의 후방까지 진격했습니다. 이번에는 강을 건너가는 척 초나라를 유인한 후 강의 상류에 모래주머니를 쌓아 물길을 막았다가, 초나라 군대가 강까지 오자 모래주머니를 터뜨려버렸습니다. 갑자기 쏟아지는 물살에 초나라 군대는 그대로 휩쓸려 내려갔습니다. 한신의 계략에 완전히 넘어간 것이죠. 이는 소설 《삼국지연의》 속 제갈량諸葛亮이 신야 전투에서 조조의 군대를 상대로 펼친 전술이기도 합니다.

한신이 후방을 확보하며 고군분투하는 사이 고립된 유방도 새로운 작전을 계획했습니다. 항우의 책사 범증을 제거하는 것이었죠. 항우의 공격에 대항해 1년 남짓 대치 중이던 유방은 무엇보다 항우의 전술을 돕는 범증을 떼어놓아야 했습니다. 유방은 반간계反間計, 즉 이간질로 두 사람 사이를 떨어뜨리기로 했습니다. 때마침 대치 상황이 길어지자 항우는 유방의 진영으로 사신을 보냈습니다. 유방은 화해를 논의하러 온 항우의 사신에게 산해진미를 대접하며 연회를 베풀었습니다. 이때 사신의 얼굴을 확인한 유방은 다음과 같이 슬쩍 말하고는 상을 치웠습니다.

"나는 범증의 사신인 줄 알았더니, 그게 아니라 항우의 사신이었구나!"

그러고는 형편없는 음식을 준비해서 항우의 사신에게 다시 내어줬죠. 초나라로 돌아온 사신은 항우에게 이 일을 보고했고, 항우는 범증과 유방의 관계를 의심했습니다. 의심은 서서히 커졌고 결국 이야기는 범증에게까지 흘러 들어갔습니다. 그렇지 않아도 홍문연에서 유방을 죽이지 못한 항우에게 실망했던 범증은 의심받는 것조차 불쾌했습니다. 결국 범증은 항우를 떠나 고향으로 내려가기로 했고, 항우 역시 범증을 순순히 보내줬습니다. 하지만 범증은 귀향길에 화병으로 죽고 말았죠. 유방의 이간질이 제대로 성공한 셈입니다.

항우가 통찰력 있는 책사를 잃은 절호의 기회를 유방이 가만히 두고 볼 리 없었죠. 그는 우선 포위되어 보급로가 차단된 성에서 탈출하기로 했습니다. 유방은 2,000여 명의 여성에게 갑옷을 입혀 병사들로 위장시킨 다음 성에서 나가는 것처럼 꾸며 항우의 군대를 유인했습니다. 초나라군이 이들을 추격하느라 혼비백산한 사이, 유방과 주력 부대는 유유히 항우의 포위망에서 벗어났습니다. 탈출에 성공한 유방은 병력을 수습한 뒤 형양 옆의 성고로 되돌아와 초나라군의 보급로를 차단하며 압박하기 시작했습니다. 이제 시간이 흐를수록 점점 불리해지는 것은 항우였죠. 순식간에 전세가 뒤바뀌자 항우는 유방을 흔들어놓을 방법을 고민했습니다. 그는 팽성에서 도망치다 포로로 잡힌 유방의 아버지와 아내를 이용하기로 했습니다. 우선 눈에 띄는 곳에 유방의 아버지를 데려다 놓고 협박했습니다.

항우: 유방, 지금 바로 항복하지 않으면 내가 너의 아버지를 삶아 버리겠다!

유방: 내가 일찍이 항우 너와 회왕의 명을 받들 때 형제가 되길 약

속한다고 했으니 내 아버지가 곧 네 아버지다! 꼭 네 아버지를 삶아 죽여야겠거든 나한테도 그 고깃국 한 그릇 나눠 주기 바란다.

이미 항우의 성격을 간파한 유방은 자신의 가족을 앞세워 협박하는 항우의 자존심을 건드렸습니다. 유방의 태연한 답변에 분노한 항우가 그의 아버지를 죽이려 하자 항백 등이 만류했습니다. 게다가 한때 진나라를 상대로 함께 싸우며 형제애를 다진 유방인데, 그의 아버지 목숨을 담보로 협박하는 것 역시 항우의 자존심상 용납하기 어려웠습니다. 결국 항우는 유방에게 일대일 대결을 제안했으나 유방은 좀처럼 넘어가지 않았습니다. 오히려 항우의 잘못 10가지를 들먹이며 공개적으로 망신을 줬죠. 또한 "나는 머리로 싸움을 하지, 힘으로 싸움하지 않소이다"라고 항우를 조롱하며 맞대결을 피했습니다.

하늘과 땅을 걸고 던진 승부수

진시황이 죽고 각지에서 반란이 일어나 천하가 전란에 휩싸인 지 어느덧 10년이 지났습니다. 초나라와 한나라의 대치가 점차 길어지고 교착 상태에 빠지자 병사들과 백성도 지쳐 갔습니다. 10년이나 계속된 진한 교체기의 대혼란과 초한 전쟁으로 당시 인구의 약 3분의 1이 감소할 만큼 피해도 막심했죠. 결국 기원전 202년에 항우와 유방은 휴전 협정을 맺기로 했습니다. 홍구를 경계로 동쪽은 항우가, 서쪽은 유방이 통치하기로 합의한 것입니다. 이때 인질이었던 유방의 아내와 아버지도 풀어준 항우는 팽성을 향해 떠났습니다. 유방도 함양으로 돌아갈 채비를 하는데, 책사 장량이 간언했습니다.

"한나라가 천하의 태반을 차지했고 제후들도 우리 편입니다. 초나라 병사들은 지금 지치고 식량도 다 했으니 지금이야말로 하늘이 초나라를 망하게 할 절호의 기회입니다. 지금 공격하지 않고 놓아준다면 소위 '호랑이를 길러 스스로 후환을 남기는 것'과 같습니다."

후일을 도모하려고 했던 유방은 장량의 간언에 천하를 동서로 양분하기로 한 '홍구지맹'을 파기하기로 했습니다. 그러고는 말 머리를 반대로 돌려 귀향하는 항우를 추격해 공격을 감행했습니다. 여기서 항우와 유방의 정치적 감각이 극명하게 대비됩니다. 도덕적 명분론으로 본다면 맹세를 지키려는 항우가 도덕적이고, 항우를 배신한 유방이 파렴치해 보일 수도 있습니다. 실제 후대 유생들은 유방의 표리부동을 비판하기도 했습니다. 그러나 유방은 항상 명분보다는 실리를 우선했고, 자신의 능력이 부족한 부분은 뛰어난 인물들을 중용해 보완했습니다. 자신에게 충성을 다하는 부관들의 이야기를 적극적으로 들어주었고, 옳다고 판단하면 과감하게 결단 내리기도 했죠. 이러한 점이 유방의 강점이자 항우와 대비되는 부분입니다. 유방은 10년 동안 항상 압도적인 우위에 있었던 항우에게 승리할 수 있는 실낱 같은 기회를 놓치지 않았습니다. 더구나 이번에는 한신까지 합류했으니 유방의 진영은 날개를 단 격이었죠.

별안간 유방에게 쫓기는 신세가 된 항우는 해하성으로 들어가 성문을 굳게 걸어 잠갔고, 전황은 다시 교착 상태에 빠졌습니다. 그날 밤, 성 밖의 한나라 군영에서 노랫소리가 울려 퍼졌습니다. 초나라에서 즐겨 부르는 노래였죠. 반란 진압부터 유방과의 전쟁까지 오랜 원정으로 지친 초나라군은 성에 갇힌 채 노래를 들었습니다. 어느새 고향을 떠올리며 싸울 의욕이 사라졌고, 어쩌면 노래를 부르는 게 포로로 잡힌 고향 사람들일지도 모른다는 의심도 들었습니다. 이내 고향까지 유방에게 점령당했다는 생각에 절망감까지 몰려왔습니다. 항우와 병사들의 사기를 완전히 꺾어버리겠다는 유방의 작전이 들어맞는 순간이었습니다.

결국 한나라군의 승리로 끝난 해하 전투에서 분수령이 된 것은 놀랍게도 노래였습니다. 이때 탄생한 고사성어가 '사면초가四面楚歌'입니다. 사방에서 초나라의 노래가 들린다는 뜻으로, 동아시아에서는 이럴 수도 저럴수도 없는 위기 상황을 비유할 때 사용합니다. 고도의 심리 전술로 평가받는 이 노래를 듣고 누구보다 크게 동요했던 사람은 항우였습니다. 그는 눈물을 흘리며 자신의 비극적 최후를 예감하듯 한 곡의 시가를 지어 불렀습니다.

(나의) 힘은 산을 뽑을 만하고 기개는 온 세상을 덮을 만한데力拔山兮氣蓋世

천시가 불리하구나! 나의 오추마도 달리지 못하네時不利兮騅不逝

오추마가 달리지 못하네! 이를 어이할꼬騅不逝兮可奈何

우미인이여! 우미인이여! 그대는 또한 어이할꼬虞兮虞兮奈若何

여기서 '오추마'는 항우의 말이고, '우미인虞美人'은 항우의 애첩입니다. 항우는 자기 말을 타고 출전할 수도 없는 고립된 상황에 대한 답답함과 패배 후 남겨질 사랑하는 여인에 대한 걱정을 노래에 담았습니다. 항우는 후대 사람들이 〈해하가〉라고 부른 이 시를 몇 번이고 노래하며 눈물을 흘렸습니

후대가 상상한 우미인의 자결 장면

다. 그러자 막사에 있던 모든 사람이 함께 눈물 흘렸죠.

위대한 영웅이 파국으로 치닫는 이 순간은 이후 수많은 문학과 공연 등의 예술로 재탄생됐고 지금까지도 사랑받고 있습니다. 대표적인 작품이 소설과 영화 〈패왕별희〉입니다. 그림은 영화에 사용된 것으로, 항우와 우미인의 마지막 모습을 상상해 민화풍으로 제작했다고 합니다. 이날 이후 우미인에 대한 역사 기록은 구체적으로 전해지지 않았으나 후대 사람들은 〈해하가〉를 들은 우미인이 절개를 지키기 위해 자결한 것으로 추측합니다.

항우 vs 유방, 영원히 끝나지 않는 전투

노래를 마친 항우는 해하성의 포위를 뚫고 800여 명의 병사와 함께 탈출했습니다. 쫓고 쫓기는 결사 항전이 거듭됐고, 오강이라는 곳에 이르렀을 때 항우 옆에 남은 병사는 28명뿐이었습니다. 하지만 뒤쫓아오는 한나라 기병은 수천 명이었죠. 항우와 병사들은 필사적으로 싸웠고 기적적으로 단 두 명만 목숨을 잃으면서 버텼습니다. 이제 항우는 무사히 장강을 건너기만 하면 일단은 위기에서 벗어날 수 있는 상황이었습니다.

두목

이때 자신을 피신시키려 배를 준비하던 병사에게 항우가 말했습니다.

"하늘이 나를 망하게 하려는데 내가 강을 건너서 무얼 하겠느냐! 강동의 젊은이 8,000명이 나와 함께 강을 건너 서쪽으로 갔다가 한 사람도 돌아오지 못하였다. (중략) 나를 왕으로 삼는다 한들 내가 무슨 면목으로 그들을 대하겠는가?"

항우의 자존심은 마지막 순간까지도 사그라들지 않았습니다. 항우는 자신의 애마를 병사에게 건네고 그 자리에서 한나라군과 싸우다 장렬한 죽음을 맞이했습니다. 책임을 회피하지 않고 끝까지 맞서기로 결단한 것입니다. 이로써 세기의 라이벌이었던 항우와 유방의 초한 전쟁이 끝났습니다.

훗날 당나라 시인 두목杜牧은 항우가 비극적 죽음을 맞이한 오강을 지나게 되었습니다. 그곳에서 영웅은 간데없고 덩그러니 남은 정자를 바라보며 〈제오강정〉이라는 한 편의 시를 남겼습니다.

승패란 병가지상사라 언제 이기고 지는지 기약할 수 없는데勝敗兵

家事不期

(혹 패배했더라도 그) 수치를 안고 부끄러움을 견디는 게 남아라네
包羞忍恥是男兒

강동의 자제 중엔 능력 있는 인재들이 많으니 (후일을 도모했더라
면)江東子弟多才俊

흙먼지 일으키며 다시 돌아올 수 있었을지도 모르거늘捲土重來未
可知

　시의 마지막 구절인 '권토중래捲土重來'는 흙먼지를 일으키며 다시 돌아오는다는 뜻으로, 항우가 강을 건너기만 했다면 다시 힘을 키워서 돌아왔을 것이라는 아쉬움이 담긴 글입니다. 이 외에도 장기 놀이의 말에 두 사람을 상징하는 '한(漢)'과 '초(楚)'가 새겨지며 이들의 대결은 지금까지도 회자되고 있습니다. 시대를 넘은 두 사람의 대결이 끝나지 않은 채 장기판에서 계속되고 있는 셈이죠.

유방, 한 제국의 초석을 다지다

　기원전 206년에 세운 한나라는 드디어 초한 전쟁을 끝내고 천하통일을 이뤘습니다. 기원전 202년에 한 제국이 수립됐고 유방은 황제가 되었습니다. 유방은 함양 옆에 새로운 제국의 수도를 정하며 '장안'이라 명명했습니다. 유방은 비록 그 자신의 역량은 부족해도 장량, 한신, 소하蕭何, 숙손통 叔孫通, 육가陸賈, 번쾌 등 뛰어난 인재를 직접 발탁하고 그들의 이야기를 경

청했습니다. 그는 자신이 항우에게 승리할 수 있었던 이유를 직접 분석하기도 했습니다. 그 내용이 《사기》에 기록되어 있습니다.

> '무릇 군영의 막사 안에서 계책을 마련하면서 천 리 밖의 전투를 승리로 이끄는 것은 내가 장량만 못하고, 나라를 안정시키고, 백성들을 위무하며, 군량을 준비하여 그 공급이 끊어지지 않게 하는 것은 내가 소하에 미치지 못한다. 또한 백만대군을 이끌고 싸우면 항상 이기고, 성을 공격하면 반드시 함락시키는 데는 내가 한신만 못하다. 이 세 사람은 인물 중의 인물인데, 내가 천하를 차지할 수 있었던 이유는 이들 세 사람을 능히 부릴 줄 알았기 때문이다. 항우는 그나마 있었던 범증 한 사람도 제대로 쓰지 못했기 때문에 나에게 잡혀 죽임을 당하게 된 것이다.'

한 제국의 창업에는 때때로 목숨까지 걸고 유방을 도운 공신들의 역할이 컸습니다. 그중에는 젊은 시절부터 유방과 끈끈한 신의 관계를 맺은 부관들도 있었죠. 공신들을 제후왕으로 삼아 일부 영토를 분봉했습니다. 그리고 자신이 통치하는 동안 반복될지도 모를 반란의 사슬을 직접 끊기 위해 자신의 팔다리와 같은 공신들을 견제하고 숙청하는 결단을 내렸습니다. 여기에는 가장 많은 공을 세운 동시에 가장 큰 경계 대상이었던 한신도 포함되었죠. 곧 자신이 숙청당할 것임을 예견한 한신은 다음과 같은 말을 남겼습니다.

"영악한 토끼가 잡혀 죽으니 충실한 사냥개는 삶아지고, 높이 나는 새가 화살을 맞고 떨어지면 멋진 활과 화살은 창고에 던져진다고 한다. (그렇듯)

적국을 무너뜨리고 나면 전술을 낸 신하도 사라지는구나."

한신이 탄식하듯 토해낸 이 말에서 나온 고사성어가 '토사구팽兎死狗烹'입니다. 쓸모 있을 때는 중요하게 쓰다가, 쓸모없어지면 버려진다는 뜻이죠. 한신은 자신의 처지를 토끼 사냥을 끝내고 쓸모없어진 사냥개에 비유했습니다.

이렇듯 유방은 왕조 초기에 반란과 모반 등의 여러 진통을 직접 해결하면서 안정적인 집권을 이어나갔습니다. 비록 항우보다 힘과 기개는 부족했을지 몰라도 유방에게는 나라의 기틀을 다질 만한 다음과 같은 능력이 있었습니다.

첫째, 다양한 사람과 어울리며 소통하고 그들의 말을 경청한 것입니다. 덕분에 주변 인물들의 능력을 인정하고 적재적소에 배치해 위기를 극복하는 힘을 만들었죠. 둘째, 위기 앞에서는 자존심을 내세우지 않고 실리를 위해 라이벌에게도 굽힐 줄 아는 태도를 보인 것입니다. 셋째, 시대의 흐름을 읽을 줄 알았다는 것입니다.

유방은 관중 땅을 중심으로 진나라처럼 강성한 통일 제국의 꿈을 키웠고, 이는 현실로 이뤄졌습니다. 이런 점에서 볼 때 유방은 새로운 왕조를 개척한 '창업형 군주'이자 진시황제도 이루지 못한 '수성형 군주'의 면모까지 갖췄다고 할 수 있습니다. 최근 진시황제의 율령을 계승한 한나라 율령이 기록된 죽간이 발견되면서 두 인물의 계승적 관계가 다시 주목받고 있습니다. 유방이 세운 한나라는 제7대 황제 무제武帝에 이르러 정점에 다다랐고 고대 제국을 완성했습니다. 중앙집권 체제를 완성하고 서역 제국까지 영토를 넓히며, 실크로드 개척으로 동서 교역로를 확보했죠. 그런 다음 중국인의 민족 정체성을 한족으로 인식시켰습니다. 사용하는 문자와 언어도 '한

자'와 '한어'로 표현하면서 '한나라'를 중국의 문화적 정체성의 원형으로 만든 것입니다.

진한 교체기라는 난세에 나타난 두 영웅, 항우와 유방의 선택과 대결은 많은 것을 바꿔놓았습니다. 항우에 비해 힘과 배경 등 모든 것이 부족했던 유방은 열세를 극복하고 새로운 역사의 전통을 유산으로 남겼습니다. 하지만 그 과정은 유방 개인의 통찰과 판단에만 의한 것이 아니며, 주변과의 끊임없는 소통과 협업의 결과였습니다. 두 영웅의 이야기를 통해 지금 시대에 요구되는 리더의 자질은 무엇인지, 역사의 지향점을 어디에 두어야 할지 생각할 시간을 가져 보기 바랍니다.

벌거벗은 종교개혁

신의 대리인, 교황의 탐욕

임승휘

● 지금부터 매우 특별한 어느 '직위'의 역사에 관해 알아보려 합니다. 고대부터 현재까지 무려 2천여 년이나 이어져 온 가장 오래된 제도이면서, 전 세계를 통틀어 딱 한 사람만 가질 수 있는 직위이기도 한 이것은 무엇일까요? 바로 지구상에서 가장 작은 나라인 바티칸 시국의 수장이며, 전 세계 약 13억 명 가톨릭 신자들의 최고 지도자이자, '신의 지상 대리인'으로 불리는 '교황'입니다.

과거에는 교황의 존재를 가리켜 '신에는 미치지 못하지만, 인간보다는 더 고귀한 존재' 또는 '하늘과 세상의 모든 것들을 지배할 정도의 힘을 가지고 있다'라고 말했습니다. 그리고 오늘날의 교황은 이 같은 존엄한 위상을 바탕으로 단순한 종교 지도자의 역할을 넘어, 세계의 분쟁을 봉합하고 평화의 메시지를 전달하는 중재자의 역할까지 감당하고 있죠.

하지만 교황의 모습이 지금과는 사뭇 달랐던 시기가 있었습니다. 교황의 영향력이 가장 막강했던 중세 시대입니다. 당시 교황들은 군대를 동원해 영토를 늘리거나 부귀영화에 몰두해 성직을 파는 일도 서슴지 않았습니다. 게다가 순결의 의무조차 저버린 채 사생아까지 두는 일도 종종 일어났죠. 그 결과 세속적인 교황과 교회는 유럽 사회를 뒤흔든 대변혁의 계기가 되었습니다. 세계사에서 가장 중요한 역사적 사건 중 하나로 손꼽히는 '종교개혁'이 그것입니다.

그렇다면 당시 기독교 사회를 이끌었던 교황은 왜 세속적인 탐욕을 추구했던 걸까요? 그리고 교황의 탐욕은 어떻게 종교개혁이라는 대사건을 불러일으켰을까요? 지금부터 종교개혁이 일어난 여러 이유 중 하나인 신의 대리인, 교황의 탐욕에 관해 살펴보려 합니다. 유럽사를 발칵 뒤집었던 역사의 이면을 벌거벗겨 보겠습니다.

바티칸의 교황은 어떻게 권력의 정점에 올랐을까?

이야기를 시작하기 전에 두 가지를 염두에 두었으면 합니다. 하나는 중세 시대에는 가톨릭과 개신교의 구분이 없었기 때문에, 아니 개신교가 아예 존재하지 않았기 때문에 크리스트교의 한자식 표현인 '기독교', 그리고 '교회'라는 용어로 통칭해서 사용하겠습니다. 또 하나는 중세 시대 교황의 역할과 위치가 현재의 교황과는 전혀 다르므로 잘 구분해서 이해해 주기를 바랍니다.

바티칸은 과거부터 지금까지 로마 가톨릭교회의 중심지이자 교황이 기거하는 곳입니다. 따라서 이곳에서 일어난 사건은 곧 교황 권력의 변화를 의미하기도 하죠. 바티칸(Vatican)은 기독교가 생기기 이전인 기원전부터 존재했던 말로, 로마 테베레강 옆의 언덕에 거주하던 원주민들의 마을 이름인 바티카(Vatica) 또는 바티쿰(Vaticum)에서 유래한 것으로 전해집니다.

그런데 왜 이곳이 교황 권력의 중심지가 됐을까요? 그 이유를 알려면 기독교의 전파 과정이라는 역사를 살펴봐야 합니다. 로마 제국에서 탄압받던 기독교는 힘을 하나로 모으고 자신들을 이끌 수장을 필요로 했습니다. 그래서 예수의 대표적인 제자 베드로Petrus를 초대 교황으로 삼고, 그가 순교한 곳으로 알려진 바티칸 일대를 포함한 로마의 주교가 대를 이어 교황이 되는데 합의했죠. 이후 4세기 초에 고대 로마의 황제 콘스탄티누스 1세Constantinus I가 기독교를 공인했고, 392년에 테오도시우스 1세Theodosius I 황제가 기독교를 국교로 선포하자 제국의 모든 시민은 공식적으로 기독교도가 되었습니다. 그리고 로마 제국이 몰락한 이후 유럽의 여러 나라에서도 기독교를 국교로 삼고 공식적으로 인정하기 시작했습니다. 그 결과 교황은 기독교를 믿는 모든 국가에서 '신의 지상 대리인'으로서 로마 바티칸을 총본부로 삼아 기독교도들을 총괄하는 역할을 맡았습니다.

하지만 유럽 기독교 국가의 중심에서 주로 신앙을 전파하는 일을 담당하던 교황은 9세기경 이후로 완전히 달라졌습니다. 세속의 군주들이 기독교를 보호하고, 많은 귀족들이 교회에 재산을 기부하며 힘을 키워주자, 교황의 힘이 크게 강화된 것입니다. 교황 니콜라오 1세Nicolaus I는 "교황의 권위는 모든 교회와 국가 위에 있다"라고 선포했습니다. 이 말은 황제조차 교황에게 복종해야 한다는 뜻이죠. 이제 교황은 누구에게도 비할 수 없는 권력을 두 손에 쥐게 되었습니다.

중세의 교황이 가진 여러 권한 중 특히 중요한 세 가지가 있습니다. 첫 번째는 신의 대리인으로서 왕을 공식적으로 인정하는 권한입니다. 지도는

중세 시대 가톨릭 영역

15세기 전후에 교황의 영향력 아래 있었던 유럽 국가들을 표시한 것입니다. 유럽 땅의 상당 부분을 차지하고 있죠. 당시 교황은 기독교를 국교로 삼은 나라에서 새로운 왕이나 황제가 탄생하면 그들이 공식적으로 왕위에 올랐음을 선포하는 대관식을 집행했습니다.

아래 그림은 9세기경 지금의 프랑스인 프랑크 왕국의 대관식에서 교황이 왕에게 왕관을 씌우는 모습을 보여주는 것입니다. 교황이 왕관을 씌워주는 것은 곧 신의 대리인으로부터 왕좌를 인정받았다는 의미를 담고 있습니다. 따라서 왕들은 교황 앞에 공손히 무릎 꿇고 왕관을 받는 의식을 치렀습니다. 만약 왕이 마음에 들지 않으면 교황은 대관식을 이리저리 미루는 것으로 왕을 인정하지 않기도 했습니다.

심지어는 왕을 파문하기까지 했습니다. 중세 시대에 교황이 왕에게 파문을 선고하는 것은 엄밀히 말해서 왕위를 빼앗는다는 의미는 아닙니다. 파문이란 교회에서 추방한다는 뜻으로, 파문당한 자는 교회의 어떤 보호도 받을 수 없게 된다는 것을 의미합니다. 문제는 왕이 파문당하면 그가 다스리는 나라 전체가 교회의 축복을 받지 못하고 위기에 빠진다는 사실입니다. 중세 시대 사람들은 교회의 축복을 받지 못하면 지옥에 갈 거라 믿었고, 이런 불안한 분위기를 틈타 교황의 파문을 구실로 왕에 반기를 들고 일어설 수도 있었습니다. 따라서 교황의 파문은 왕권을 위협할 만큼 어마어마한 위력을 가지고 있었죠.

이와 관련한 대표적인 사건이

프랑크 왕국의 대관식과 교황

1077년에 일어난 '카노사의 굴욕'입니다. 오른쪽 그림에서 문 앞에 서 있는 사람은 교황이고, 그의 발아래서 엎드려 비는 사람은 교황으로부터 파문당한 신성 로마 제국의 황제 하인리히 4세 Heinrich IV입니다. 허름한 차림의 황제가 교황 앞에 납작 엎드려 파문을 철회해 달라고 비는 것입니다. 대체 무슨 일이 있었던 걸까요?

카노사의 굴욕

당시 각 나라의 왕은 자신이 다스리던 영토에서 고위 성직자를 임명하곤 했습니다. 그런데 교황 그레고리오 7세 Gregorius VII가 이 권한을 일방적으로 박탈하고 자신이 갖겠다고 한 것입니다. 당시 성직자를 임명할 수 있는 권한은 정치적으로 중요한 지배 수단이었으므로 더 이상 교황에게 휘둘리고 싶지 않았던 신성 로마 제국의 황제는 교황에게 반발했습니다. 인사권을 두고 교황과 황제 사이에 다툼이 벌어진 것입니다. 그러자 교황은 황제를 파문해 버렸습니다. 신의 대리인으로서 신을 대신해 황제를 심판한 셈이죠. 겁이 난 하인리히 4세는 한겨울에 부인과 갓 두 살을 넘긴 아들을 데리고 혹독한 겨울 추위 속에서 알프스를 넘어 교황이 잠시 머문 카노사로 향했습니다. 다음은 중세 역사가가 기록한 당시 황제의 모습입니다.

'곧 일행은 손과 발로 기기 시작했다. 산악 안내자의 어깨에 의존하고 꽁꽁 언 바닥에 미끄러져 넘어지는 것은 다반사였다. 때로는 굴러떨어지는 사람도 있었다.'

−헤르스펠트의 램퍼트 Lampert of Hersfeld의 연대기 중에서

황제의 행차가 얼마나 힘들었을지 상상이 가는 내용입니다. 이렇게 힘들게 교황을 찾아갔지만 교황은 성문도 열어주지 않았습니다. 황제는 맨발에 허름한 차림으로 추위를 견디며 3일 동안 아무것도 먹지 않고 교황을 기다렸습니다. 그리고 마침내 그림에서처럼 교황을 만나 그의 앞에 맨발로 무릎을 꿇으며 파문을 철회해 달라고 애원했습니다. 결국 교황의 발에 입까지 맞춘 후에야 비로소 황제의 파문은 취소되었습니다. 이는 세속의 지배자인 황제보다 교황이 더 높은 곳에 있음을 확인시켜주는 대표적인 사건입니다. 이렇듯 교황이 가진 권한은 왕을 손안에서 쥐고 흔들 수 있는 강력한 힘이었습니다.

당시에는 기독교가 곧 교황이라는 인식이 높았습니다. 그래서 교황에 대한 불만을 표출하면 기독교 전체에 대한 반발로 생각했습니다. 대표적인 사건이 카노사의 굴욕이었죠. 이때 하인리히 4세를 도와주었다가는 자신도 파문당할까 봐 누구도 그를 돕지 않았다고 합니다. 자칫 교황의 눈 밖에도 나면 나라가 흔들리고 왕의 권력이 위험해졌기 때문입니다.

중세 시대 교황이 가진 두 번째 권한은 왕처럼 땅을 소유할 수 있었다는 것입니다. 다만 부의 상속을 막기 위해 원래부터 성직자가 결혼해 자식을 낳는 일은 금지해 왔습니다. 따라서 교황은 재산 소유와 증식에 한계가 있었습니다. 하지만 일부 교황은 어떻게든 본인 소유의 재산을 늘리려 했고, 이를 위해 자신의 가문을 이용했습니다. 교황이 통치하는 땅인 교황령은 교황의 주요 수입원으로 원래 기독교 교회 소유의 땅입니다. 교황이 재위하는 동안 잠시 통치권을 갖고 있을 뿐입니다. 그런데 교황들은 이 땅들을 몰래 자기 가문에 떼어주곤 했습니다. 그러고는 임기가 끝난 후에도 되돌려주지 않는 일이 많았죠.

게다가 교황은 교회가 있는 유럽의 모든 기독교 국가에서도 엄청난 수입을 얻고 있었습니다. 특히 11세기 말부터 벌어진 이슬람 세력과 기독교 세력 간 대결인 '십자군 전쟁'을 계기로 더 많은 재산을 쌓았습니다. 교황과 기독교를 수호하려는 유럽 기독교 국가들의 영주와 기사가 전쟁에서 싸우다 죽으면 교회에 재산을 양도하거나, 전쟁 중에 그들의 땅에서 나오는 수입을 교회가 이용하도록 허락한 것입니다. 이들은 '부자는 천국에 갈 수 없다'라는 교리에 따라 엄청난 돈을 교회에 바치면서까지 구원받기를 원했습니다. 그만큼 기독교와 교황에 대한 충성심과 믿음이 대단했죠. 심지어 교회는 전쟁을 명목으로 기독교 국가로부터 특별 세금을 거두기까지 했습니다. 이 모든 것은 교황이 있는 로마 바티칸으로 흘러 들어갔고, 교황과 교회는 큰 부를 누렸습니다.

교황과 교회에 자발적으로 돈을 바치는 이들 가운데는 당시 부유했던 상인 계급도 있었습니다. 이들에게 고위 성직자는 부와 명예를 동시에 얻을 수 있는 최고의 신분 상승 수단이었습니다. 그래서 돈은 있지만 사회적 지위가 낮은 상인들은 자녀를 성직자로 만들어 가문의 신분 상승을 이루기 위해 아낌없이 교황에게 기부했습니다. 이렇듯 땅을 소유한 교황은 교황령에서 거둬들이는 막대한 자금과 더불어 유럽 전역의 수많은 교회와 영주, 기사들에게서 거둬들이는 각종 세금과 헌금, 기부금으로 일군 엄청난 부를 관리했습니다. 일부 교황은 이를 개인의 재산처럼 자신의 가문에 물려주었습니다.

중세 시대 교황이 가진 세 번째 주요 권한은 군대를 동원할 수 있는 능력입니다. 엄밀히 말하면 교황이 자체적으로 군대를 거느리기 시작한 것은 15세기입니다. 하지만 그전에도 원한다면 언제든지 군대를 동원할 수 있었습니다. 신의 지상 대리인으로서 신의 뜻을 따르지 않는 영지를 향해 군대를 파견한 것입니다. 이때는 일부 귀족 가문에서 기사 부대를 제공받거나, 자체적으로 기독교와 교황을 수호하기 위해 조직된 '전사 수도회' 등이 나섰습니다. 그리고 교황은 필요에 따라 사적으로 용병을 고용하기도 했습니다. 15세기부터는 아예 스위스 용병을 고용해 전쟁을 벌이기까지 했죠. 이들은 현재까지도 이어져 근위대로 교황을 지키며 바티칸 시국의 상징이 되었습니다.

교황의 이름을 앞세워 싸우는 군대는 그림의 오른쪽 아래처럼 두 개의 열쇠를 겹친 무늬를 그려 넣은 방패를 사용했습니다. 이는 교황을 상징하는 고유한 그림으로 땅과 하늘을 맺고 푸는 권한을 상징하는 것이기도 합니다. 영적 권위와 세속적 권위를 모두 갖춘 신의 대리인인 교황의 명령에 따르는 것을 의미하죠. 이처럼 교황은 신의 이름을 앞세워 군대를 동원해

14세기경 교황청 군대

땅을 지키고, 자기 말을 듣지 않는 제후들을 무릎 꿇게 만들어 중세 유럽을 지배했습니다. 그 결과 중세 시대 교황은 유럽 사회의 중심으로서 각 나라의 왕을 공식적으로 인정해 주고, 교회의 인사권을 가진 동시에, 왕처럼 땅을 가지기도 하면서 군사력까지 갖춘, 왕 위의 왕으로 자리 잡았습니다. 종교 지도자이지만 동시에 세속적인 지배자이기도 했던 것입니다.

콘클라베

이토록 막강한 교황은 어떻게 선출되었을까요? 11세기 초까지는 후보자가 결정되면 평신도와 성직자들이 모여 교황을 결정했습니다. 하지만 교황을 선출하는 과정에서 지나친 간섭이 발생하자 고위 성직자 중 추기경들만이 교황을 선출할 수 있도록 만들었습니다. 교황이 서거하면 선거권을 가진 추기경단을 궁전으로 소집해 교황 선출을 위한 비밀회의를 가진 것입니다. 이를 '콘클라베conclave'라고 합니다. '문을 걸어 잠근다'라는 의미로 그 과정은 공개되지 않았습니다. 당시 영향력 있는 추기경이 콘클라베를 통해 교황 후보로 거론됐고, 추기경단의 투표를 거쳐 교황으로 선출되었죠. 따라서 교황이 되고 싶다면 반드시 추기경들을 자기 세력으로 만들어 놓아야 했습니다.

교황의 권위 추락과 타락의 시작

　그런데 막강한 교황의 권위에 큰 변화가 일어나기 시작했습니다. 14세기 초에 기독교 국가이지만 강력한 왕권을 확립해 가던 프랑스의 필리프 4세 Philippe IV가 교황의 기세를 누르기 위해 로마에 있던 교황을 프랑스 아비뇽으로 데려가는 일이 벌어진 것입니다. '아비뇽 억류(유수)'라 불리는 이 사건 이후 약 70년 동안 교황은 로마가 아닌 아비뇽에 거주했습니다. 이 일은 단순히 교황의 거주지를 바꾼 것을 넘어 국왕과 교황의 관계가 뒤집혔음을 의미합니다.

　자신의 영토로 교황을 끌어들인 프랑스 국왕은 교황을 압도하기 시작했습니다. 그러자 엄청난 위세를 자랑하던 교황의 권력도 분산되기 시작했죠. 로마와 아비뇽에서 동시에 두 명의 교황이 나오거나, 세 명의 교황이

피렌체의 흑사병

난립하면서 교회는 대분열의 시기를 맞이했습니다. 기독교를 수호했던 영국 역시 프랑스처럼 왕권이 강화되면서 교황이 설 자리는 점점 줄어들었습니다. 이러는 와중에 인류 최악의 전염병인 흑사병까지 유럽 대륙을 덮치면서 교황의 권위는 더욱 추락했습니다.

14세기 중반에 발생한 흑사병은 금세 유럽 전역으로 퍼졌고 많은 사람의 목숨을 빼앗아갔습니다. 거리는 흑사병으로 죽은 사람들의 시신으로 뒤덮였고, 이 모습을 본 당대 사람들은 충격과 공포에 휩싸였습니다. 사람들은 이 세상에 죄가 만연하자, 신이 흑사병이라는 벌을 내렸다고 생각했습니다. 그런데 그 앞에서 무기력한 교회와 교황을 보며 실망할 수밖에 없었죠. 이로써 교황의 권위는 한층 더 추락했습니다.

기독교는 떨어진 위상을 다시 세우기 위해 결단을 내렸습니다. 중세 최대의 종교회의로 알려진 '콘스탄츠 공의회'를 열고 새로운 통합 교황인 마르티노 5세Martinus V를 선출해 권위를 재정비한 것입니다. 동시에 대립하던 세 명은 교황은 모두 폐위했습니다. 교황이 다시 로마에 자리를 잡고 1인 교황 체제를 공고히 하며 안정되었지만, 한 번 꺾인 교황의 권위는 쉽게 회복되지 않았습니다. 어느새 유럽 전역의 기독교 국가를 지배하던 교황의 위엄은 로마가 포함된 이탈리아 내로 한정되었습니다. 사실 이탈리아에서도 교황의 권위는 예전 같은 힘을 발휘하지는 못했습니다. 이탈리아 지역의 교황령까지 세금을 거부하거나 토착 세력이 영향력을 키우는 등 교황의 위엄은 바닥까지 떨어진 상태였죠. 이제 교황령과 이탈리아 안에서만이라도 다시 기강을 잡아야 했던 교황은 영적인 힘이 아닌, 세속적인 방법으로 권위를 되찾으려 했습니다.

가장 먼저 이 방법을 시도한 교황은 식스투스 4세Sixtus IV입니다. 그가 교황으로 선포되었을 때 이미 교황에 대한 존경심은 상당히 떨어진 상태였습니다. 그의 취임식이 열리던 날에는 교황의 취임 행렬에 화가 난 로마인들이 그가 탄 마차에 돌을 던지기까지 했죠.

식스투스 4세는 내부 기강부터 바로 세워 다시금 교황의 권위를 높이려 했습니다. 이를 위해 믿을 만한 사람이 필요했고, 자신의 가족과 일가친척을 주위에 포진했습니다. 그림 오른쪽에 앉아 있는 사람은 식스투스 4세입니다. 그의 앞에 선 사람 중 붉은색 옷을 입은 추기경과 푸른색 옷을 입은 인물은 모두 그의 조카들입니다. 식스투스 4세는 교황으로 선출되자마자 6명의 조카를 성직자 중 교황 다음으로 높은 직책인 추기경에 임명했습니다. 권력을 안정시키려면 주변에 믿을 만한 사람이 있어야 하는데, 가족 말고는 누구도 믿을 수 없었던 것입니다.

그중 푸른색 옷을 입은 조카에게는 아예 땅을 주고 지역 영주로 삼아 교황령을 넓히려 했습니다. 그곳은 밀라노 공작 스포르차Sforza의 보호령에 속한 '이몰라'라는 도시입니다. 식스투스 4세는 이 땅을 사기 위해 당시 교황청 금고를 운영하던 메디치 은행에 대출을 요구했습니다. 교황이 전략적 요충지를 손에 넣는 것이 두려웠던 메디치 가문은 대출을 거절했고, 교황은 1474년에 메디치 가문의 교황청 금고 독점 운영권을 박탈했습니다. 결국 식스투스 4세는 다른 은행의 대출을 받아 이몰라를 사들였습니다. 권력을 휘둘러 자기 가문과 조카들에게 힘을 실어준 것이죠. 이렇게 주변을 가문 사람들로 포진한 식스투스 4세는 세속적인 힘을 얻기 위해 본격적으로 교황의 권력을 휘둘렀습니다. 이를 위해서는 권력과 뗄 수 없는 불가분의 관계인 돈이 필요했습니다.

특히 이 시대는 성직자로서의 권위만으로는 교황의 권력을 내세울 수 있

식스투스 4세와 조카들

는 상황이 아니었습니다. 교황령은 이탈리아의 다른 도시국가들과 경쟁하던 세속국가 중 하나였고, 영토를 지키기 위해서는 다른 군주들과 마찬가지로 권력 암투의 달인이 되어야 했습니다. 그러려면 군대를 이끌어야 하고, 이를 위한 재원도 마련해야 했죠. 즉 권력을 유지하려면 무엇보다 많은 돈이 필요했습니다. 돈이 되는 일이라면 수단과 방법을 가리지 않은 식스투스 4세는 끝내 교황령에서 곡물 판매권을 독점했습니다. 그리고는 좋은 곡물은 외국에 비싸게 팔고 나머지는 이탈리아 내 도시국가에 팔아 폭리를 취했죠.

그는 교황과 추기경의 재산에 대한 상속법을 고치기까지 했습니다. 성직자가 죽으면 재산을 교회에 반납하던 방식에서 교회를 섬기는 동안 취득한 재산은 가족에게 물려줄 수 있게 만든 것입니다. 이제 자신이 취득한 재산을 마음껏 쓸 수 있으니, 이를 바탕으로 교황의 권력을 더 강화하겠다는 의도였죠. 게다가 수수료를 내면 교회의 특정 직책에 한해 제3자에게 양도할 수 있다는 법도 만들었습니다. 이 역시 돈을 구하기 위한 방책이었습니다. 심지어는 세금을 더 거두기 위해 매춘 업소에 공식 면허를 발급해 주기도 했죠. 당시 로마 인구는 약 10만 명으로 추정되는데, 14세기 후반에 로마에 몰려든 매춘부가 9,000여 명에 달했다고 합니다. 로마 인구의 약 9%가 종사하는 매춘업에 세금을 매겨 교황과 교회의 배를 불린 것입니다. 다음은 기록으로 남은 내용입니다.

> '교황 식스투스 4세는 매춘부에게 면허증을 발급하고 수입에 세금을 부과하였으며 자신이 직접 지은 사창가에서 2만 두카트(옛 유럽 금화)의 수입을 얻었는데 당시 교회 성직자의 월급이 수도원장급의 경우 40두카트였다. 매춘부 세 명이 내는 세금으로 교구장을 비롯한 성직자들의 급여를 충당할 정도였다.'

하지만 아무리 돈을 거둬들여도 그만큼 지출이 많았던 식스투스 4세의 탐욕은 끝이 없었습니다. 앞서 이야기한 이몰라 지역 쟁탈권을 두고 메디치 가문과 분쟁을 벌인 데다 교황 가문의 잇속을 챙기는 데 혈안이 돼 어느새 교황청 금고도 바닥이 났습니다. 권력을 회복하려는 교황의 세속적인 노력이 결국 교회의 탐욕을 더 키운 셈이었죠. 이런 교황을 가리켜 베네치아 대사는 "식스투스 4세는 자기가 원하는 돈을 얻기 위해 펜과 잉크만 있으면 된다"라며 비난했습니다. 펜과 잉크는 돈을 받고 성직을 사고판 이른 바 '성직매매'를 상징하는 물건입니다. 그만큼 성직자로서의 본문은 잊고 더 많은 돈을 얻을 방법만 생각했던 것입니다.

문제는 교황의 탐욕을 통제할 만한 장치가 전혀 없었다는 사실입니다. 때문에 식스투스 4세뿐 아니라 다음 교황인 인노켄티우스 8세Innocentius VIII도 더 많은 돈으로 더 큰 정치적 영향력을 확보해 과거의 강력했던 교황의 절대적 권한을 회복하려 했습니다. 그는 식스투스 4세와 사이가 나빴던 메디치 가문의 후원을 받아 그 가문의 후손들을 성직자로 등용시켰습니다. 게다가 마녀사냥을 명목으로 수많은 사람을 죽이면서까지 자기 권위를 내보이려고도 했습니다.

탐욕의 끝판왕, 알렉산데르 6세

1492년, 인노켄티우스 8세에 이어 '탐욕의 화신'이라 불린 알렉산데르 6세Alexander VI가 다음 교황에 올랐습니다. 그는 교황이었던 외삼촌의 도움으로 불과 25세의 나이에 추기경이 되었습니다. 덕분에 추기경 연봉과 벌어들이는 현금만으로 로마에서 가장 부유한 추기경 중 한 명으로 떠올랐죠. 그가 61세가 됐을 무렵, 절호의 기회가 찾아왔습니다. 교황을 선출하는 콘클라베에서 유력한 교황 후보에 오른 것입니다. 이미 60세가 넘었기에 그에게는 마지막 기회와 같았죠. 어떻게 해서든 교황이 되고자 했던 알렉산데르 6세는 자신이 가진 돈을 쓰기로 했습니다. 당시 어느 기록에 따르면 은을 가득 실은 노새 네 마리가 그의 집을 떠나 콘클라베에 참여한 어느 추기경의 집으로 향했다고 합니다. 든든한 현금은 물론 교황이 됐을 때 한자리를 약속했다는 이야기까지 들렸죠. 근거가 확실하지는 않지만 콘클라베에 참여한 메디치 가문의 한 추기경이 알렉산데르 6세에 대해 이렇게 말했다고 전해집니다.

"이제 우리는 아마도 이 세상에서 본 것 중 가장 탐욕스러운 늑대의 권력 아래 있습니다. (중략) 우리가 도망치지 않는다면 그는 필연적으로 우리 모두를 삼켜버릴 것입니다."

하지만 탐욕스러운 늑대는 추기경들의 높은 지지를 받아 마침내 교황의 자리에 올랐습니다. 추기경들의 탐욕을 대신 채워주고, 자신은 가장 높은 교황 자리를 얻은 셈이죠. 알렉산데르 6세의 탐욕은 교황이 된 이후에 본격적으로 드러났습니다. 그 탐욕의 중심에는 그의 자식들이 있었습니다. 기독교는 11세기에 교회의 많은 재산을 자녀에게 상속하는 것을 막기 위해 성직자의 독신 의무를 강제했습니다. 이미 결혼한 성직자에게는 이혼을 요구하기도 했죠. 당시 교황이나 성직자는 유력한 가문에서 선출되곤 했는데, 이들 중 성직자가 되기 전에 결혼해서 아이를 낳은 사람도 있었습니다. 이런 이유로 성직자들은 아내나 자식을 공개하지 않았습니다. 이 시기에 태어난 성직자의 자녀들은 모두 사생아로 살아야 했죠.

놀랍게도 성직을 수행하는 중에 사생아를 낳는 성직자도 많았습니다. 이 무렵 수도원 담장 안에서는 찬송가 소리보다 갓난아기의 울음소리가 더 크게 들린다는 풍문이 나돌 정도로 성직자가 사생아를 두는 것은 새삼스러운 일이 아니었습니다. 알렉산데르 6세 역시 성직자 시절에 사생아들을 낳았는데 무려 16명으로 추정됩니다. 특히 그와 사생아들과의 관계에 관한 소문에서 그가 탐욕의 화신으로 알려진 이유를 엿볼 수 있습니다.

알렉산데르 6세의 자녀들

　알렉산데르 6세는 교황이 되기 전부터 오랜 연인이었던 반노차 카타네이Vannozza Cattanei라는 여성과의 사이에서 낳은 네 명의 자녀가 있었습니다. 그는 다른 사생아는 자식으로 인정하지 않았지만, 이 아이들은 공공연히 자기 자식임을 인정하곤 했죠. 다음은 1493년 9월 19일 자 바티칸 교서의 내용을 어느 책에 옮긴 것입니다.

　'알렉산데르 6세는 기사 도미니크 다 리나노와 반노차 카타네이의 법적 아들인 체사레를 발렌시아의 선출 주교로 선언하면서, 그를 입양하고 보르자 가문의 권리와 특혜를 수여한다. 또한 알렉산데르 6세는 자신이 추기경이었던 당시 간디아 공작인 아들 후안을 낳았다고 표명한다.'

이처럼 알렉산데르 6세는 자기 아들임을 은근슬쩍 인정한 첫째 체사레 보르자Cesare Borgia와 둘째 후안 보르자Juan Borgia에게 가문의 권리를 물려주었습니다. 마키아벨리Machiavelli가 쓴《군주론》에서 이상적 군주의 모델로 알려진 첫째 아들 체사레에게는 추기경 자리를, 둘째 아들 후안에게는 공작 작위와 교황군 총지휘관 자리를 주면서 가문에 권력을 몰아주었죠. 그런데 보르자 가문은 해괴한 추문에 휩싸이기 시작했습니다. 알렉산데르 6세와 그의 권력을 물려받은 두 아들이 루크레치아 보르자Lucrezia Borgia와 근친상간으로 엮여 있다는 것입니다.

알렉산데르 6세의 딸이자 두 아들의 여동생인 루크레치아는 뛰어난 미모로 유명했습니다. 다음은 그녀에 대한 증언입니다.

"그녀는 중간 키에 우아한 자태를 지녔으며, 얼굴은 약간 길고, 코는 오뚝하고, 머리는 금발이고, (중략) 치아는 눈부시게 희고, 목은 가늘고 고우며, 가슴의 균형은 감탄할 만하다. 그녀는 항상 즐겁게 방글거린다."

당시 알렉산데르 6세가 교황이 되기 전에 콘클라베에서 추기경들의 마음을 사로잡으려 12세였던 딸 루크레치아를 성 상납했다는 소문까지 돌았다고 합니다. 자신의 탐욕을 채우기 위해 딸의 아름다움을 무기로 삼았다는 이야기죠. 아무리 그래도 이것만으로 근친상간이라는 소문이 날 리 없습니다. 알렉산데르 6세와 루크레치아의 관계가 의심받은 데는 다른 이유가

루크레치아 보르자

있었습니다.

알렉산데르 6세는 자신의 정치적 입지를 다지기 위해 루크레치아를 당시 군사력으로 유명한 밀라노 공국의 스포르차 가문과 정략결혼 시켰습니다. 이때 그는 사위에게 딸이 아직 결혼에 대비하지 못했으니 1년 후에 데려가라는 조건을 내걸었습니다. 이를 두고 알렉산데르 6세의 정적들은 아름다운 딸을 빼앗기기 싫어서였다고 추측하기도 했습니다. 그도 그럴 것이 루크레치아는 결혼생활 중 대부분을 아버지 알렉산데르 6세와 함께 지냈습니다. 그러던 중 스포르차 가문의 힘이 점점 약해지자 알렉산데르 6세는 이 결혼을 '혼인 무효'로 만들어버렸습니다. 사위가 성기능 장애라는 핑계를 만들어서 말이죠.

그런데 이때 또 다른 사건이 벌어졌습니다. 첫 번째 남편과 혼인 무효 후 잠시 수도원에 들어가 있던 루크레치아가 아이를 낳은 것입니다. 아이의 아빠는 밝혀지지 않았고, 아버지인 교황 알렉산데르 6세가 그 아이를 자신의 아이로 입적시켰다는 이야기가 들려오면서 또다시 근친상간 소문이 퍼졌습니다. 엎친 데 덮친 격으로 루크레치아와 그녀의 오빠 체사레도 근친 관계라는 소문이 돌았습니다. 여기에도 어떤 사건이 존재합니다.

루크레치아는 나폴리 왕국과의 동맹을 위해 알폰소Alfonso 공작과 두 번째 결혼을 했습니다. 하지만 이 역시 2년 만에 파경을 맞았죠. 그녀의 남편이 갑자기 살해당한 것입니다. 그를 죽인 인물은 미켈로토 코렐라Micheletto Corella로 체사레의 최측근이었습니다. 지금까지도 알폰소 공작을 죽인 범인은 밝혀지지 않았으나 당시 체사레가 유력한 용의자의 배후로 떠올랐습니다. 동생의 남편을 질투한 나머지 살해를 주도했다는 소문이 무성했죠. 심지어 루크레치아가 낳았던 아이가 알렉산데르 6세의 아이가 아니라

오빠 체사레 보르자의 아이라는 소문
까지 돌았습니다.

그리고 루크레치아가 알폰소 공작
살인사건의 또 다른 공범이라는 추측
도 난무했습니다. 집안을 위해 결혼했
지만 그녀가 가장 사랑한 사람은 오빠
체사레였다는 것이죠. 체사레의 부하
가 알폰소 공작을 죽일 때 루크레치아
가 남편에게 독을 먹이는 것을 도왔다
는 이야기도 있습니다. 더욱 놀라운 사
실은 체사레가 질투로 누군가를 죽였
다는 소문이 처음이 아니라는 것입니
다. 루크레치아는 둘째 오빠 후안과도 근친상간이라는 소문이 있었습니다.

살해당하는 루크레치아의 두 번째 남편

그러던 어느 날 강가에서 살해당한 후안의 시신이 떠올랐습니다. 범인은
밝혀지지 않았지만 체사레가 유력한 용의자라는 이야기가 돌기 시작했죠.
1496년 9월, 이탈리아의 한 귀족 집안에 도착한 편지에는 다음과 같은 글
이 쓰여 있었습니다.

'교황은 두 아들들이 서로 잡아먹을 듯이 질투하고 있다는 것을
감추기 위해 온갖 노력을 기울이고 있습니다.'

체사레와 후안은 교황인 아버지의 눈에 들기 위해 치열한 경쟁을 벌여왔
습니다. 거기에 동생 루크레치아와의 관계를 두고 다툼을 벌이는 일도 많

았죠. 이러던 중 후안이 주검으로 발견되고, 끝내 범인을 밝히지 못한 것을 두고 일부에서는 체사레가 동생을 죽인 게 아니냐는 추측까지 나왔던 것입니다.

알렉산데르 6세와 그 자녀들을 두고 근친상간을 비롯한 온갖 추문이 많았던 것은 사실 여부를 떠나서 그만큼 교황에 대해 반발하는 정적이 많았음을 의미합니다. 여기에 알렉산데르 6세가 문란한 생활을 한 것도 큰 몫을 했죠. 탐욕을 드러냈던 교황들 가운데서도 그는 특히 여성 편력이 어마어마했습니다. 네 자녀의 엄마였던 반노차 외에 수많은 여성과의 염문설이 떠돌았는데, 대표적인 여성이 줄리아 파르네세Giulia Farnese입니다. 그녀는 황금빛 머리카락에 검은 눈동자, 동그란 얼굴형으로 아름다움의 대명사로 불렸습니다. 알렉산데르 6세는 교황이 되기 전에 줄리아를 보고 반해 무려 43세라는 나이 차이에도 불구하고 그녀와 잠자리를 가졌습니다. 당시 그녀는 이미 결혼한 상태였지만 아랑곳하지 않고 자신의 정부로 삼아 버리기까지 했죠.

놀랍게도 줄리아의 남편은 별다른 저항이 없었습니다. 그녀의 남편은 사실 알렉산데르 6세의 팔촌이었습니다. 친척이라는 이유로 교황의 만행을 지켜볼 수밖에 없었죠. 결국 그녀의 남편은 로마에서 멀리 떨어진 곳의 행정관으로 보내졌습니다. 게다가 줄리아의 시어머니는 자기 아들의 출세를 위해 며느리와 교황의 불륜을

줄리아 파르네세

적극 협조하기까지 했습니다. 줄리아 역시 친오빠 알레산드로Alessandro를 추기경으로 만들기 위해 남편을 놔두고 교황의 정부로 살아갔습니다. 그녀의 오빠는 훗날 교황 바오로 3세Paulus III가 되었습니다.

교황과 줄리아의 관계에 대해 놀라운 이야기가 하나 더 있습니다. 당시 줄리아가 살던 궁전에는 그녀의 시어머니와 알렉산데르 6세의 딸 루크레치아도 함께 살았습니다. 그러니까 교황의 사생아 딸과 정부, 정부의 시어머니가 한집에서 산 것이죠. 줄리아는 알렉산데르 6세가 교황이 된 해에 딸을 낳았는데, 공식적인 자녀로 인정받지는 못했으나 교황의 딸로 알려졌다고 합니다.

유부녀까지 탐했던 알렉산데르 6세는 여기서 만족하지 않았습니다. 그는 바티칸에 있는 자신의 거처에서 '알밤 연회'라는 파티를 열었습니다. 그림은 당시 연회를 묘사한 것으로 한눈에도 난잡한 분위기가 느껴집니다. 교황청 내 궁에서 50여 명의 매춘부와 손님이 밤새도록 파티를 즐긴 것이죠. 그런데 왜 '알밤'이라는 이름을 붙였을까요? 교황청의 의전 책임자였던 한 인물이 연회를 묘사한 글에 답이 있습니다.

교황, 체사레, 그의 여동생 루크레치아가 지켜보는 가운데 벌거벗은 매춘부들이 샹들리에 사이로 손과 무릎으로 기어다니며 흩뿌려놓은 밤을 주우러 다녔다. 연회는 손님들이 모두 보는 앞에서 매춘부와 잠자리를 하도록 유도하면서 클라이맥스에 도달한다. '그 일'을 가장 많이 한 사람에게 상을 주겠다고 누군가 소리쳤다. 귀족은 물론 고위 성직자들도 값비싼 옷을 훌훌 벗어버리고 경쟁에 뛰어들었다.

알밤 연회

이처럼 알렉산데르 6세는 우리가 익히 알고 있는 성직자라기보다는 자신의 욕망과 쾌락을 채우는 데 거리낌 없는 세속적인 인물에 더 가까웠습니다.

가문의 영광을 위한 알렉산데르 6세의 정복 전쟁

알렉산데르 6세의 탐욕은 여기서 멈추지 않았습니다. 그는 자기 가문이 최고로 높아지기를 바랐습니다. 그러기 위해서는 반드시 올라야 하는 자리가 있었습니다. 바로 왕의 자리였죠. 알렉산데르 6세가 교황이던 당시 이탈리아는 여러 도시국가로 쪼개져 있었습니다. 중부의 로마 바티칸이 있는 교황령을 중심으로 아래로는 스페인 아라곤 왕조가 다스리는 나폴리가, 북부에는 공화국인 베네치아와 메디치 가문이 다스리는 피렌체, 스포르차 가문이 다스리는 밀라노로 각각의 나라가 존재하는 상황이었죠. 그런데 당시 구심점 역할을 하던 피렌체의 메디치 가문의 세력이 다소 약해지면서 도시국가 간의 결속력이 느슨해졌고, 그 틈을 타 교황에게 반항하는 도시국가들이 생겨나기 시작했습니다.

1494년경 이탈리아

이때 알렉산데르 6세는 군대를 이끌고 나가 이탈리아 중부지방에 강력한 중앙집권 국가를 세우고, 이곳을 중심으로 이탈리아 내의 도시국가들을 지배하겠다는 야심을 드러냈습니다. 그러려면 새로 탄생하는 국가의 왕은 반드시 자기 가문 사람이어야 했죠. 이 같은 야심을 떨치기 위해서는 무엇보다 가장 믿을 만한 사람에게 교황의 군대를 맡겨야 했습니다. 그는 첫째 아들 체사레에게 군대를 맡기기로 했습니다.

그렇다면 교황과 도시국가들의 전력 차이는 어느 정도였을까요? 군대만 놓고 보면 교황군은 형편없는 수준이었습니다. 교황군은 귀족 가문의 지원을 받아 차출되는 기사와 군인으로 꾸려지는데, 도시국가들의 군대는 각 가문이 소유한 체계화된 군대였습니다. 하지만 알렉산데르 6세는 여기서 포기하지 않았습니다. 군 전력을 높이기 위해 교황이라는 권력을 마음껏 이용한 것입니다. 그에게는 신의 대리인으로서 결혼을 무효로 만드는 특권이 있었습니다. 이 점을 이용해 1498년에 새로 즉위하는 프랑스의 루이 12세 Louis XII에게 접근했습니다.

조부가 강제한 결혼에 불만을 품고 있던 루이 12세는 지금의 결혼을 끝내고 다시 결혼하고 싶어 했습니다. 이때 교황은 그에게 혼인을 무효화시켜주는 대신 군대를 지원해 준다는 약속을 받아냈습니다. 당시 강대국으로 떠오른 프랑스군의 지원을 받아 이탈리아 도시국가 정벌에 나설 수 있게 된 것입니다. 아버지의 명령을 받은 체사레는 300여 명의 기병과 4,000여 명의 스위스 보병을 갖춘 프랑스군의 지원을 등에 업고 무력 정복에 나섰습니다.

체사레가 이끄는 교황군은 루크레치아의 첫 번째 남편이 있던 밀라노와

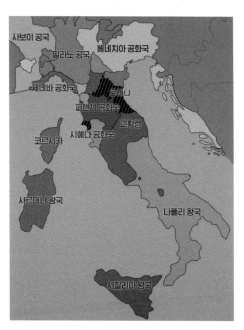

피렌체 공화국에서 항복을 받아냈습니다. 지도에서 보라색으로 칠해진 부분은 교황령이지만 실제로는 체사레의 지배를 받는 영토였죠. 그리고 빗금이 칠해진 부분은 1501년에 체사레가 완전히 정복한 로마냐 지역입니다. 체사레는 이곳에 보르자 가문의 왕조를 세우고 로마냐 공국을 탄생시켰습니다. 무력으로 영토를 확장하겠다는 알렉산데르 6세의 꿈에 한발 다가간 셈입니다.

교황의 탐욕은 더 큰 탐욕을 불러

이탈리아에서 체사레 보르자가 차지한 땅

일으켰습니다. 알렉산데르 6세는 천문학적인 군자금을 대기 위해 가능한 방법을 모두 동원했습니다. 그는 자신의 아래 있는 추기경이 사망하면 곧바로 그의 재산을 압류해 돈을 모았는데, 이를 위해 살인까지 저질렀다는 이야기도 들렸습니다. 한 살인범은 재판에서 "교황과 체사레가 나에게 살인을 청부했다"라고 증언하기도 했죠.

돈을 향한 교황의 탐욕은 끝이 없었습니다. 마침 당시 스페인에서 유대인을 몰아내라는 명령이 떨어지면서 갈 곳 잃은 유대인이 증가했습니다. 그러자 알렉산데르 6세는 교황령으로 유대인들을 받아주는 대신 재산과 세금까지 거둬들여 유대인들이 가진 돈을 엄청나게 빼돌렸습니다. 교황을 둘러싼 소문의 진실은 알 수 없지만 더 많은 돈을 모으기 위해 수단과 방법을 가리지 않았던 그의 모습은 이렇게 다양한 이야기로 전해지고 있습니다.

사람들은 성직자의 모습이 아닌 가문의 배만 채우는 알렉산데르 6세의 모습에 실망과 분노를 감추지 못했습니다. 그림은 16세기 초에 알렉산데르 6세를 묘사한 것입니다. 교황의 권위를 나타내는 삼중관을 쓴 알렉산데르 6세를 악마로 표현했죠. 그림 위에는 '나는 교황이다'라는 글이 쓰여 있습니다. 알렉산데르 6세를 바라보던 사람들의 시선을 어느 정도 짐작할 수 있습니다. 누

알렉산데르 6세 풍자화

군가는 알렉산데르 6세를 가리켜 이렇게 말하기도 했습니다.

"그는 정당한 수단이나 반칙으로 자녀들을 부유하게 만드는 것 외에는 아무것도 신경 쓰지 않는다. 그의 본성은 사기꾼처럼 모든 일에 사기를 치고 돈을 벌기 위해 사무실과 혜택도 팔아넘긴다."

교황을 '사기꾼'에 비유한 것입니다. 이렇게 사생아들을 앞세워 탐욕을 부리던 알렉산데르 6세는 재위 11년 만에 말라리아로 추정되는 병으로 세상을 떠났습니다. 아버지의 권력을 등에 업고 기세등등하던 체사레는 자신을 견제하던 차기 교황 세력에 밀려 권력을 모두 잃고 말았죠. 끝도 없는 탐욕으로 쌓아 올린 알렉산데르 6세의 권력은 이렇게 허무하게 사라져버렸습니다.

교황의 타락이 부른 종말론의 유행

알렉산데르 6세 이후의 교황들도 탐욕스럽기는 마찬가지였습니다. 바로 다음 교황인 비오 3세Pius III가 재위 26일 만에 사망하면서 율리오 2세Julius II가 차기 교황이 되었습니다. 즉위 이후 교황령을 넓히기 위해 갑옷을 입고 직접 전쟁에 참전했던 율리오 2세는 '전사 교황'이라는 별명으로도 불렸습니다. 그는 베네치아 공화국과 치른 전쟁에서 많은 교황군이 사망하자 애도의 뜻으로 수염을 길렀다고 전해졌을 만큼 성직자의 직분을 잊고 전쟁에 몰두했습니다. 그의 교황명도 로마의 장군이자 황제였던 율리우스 카이사르Julius Caesar에서 따온 것이라고 합니다. 이렇듯 성직자라기보다 군인에 가까웠던 율리오 2세는 땅을 더 차지하려는 탐욕과 함께 자신의 명성을 드러내는 일에만 관심을 가졌습니다.

물론 율리오 2세가 전쟁만 한 것은 아닙니다. 성 베드로 대성당의 신축을 지시하거나 당대 최고의 예술가인 미켈란젤로, 라파엘로, 브라만테 Braman'te를 후원해 예술작품과 건축을 통해 자신의 명성을 높이려 했죠. 그런데 놀랍게도 천재 예술가들을 지원하고 전쟁광이라는 별명답게 수없이 많은 전쟁을 치렀음에도 교황청의 금고는 바닥나지 않았습니다. 율리오 2세가 이 많은 돈을 감당하기 위해 수백 개에 이르는 새로운 성직을 만들어 돈을 받고 팔았기 때문입니다. 이제 교회와 교황은 세속적인 힘을 갖기 위해서라면 못 할 것이 없었습니다.

이때 교황과 교회가 세속화되는 모습을 지켜보던 사람들은 혼돈 속에서 지내야 했습니다. 교황의 탐욕은 끝날 줄 몰랐고 흑사병이 지나간 유럽에는 무언가를 예고하듯 이상 현상이 계속됐습니다. 예를 들어 1506년 스페인의 하늘에서는 꼬리를 길게 늘어뜨린 혜성이 자주 포착됐습니다. 혜성의 존재는 사람들을 불안하게 만들었고, 이 무렵 스페인부터 이탈리아까지 애벌레와 쥐 떼가 출몰했으며, 기후 이변으로 흉작까지 계속되자 유럽의 분위기는 더욱 흉흉해졌습니다.

천재지변과 질병 등으로 흉흉해진 유럽 중세 사회에서는 종말론이 유행하기 시작했습니다. 이 시대의 종말론은 《성경》을 근거로, 지금의 고난은 이미 예견된 일이며 조만간 세상이 끝나는 최후의 날이 다가와 심판이 일어난다는 사상이었습니다. 이상 현상이 계속되는 흉흉한 분위기 속에서 의지할 곳이 필요했던 중세 유럽인들 사이에서 '어차피 모든 것은 끝난다'라는 종말론은 그들의 불안감을 더욱 고조시켰습니다. 종말론을 믿는 사람들은 영혼을 구원받기 위해 어떻게든 회개하고 신의 용서를 구하려고 했습니다. 이들이 의지할 곳은 당연히 교회와 교회의 수장인 교황이었죠. 그런데 과연 탐욕에 빠진 교황을 믿고 의지할 수 있었을까요?

사치의 끝판왕과 종교개혁의 불씨가 된 면벌부

혼란스러운 이때 중세 유럽 사회를 뒤흔들다 못해 종교개혁까지 부른 어느 교황의 탐욕이 본격적으로 시작됐습니다. 그는 바로 메디치 가문에서 배출한 레오 10세Leo X입니다. 피렌체 공화국의 실질적인 통치자였던 로렌초 데 메디치Lorenzo de Medici의 둘째 아들인 레오 10세는 부잣집 아들답게 사치와 낭비가 심했습니다. 그에게 주어진 교황청 예산으로도 모자라 전임 교황들이 남긴 재정까지 순식간에 다 써버릴 정도였죠. 그 씀씀이는 레오 10세가 취임하던 1513년 4월 11일부터 엿볼 수 있습니다. 그는 취임 자축 선물로 로마 시민들에게 포도주를 선물했습니다. 그런데 그 방식이 매우 놀라웠습니다. 레오 10세는 자신의 행렬이 산 피에트로 광장을 빠져나오는 동안 미리 막아두었던 분수에서 붉은 포도주가 뿜어 나오도록 했습니다. 사람들은 일제히 큰 항아리를 들고나와 열심히 포도주를 퍼 담았죠. 1514년 9월 16일, 이탈리아 도시국가 중 하나인 베네치아 공화국의 대사는 다음과 같이 보고했습니다.

"역대 교황 가운데 가장 젊지만 가장 추남이라는 말을 듣는 레오 10세도 서민 사이에서는 절대적인 인기를 누리고 있습니다."

레오 10세가 임기 초반부터 시민들의 신임을 얻은 비결은 사치였습니다. 그는 성당에서 연회를 열어 산해진미와 고급 포도주를 무한정 제공했습니다. 구경꾼들에게는 금화를 마구 뿌려대기까지 했죠. 이때 들어간 비용만 전임 교황이었던 율리오 2세가 남긴 재정의 7분의 1에 달했다고 합니다. 어느 날은 순금으로 만든 접시에 음식을 대접하고 연회가 끝난 뒤 접시를 창밖으로 던져 강에 버리기도 했습니다. 권력을 과시하기 위해 사치 쇼를 벌인 것입니다.

레오 10세의 끝없는 사치로 교황청의 재정도 점점 바닥났습니다. 돈을 벌기 위해 온갖 대책을 동원하던 레오 10세는 당시 기독교에서 교황 다음 가는 직책인 추기경 자리까지 팔아 돈을 마련했습니다. 어느 책에 따르면 레오 10세가 매매할 수 있었던 성직은 무려 2,150개로, 그는 성직을 팔아 연간 32만 8,000두카트라는 막대한 수입을 올렸다고 합니다. 현재 가치로 약 980억 원에 해당하는 금액입니다. 또한 신성한 성유물을 판매하고 전시해 사람들을 끌어모으거나 성지순례나 선행이 어려우면 자선 헌금으로 대

성 베드로 대성당

신하라고 홍보하며 돈을 얻었습니다. 그래도 부족한 돈은 은행가나 부유한 추기경에게 빌렸고, 교황의 보석과 동상 등을 전당포에 맡겨 대출을 받기도 했습니다.

이토록 사치스러웠던 레오 10세가 감당하기에 가장 버거웠던 것은 성 베드로 성당을 증축하는 일이었습니다. 미켈란젤로, 베르니니Bernini, 브라만테 같은 세계적인 거장들이 설계했으며 최고의 조각가들이 작업한 예술품이 모여 있는 건축물입니다. 이곳은 전임 교황 율리오 2세부터 짓기 시작해 무려 120여 년에 걸쳐서 완성되었습니다. 이 기간에 든 비용은 현재 가치로 약 4조 원으로 추정합니다. 1년에 약 330억 원의 경비가 투입된 셈이죠. 당시 교황청의 1년 예산이 약 2,000억 원이었기에 감당 못 할 비용은 아니었습니다. 하지만 레오 10세가 교황청 재정을 흥청망청 써버려 돈이 부족했습니다. 게다가 든든한 뒷배였던 메디치 가문조차 은행이 파산 직전이었기에 힘이 되지 못했습니다.

돈이 떨어져 성 베드로 대성당 증축이 중단될 위기에 놓이자 레오 10세는 건축비용을 마련할 묘안을 떠올렸습니다. 교황청에서 죄를 사해주는 '면벌부'를 발행하기로 한 것입니다. 1517년부터 판매하기 시작한 면벌부에는 다음과 같은 내용이 들어 있습니다.

'면벌부 예언에 따라 죄와 범죄에 대한 완전한 사면을 선포하며, 모든 사람의 죄를 사면합니다. 이 면벌부에는 다양한 죄에 대한 사면과 형벌 면제 조항이 포함되어 있으며, 지정된 대행자들은 고백하는 사람들의 죄를 자유롭게 처리할 수 있는 권한을 행사할 수 있습니다.'

사실 교황청은 십자군 전쟁이 일어
난 11세기부터 면벌부를 제한적으로
팔아왔습니다. 전쟁 참여를 장려하고,
전쟁 비용을 마련하기 위해 만든 것이
었죠. 특히 예루살렘 같은 성지 수복
을 위한 전투에서 죽게 되면 천국에
갈 수 있다는 의미로 면벌부를 배포했
습니다. 하지만 돈이 필요한 교황들이
면벌부를 악용하면서 그 의미도 바뀌
기 시작했습니다.

레오 10세의 면벌부

그렇다면 면벌부를 가지고 있으면 죄가 없어지는 걸까요? 이를 확인하
려면 먼저 레오 10세가 발행한 면벌부에 관해 정확한 정의부터 내려야 합
니다. 165쪽 그림 속 인물은 천국과 지옥을 여행한 듯 실감 나는 이야기인
《신곡》을 쓴 작가 단테Dante입니다. 그를 기준으로 오른쪽은 금으로 만든
천국을 나타내며, 왼쪽은 고통에 몸부림치는 지옥을 보여줍니다. 그리고
가운데 솟아 있는 것은 '연옥'입니다. 당시 기독교 교리에 따르면 인간은 죄
인으로 태어나 죄를 지으며 살아갑니다. 그런데 자신이 지은 죄가 지옥에
갈 만큼 나쁜 것인지, 아니면 천국에 갈 수 있을 정도로 가벼운 것인지 명
확하지 않습니다. 이처럼 죄를 범했으나, 지옥이나 천국으로 바로 갈 수 없
는 사람들이 천국에 들어가기 전에 불로 죄를 정화하는 곳이 연옥입니다.
여기서 살아있을 때 지었던 죄의 크기만큼 머물며 고통받은 뒤 천국으로
가는 것이죠. 한마디로 천국과 지옥의 중간 단계라고 할 수 있습니다.

그런데 레오 10세가 발행한 면벌부를 사면 돈을 낸 만큼 연옥에 있는 시

단테와 천국, 지옥, 그리고 연옥

간을 줄여준다는 것입니다. 이때의 면벌부는 연옥 프리패스 같은 역할을 했습니다. 다만 면벌부를 샀다고 해서 모두 같은 시간을 감형받는 것은 아닙니다. 죄목에 따라 면벌부의 가격이 달랐습니다. 예를 들어 근친상간이나 낙태 같은 죄는 금화 5냥, 수도사가 처녀를 범한 죄는 금화 6냥, 성직자가 첩을 거느렸을 때는 금화 7냥 등 죄의 기준에 따라 내야 할 금액에 차이가 있었죠. 여기에 감형 기간도 3개월에서 평생까지 고를 수 있도록 만들었습니다. 물론 기간이 길수록 가격도 높았습니다.

이때 면벌부 판매가 교황령과 이탈리아 도시국가를 넘어 독일에까지 확대되는 사건이 일어났습니다. 대주교 자리를 노리던 독일의 알브레히트Al-brecht라는 성직자가 교황에게 일임받아 독일에서도 본격적으로 면벌부를 판매하기 시작한 것입니다. 성직 매매로 부수입을 올리던 레오 10세는 더 많은 돈을 원했습니다. 그래서 독일의 성직자 알브레히트에게 더 큰 직책을 주는 조건으로 큰돈을 받고 성직을 팔았습니다. 레오 10세가 알브레히트 로부터 받은 돈은 지금 가치로 약 135억 원이라고 합니다.

하지만 당장 큰돈을 구할 수 없었던 알브레히트는 상업으로 큰돈을 번 푸거Fugger 가문에게서 돈을 빌려 부족한 금액을 충당했습니다. 그리고 교황으로부터 8년간 면벌부를 대신 판매할 수 있는 권한을 받았죠. 그는 면벌부 판매 수익의 절반은 푸거 가문에서 빌린 대출금을 갚고, 나머지 절반은 레오 10세에게 줬습니다. 이때 알브레히트는 면벌부를 팔고 싶은 교회를 따로 신청받아 각 교회 안에서 별도로 면벌부를 팔기도 했습니다. 이렇게 다단계를 거치면서 결국 전문적으로 면벌부를 판매하는 성직자까지 나타나기 시작했습니다.

그림은 수도사이자 면벌부 다단계 판매상이었던 요한 테첼Johann Tetzel 입니다. 그는 경력 10년의 면벌부 판매자로, 면벌부 다단계 판매에 뛰어난 재능을 보였습니다. 그는 특히 면벌부 대상을 죽은 사람에게까지 확대해 '대리 면벌부'를 판매하기도 했습니다. 죽은 일가친척을 위해 특별한 면벌부를 구입하면 그들을 연옥에서 꺼내 천국에 보내준다는 것이었죠. 그는 "헌금이 헌금함으로 들어가 '찰랑' 소리를 내는

요한 테첼

순간 죽은 자의 영혼이 연옥에서 천국으로 직행한다"라는 유명한 말을 남기기도 했습니다.

그뿐 아니라 "몇 푼이면 부모와 친척의 영혼을 구할 수 있는데 그 돈을 아껴 그들이 연옥 불꽃에서 고통받게 내버려둘 것인가?"라는 테첼의 말에 부자는 물론 가난한 사람조차 지갑을 열 수밖에 없었습니다. 이처럼 면벌부는 셀 수 없을 만큼 많이 팔렸습니다. 당시 면벌부의 인기가 치솟으며 없어서 못 팔 정도가 되자, 사람들은 면벌부를 두고 물물교환까지 했다고 합니다.

95개조 반박문으로 교황청의 타락을 고발하다

면벌부를 독일로까지 확대해 팔았음에도 레오 10세의 사치는 멈출 줄을 몰랐습니다. 교황과 교회는 권력을 이용해 신의 이름을 팔아 자신들의 배를 불리고 있었죠. 그때 말도 안 되는 면벌부와 교회의 타락을 두고만 볼 수 없었던 인물이 등장했습니다. 세계를 뒤흔든 종교개혁자 마르틴 루터Martin Luther입니다. 종교개혁의 아버지라 불리는 마르틴 루터는 돈으로 연옥을 통과하고 구원을 받을 수 있다고 주장하는 면벌부를 공개적으로 반대하며 교

마르틴 루터

회로부터 파문당했습니다.

　루터가 위험을 감수하고 면벌부를 비난한 데는 그의 과거 행적과 관련이 깊습니다. 1483년에 독일에서 태어난 루터는 갑작스러운 친구의 죽음을 계기로 수도사가 되기로 결심했습니다. 루터는 이때의 심정을 〈수도 서약에 관하여〉라는 글로 남겼습니다. 다음은 그 일부입니다.

> '내가 수도사가 된 것은 자유롭게 결정한 것도 아니고, 원해서도 아니었다. 갑자기 죽을지도 모른다는 공포와 고뇌에 휩싸여 어쩔 수 없이 서약하게 되었다.'

　당시 사람들은 죄를 용서받는 최선의 길은 수도사가 되는 것이라 믿었습니다. 수도원에 들어가는 행위를 죄악을 깨끗하게 없앨 제2의 세례라고 생각했죠. 종말과 심판의 날이 가까이 왔다고 생각한 루터는 자신의 영혼이 구원받을 것인지에 대해 걱정이 많았습니다. 그의 유일한 관심은 '어떻게 하나님의 진노에서 구원받을 수 있을까?'였습니다. 그는 수도사가 되는 것만이 영혼을 구원받을 유일한 길이라 생각했습니다. 그렇게 수도사가 된 그는 하루에 7번씩 기도하고 금욕생활을 하면서 신학 공부에 몰두했습니다. 자신의 영혼을 구원받을 해답을 찾기 위해 끊임없이 노력했죠. 루터는 이 과정을 통해 죄를 용서받는 것과 죽음에 대한 심판은 오직 신의 뜻에 달려있다는 깨달음을 얻었습니다.

　그런데 이 무렵 독일에서도 면벌부 판매가 본격적으로 이루어지고 있다는 소식을 듣게 된 것입니다. 오랫동안 죽음에 대한 심판과 회개, 그리고 구원 문제를 고민했던 루터에게 '돈으로 고통의 구간인 연옥을 건너갈 수 있

「95개조 반박문」

다라는 말은 그의 믿음을 건드렸습니다. 루터는 즉시 「95개조 반박문」을 작성해 독일에서 면벌부 판매를 주관하는 알브레히트에게 보냈습니다. 다음은 반박문의 주요 내용입니다.

> '교황은 자신의 권한이나 교회법에서 정한 규정에 의해 부과된 벌 말고는 어떤 벌도 면제하려고 해서도 안 될 뿐만 아니라, 그렇게 할 수도 없다.'
>
> '죄를 용서하는 교회법은 오직 살아있는 사람에게만 부과되는 것이며, 사망한 사람에게는 어떤 부담이든지 부과되어서는 안 된다.'
>
> '헌금 상자에 던져 넣은 돈이 짤랑 소리를 내자마자 영혼이 연옥

에서 벗어난다는 설교는 단지 인간이 지어낸 이야기일 따름이다.'

루터는 교황을 통한 회개가 아니라 직접 참회해야만 죄를 용서받을 수 있고, 이미 죽은 사람이 어디에 있는지 아는 사람은 아무도 없으며, 회개한 사람은 이미 죄가 사해진 사람들이라 선언했습니다. 레오 10세가 내세운 면벌부로는 결코 구원에 이르지 못한다는 점을 짚은 것입니다. 당시 유럽은 인쇄술이 막 시작되던 시기로, 루터는 반박문과 자신의 주장을 담은 책을 인쇄해 사람들에게 배포했습니다. 그리고 그동안 성직자들만 읽고 해석하는 특권을 가졌던《성경》을 독일어로 번역해 널리 퍼뜨렸습니다.

레오 10세에게도 반박문을 보낸 루터는 결국 파문당했습니다. 하지만 루터의 뜻에 동조하는 사람들이 늘어나면서 이 사건은 기독교의 분열을 일으켰습니다. 이제껏 면벌부 판매와 교회의 타락에 의구심을 가졌던 사람들이 루터의 인쇄물을 보며 교회와 교황의 잘못을 깨달은 것입니다. 유럽 사회를 뒤흔든 종교개혁이 시작된 것이죠.

그 결과 기독교는 교황의 권위를 인정하는 구교, 즉 로마 가톨릭교회와 교황의 지배에서 벗어난 신교인 오늘날의 개신교로 나뉘게 되었습니다. 종교개혁 이후 다시 원래의 기독교로 돌아가자는 신념을 담은 신교는 전 유럽으로 빠르게 확산됐습니다. 프랑스에서는 장 칼뱅Jean Calvin과 같은 신학자가 루터의 영향을 받아 종교개혁을 주장했죠. 이후 유럽의 여러 국가가 종교개혁을 받아들이고 로마 가톨릭교회와 분리했습니다.

물론 이들의 결정이 오롯이 종교적인 신념에서 비롯한 것은 아닙니다. 당시 유럽의 많은 제후와 국왕들은 자신의 권력을 강화하거나 경제적 이익을 얻기 위한 수단으로 종교개혁을 받아들이기도 했습니다. 이로 인해 유럽의 여러 국가에서는 신교와 구교 간에 '종교 전쟁'이 일어나기도 했죠. 결국 신교와 구교는 합의를 통해 종교 선택의 자유를 허락하기에 이르렀습니다. 루터로부터 시작된 개혁종교는 로마 가톨릭과 같은 뿌리를 가졌지만 다른 종교로 구별됐습니다. 이 신교는 독일, 네덜란드, 영국, 프랑스, 스웨덴, 그리고 나중에는 신대륙 아메리카를 거쳐 전 세계로 퍼져나갔습니다.

중세 말기에 교황들이 보여준 탐욕스럽고 세속적인 모습은 종교개혁에 불씨를 제공했습니다. 로마 가톨릭교회부터 다양한 이름의 개신교에 이르기까지, 오늘날 넓은 스펙트럼을 가진 기독교의 또 다른 역사는 이때 시작되었습니다. 종교개혁이라는 거대한 세계사적 사건이 일어나게 된 의미를 다시 한번 생각해 보기 바랍니다.

벌거벗은 스페인 내전

히틀러의 제2차 세계대전 리허설

이재학

● 2022년 2월 24일, 러시아가 우크라이나를 침공하면서 전쟁이 일어났습니다. 2024년 6월 현재까지 전쟁은 계속되고 있으며, 수많은 사람이 목숨과 삶의 터전을 잃었습니다. 멕시코 화가 로베르토 마르케스Roberto Márquez는 전쟁이 일어난 지 2개월이 지났을 무렵 우크라이나의 수도 키이우 인근의 파괴된 다리에 어느 그림을 남겼습니다. 전쟁의 폭격을 맞은 곳에 새겨진 이 그림이 주목받으면서 약 90년 전에 일어난 어느 전쟁의 비극이 다시금 회자되었습니다.

우크라이나 키이우에 그려진 그림은 20세기 최고의 천재 화가로 꼽히는 파블로 피카소Pablo Picasso의 작품 〈게르니카〉를 모티브로 합니다. 피카소는 무차별 폭격을 받은 도시에서 죽은 아이를 부여잡고 절규하는 어머니, 건물에 깔려 고통 속에 비명을 지르는 남자 등을 그려 전쟁의 참상을 표현했습니다. 그가 〈게르니카〉에 녹여낸 처절한 전쟁은 민간인 학살로 세계사에 엄청난 충격을 남긴 '스페인 내전'입니다. 1936년부터 약 3년간 벌어진 이 전쟁으로 최소 수십만 명 이상이 목숨을 잃었습니다.

짧은 기간 동안 이토록 많은 사람이 희생된 것은 당시 유럽을 공포로 몰

키이우에 남겨진 로베르토 마르케스의 그림

피카소의 〈게르니카〉

아녕은 세 명의 독재자들 때문입니다. 독일의 아돌프 히틀러Adolf Hitler, 이
탈리아의 베니토 무솔리니Benito Mussolini, 소련의 이오시프 스탈린Iosif Sta-
lin은 스페인 내전에 깊숙이 개입하며 전쟁의 참화를 더욱 키웠습니다. 스페
인 내전이 끝난 뒤 이들은 제2차 세계대전을 주도했습니다. 지금부터 독재
자 3인이 제2차 세계대전의 최종 리허설로 여긴 스페인 내전에 관해 이야기
하려 합니다. 짧지만 너무도 큰 고통과 상처를 남긴 스페인 내전에 얽힌 참
혹한 진실을 벌거벗겨 보겠습니다.

독일 히틀러

이탈리아 무솔리니

소련 스탈린

세계를 호령하던 스페인 제국의 몰락

스페인 내전은 스페인 제국의 몰락과 깊은 관련이 있습니다. 16세기 스페인 제국은 대항해 시대를 주도하며 황금기를 맞이했습니다. 세계에서 가장 강력한 국가이자 로마 제국 이후로 가장 넓은 해외 영토를 가진 대제국이었죠. 지도에서 보듯이 18세기에는 지금의 미국 영토와 라틴 아메리카 대부분이 스페인 제국의 영향력 아래 있었습니다. 이렇게 세계를 호령하던 스페인 제국은 200년 후 대부분의 식민지를 잃고 제국의 지위마저 내려놓았습니다. 식민지의 독립을 막지 못하고 미국과 영국, 프랑스 등 강대국에도 땅을 빼앗겼기 때문입니다. 가까이 있는 아프리카의 모로코 북부, 서사하라, 적도 기니 지역 등 일부만 겨우 유지하는 상황이었죠.

스페인은 귀족과 가톨릭교회, 군부 엘리트 등 기득권이 땅과 부를 독점하면서 무너져내렸습니다. 국민 대다수는 오랫동안 심각한 가난과 굶주림에 시달렸고, 견디다 못한 수십만 명이 살기 위해 스페인을 탈출했죠. 여기에 무능한 왕이 줄줄이 왕위에 오르면서 나라 안팎의 문제를 시의적절하게 대처하지 못했습니다. 그러던 중 1886년에 스

18세기 스페인 제국의 광대한 영토

20세기 초 스페인 영토

페인을 몰락으로 이끈 왕, 알폰소 13세Alfonso XIII가 등장했습니다.

그가 집권하는 동안 최악의 악재가 연달아 제국을 덮쳤습니다. 유럽을 초토화한 제1차 세계대전과 스페인 독감, 그리고 세계 경제를 뒤흔든 대공황까지 발생한 것입니다. 하지만 알폰소 13세에게는 이 위기를 극복할 능력이 없었습니다. 결국 정치는 극도로 불안정해졌고, 경제는 파탄 지경에 이르렀습니다. 이런 상황에서도 알폰소 13세는 취미 활동에 열중했습니다. 그는 특히 축구를 사랑했습니다. 마드리드 FC가 스페인 국왕컵 대회에서 4연패를 달성하자 왕립(Real)이라는 칭호를 내렸고, 지금의 '레알 마드리드'가 되었습니다. 이때부터 레알 마드리드 로고에는 왕관이 새겨졌습니다. 알폰소 13세는 영화에도 관심이 많았습니다. 문제는 그 장르가 포르노였다는 것이죠. 그는 유럽에서 스페인 최초의 포르노 영화 제작에 참여한 왕으로 알려져 있으며, 영화의 필름이 지금까지도 남아있다고 합니다.

먹고 살기도 힘든데 딴짓만 하며 나라를 돌보지 않는 왕에게 국민은 불만이 많았습니다. 이때 국민이 알폰소 13세에게 완전히 등을 돌리는 결정적 사건이 일어났습니다. 1923년에 프리모 데 리베라Primo de Rivera 장군이 쿠데타를 일으켜 의회와 정부를 해산하고 헌법을 폐지한 뒤, 왕에게 권력을 넘기라고 요구한 것입니다. 놀랍게도 알폰소 13세는 상황을 바로잡기는 커녕 독재를 인정해 버렸습니다. 이후 몇 년이나 군부 독재가 계속되면서 국민의 분노는 극에 달했습니다. 결국 대학생과 지식인, 노동자를 중심으로 왕정 타파를 외치는 대규모 시위가 일어났습니다. 그 결과 스페인은 왕의 존재를 없애고 국민이 나라를 다스리는 공화국으로 탈바꿈했습니다.

하지만 스페인의 본격적인 혼란과 갈등은 이제부터 시작되었습니다. 지난 수백 년간 귀족과 가톨릭교회, 군부 세력이 장악한 땅을 개혁해야 한다는 주장이 나온 것입니다. 그러면서 스페인은 좌파와 우파 진영으로 갈라졌습니다. 좌파는 토지 개혁으로 모두가 땅을 평등하게 나누자는 노동자와 농민, 상인, 지식인이 중심이 됐습니다. 우파는 기득권이었던 대지주와 가톨릭교회, 군부 세력이 똘똘 뭉쳐 가진 것을 지키려 했습니다.

좌파와 우파는 18세기 프랑스 혁명 때 만들어진 개념입니다. 프랑스 혁명 이후 의회가 소집됐는데 의장석을 기준으로 오른쪽에 귀족을 비롯한 기득권인 보수파가 앉으면서 우파라고 불렸고, 왼쪽에는 프랑스를 새롭게 개혁하려던 진보파가 앉으면서 좌파라고 불렸습니다. 이 의미가 현대까지 내려오면서 보수파는 우파, 진보파는 좌파로 칭하게 된 것이죠.

공화국이 된 스페인은 1931년 4월에 좌파가 첫 정권을 잡았습니다. 이들은 스페인 헌법 제1조 1항을 '스페인은 노동자의 공화국'이라고 정하고 각종 개혁을 추진했습니다. 하지만 이내 기득권 세력인 우파의 반발에 크게 부딪혔고, 2년 뒤에는 우파가 정권을 잡게 되었습니다. 이후 치열한 세력 다툼 끝에 1936년에 좌파가 또다시 정권을 잡았습니다. 이때 좌파 정권의 핵심 세력으로 떠오른 마누엘 아사냐Manuel Azaña가 대통령이 되었습니다. 문제는 우파 세력이 여전히 강력했다는 것입니다. 아사냐 대통령은 정권을 안정시키기 위해 가장 먼저 위험하다고 소문난 우파의 장군들을 지방으로 보냈습니다. 혹시라도 이들이 쿠데타를 일으킬까 봐 걱정한 것이죠.

스페인 내전에 신무기를 대량 지원한 히틀러

이 무렵 아슬아슬하게 이어오던 스페인의 정치가 한순간에 완전히 무너지는 사건이 터졌습니다. 수도 마드리드에서 우파를 이끌던 정치인 호세 칼보 소텔로José Calvo Sotelo가 암살당한 것입니다. 이 사건은 지방으로 쫓겨난 우파 장군들이 그동안 참았던 불만을 터뜨릴 좋은 구실이 되었습니다. 암살 사건을 계기로 우파들은 결집을 다짐했고, 얼마 후인 1936년 7월 17일에 전국에서 군사 쿠데타가 일어나며, 스페인 현대사의 가장 큰 비극인 스페인 내전의 서막이 올랐습니다.

쿠데타에는 스페인 군대 역사상 전례를 찾을 수 없을 만큼 초고속 승진을 거듭한 프란시스코 프랑코Francisco Franco 장군도 가담했습니다. 그는 24세의 젊은 나이에 스페인 육군 최연소 대위에 올랐고, 식민지였던 모로코 북부 지역의 독립운동을 진압하는 데 큰 공을 세워 국민 영웅이 되었습니다. 이후 공로를 인정받아 32세에 모로코 주둔 사령관에 올랐죠. 그런데 좌파가 정권을 잡으면서 아프리카의 카나리아 제도로 쫓겨났습니다. 그러다가 쿠데타가 일어나자 우파, 즉 반란 세력에 핵심 인물로 합류한 것입니다.

프랑코는 스페인의 히틀러와 같습니다. 독일인이 히틀러를 싫어하듯, 스페인 사람들도 프랑코를 싫어하죠. 그는 수많은 사람을 학살해서라도 임무를 달성하는 잔혹한 사람이었습니다. 어느 광산에서 파업이 일어나자 수천 명을 죽여 파업을 진압한 일화는 너무도 유명합니다. 사람들은 평소 속내를 드러내지 않는 프랑코를 두려워했다고 합니다.

프랑코 장군의 성격을 짐작할 수 있는 이야기

프란시스코 프랑코

가 있습니다. 그가 모로코의 군대를 지휘했을 때 군대에 보급된 식료품의 상태가 좋지 않은 적이 있었습니다. 병사들의 불만이 터져 나왔고 화가 난 한 병사는 프랑코의 얼굴에 배급받은 음식을 던져버리기까지 했습니다. 그러자 프랑코는 식단을 관리하는 장교를 불러서 "즉시 식사의 질을 개선하라"라는 명령을 내렸습니다. 그다음에는 자기에게 식판을 던진 병사를 끌고 나가 즉각 총살했습니다. 그는 어떤 이유에서든 자신에게 조금이라도 대드는 부하를 용서하지 않았습니다. 이런 잔인하고 냉혹한 성격은 그가 반란 세력을 이끄는 동안 어김없이 드러났고, 스페인 내전을 비극으로 이끈 원인이 되었습니다.

쿠데타를 일으킨 반란 세력의 목표는 스페인의 군대를 동원해 빠르게 주요 도시를 장악하고 정권을 탈취하는 것이었습니다. 이를 성공시키려면 모로코에 있는 반란 세력의 주력 부대를 스페인 본토로 데려와야 했습니다. 먼저 해군 전함으로 모로코에 있는 군대를 옮기려 했으나, 스페인 해군이 쿠데타에 협조하지 않아 전함을 확보하지 못했습니다. 그러는 사이 주력 부대는 아프리카에서 오도 가도 못하는 상황이 되었습니다. 그런데 며칠 뒤 모로코에 있던 군대가 바다 건너 스페인의 세비야에 나타났습니다. 곤란한 상황에 놓인 프랑코가 누군가에게 도움을 요청해 문제를 해결한 것입니다. 그 인물은 독일 나치당의 수장인 히틀러였습니다. 프랑코는 히틀러에게 편지를 써서 도움을 요청했습니다.

'각하! 선량한 스페인 사람들은 스페인과 유럽을 위해 이 위대한 투쟁을 시작하기로 굳게 결심했습니다. (중략) 이 군대의 최고 책임자로서, 저는 당신에게 항공 수송 수단을 제공해 주실 것을 요

스페인과 모로코

청합니다. 수송기 10대, 대공포 20대, 전투기 6대, 탄약이 넉넉하게 든 기관총과 소총은 최대한 많이 주십시오. 또한 500kg 정도의 다양한 유형의 공중 폭탄도 필요합니다.'

편지를 읽은 히틀러는 곧장 자신의 오른팔인 헤르만 괴링Hermann Göring과 독일의 장군들을 불러 모아 프랑코의 요청을 들어주라고 지시했습니다. 얼마 후 히틀러가 보낸 독일 수송기가 모로코로 향했고, 북부에 있던 약 1만 3,000여 명의 반란 세력의 주력 부대를 스페인 본토로 실어 날랐습니다. 아직 항공기가 발달하지 않은 시대였기에 히틀러가 최초로 스페인에서 대규모 항공 수송 작전을 성공시킨 이 사건은 전쟁사에 길이 남았습니다.

히틀러는 독일의 항공기 제조사인 융커스에서 1930년에 개발한 신형 수송기 '융커스 52'를 보냈습니다. 몸통이 크고 내부 공간이 넉넉해 많은 병사를 태울 수 있었죠. 한 대당 약 1.5톤의 폭탄을 한 번에 실을 수 있어 폭격기로도 사용했습니다. 훗날 히틀러가 융커스 52로 폴란드에 폭격을 가하면서 제2차 세계대전의 시작을 알리는 비행기로 기록되었습니다. 히틀러는 프랑코의 요청대로 독일 공군의 최신형 전투기였던 '하인켈 51'도 보냈습니다. 히틀러가 집권한 후인 1934년에 독일 공군에서 최초로 대량 생산한 전투기로, 스페인 내전에서 처음 등장했죠. 히틀러는 스페인 내전 기간에 전투기 약 730대, 탱크 200대, 그리고 수십만 정의 총과 훈련된 장교와 병사 1만 6,000여 명을 지원했습니다. 이를 돈으로 환산하면 당시 금액으로 약 2억 달러 정도이며, 오늘날 화폐 가치로는 5조 원에 가깝다고 합니다.

히틀러는 대체 무슨 꿍꿍이로 프랑코에게 엄청난 지원을 한 것일까요? 제1차 세계대전에서 패배한 독일은 모든 무장을 강제로 해제당한 상황이었습니다. 군수품 공장을 폐쇄해야 했고 전차와 군용기, 잠수함을 보유하는 것조차 금지당했죠. 또한 막대한 배상금으로 초인플레이션까지 발생했습니다. 이런 상황에서 1933년에 독일의 총리가 된 히틀러는 이 조치가 독일 민족을 노예로 전락시켰다면서 독일을 다시 위대하게 만들겠다는 야망을 불태웠습니다. 그리고 다음 전쟁에서는 반드시 전 세계를 상대로 승리를

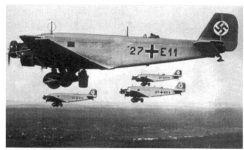

히틀러가 보낸 수송기 융커스 52와 하인켈 51

거두겠다며 제2차 세계대전을 계획했습니다. 이를 위해 히틀러는 극비리에 독일의 과학자들을 모아서 비밀 연구소를 만들고, 신무기 개발에 총력을 기울였습니다. 하지만 영국과 프랑스의 눈치를 보면서 몰래 무기를 제작하다 보니 새로 만든 무기에 어떤 결함이 있는지, 무엇을 보완해야 하는지 파악하기가 어려웠습니다. 무기 성능 실험에 한계가 있었기 때문이죠. 이런 히틀러에게 프랑코가 지원을 요청한 것입니다. 결국 히틀러는 제2차 세계대전에 돌입하기 전 신무기를 실험할 장소로 스페인을 선택했습니다. 한마디로 프랑코를 이용해 스페인을 신무기 실험장으로 삼은 것입니다.

히틀러는 프랑코에게 무기와 병사를 지원하는 대신 반란 세력이 점령한 지역에서 생산되는 엄청난 양의 철과 각종 금속을 요구했습니다. 철은 무기 생산에 절대적으로 필요한 원료였기에, 히틀러는 군사 지원을 빌미로 프랑코와 협약을 맺어 스페인 광산 개발에 대한 권리를 획득했습니다. 전쟁을 준비 중이던 독일은 엄청난 양의 자원을 채굴해 가져갔습니다. 스페인 내전 기간에 광산에서 얻은 경제적 이익만 현재 가치로 수조 원이 넘었죠. 독일로서는 신무기를 실험하고 전쟁 준비에 필요한 원료까지 얻을 수 있었으니 결코 손해 보는 장사가 아니었습니다.

이 시기 히틀러가 구상한 무기 중에는 태양포라는 것이 있습니다. 우주에 띄운 거대한 금속판으로 태양 빛을 모아서 지구에 있는 도시를 완전히 불태워버리는 일종의 광선 무기였죠. 태양포를 처음 구상한 독일의 과학자는 학생들이 거울로 햇빛을 반사해 선생님에게 빛을 쏘며 장난하는 모습에서 아

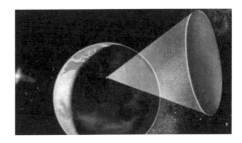

태양포 구상도

이디어를 얻었다고 합니다. 히틀러는 태양포 개발에 많은 예산을 투입했지만 당시 기술로는 구현할 수 없어 끝내 실패하고 말았습니다. 이때 히틀러가 완성을 기대했던 또 다른 신무기 중 하나가 핵입니다. 히틀러는 핵분열 현상이 발견된 직후 누구보다 먼저 핵무기 개발을 시작했습니다. '우란프로젝트'라 부른 이 연구에 천문학적인 자원을 투입했으나 개발은 실패로 돌아갔습니다. 이후 미국이 맨해튼 프로젝트로 먼저 최초의 핵무기를 완성했죠. 만약 히틀러가 먼저 핵무기를 개발했다면 역사는 최악의 방향으로 달라졌을 것입니다.

파시즘의 창시자 무솔리니의 막강한 지원

히틀러를 등에 업은 프랑코는 또 한 명의 강력한 후원자를 얻었습니다. 이탈리아의 독재자 무솔리니입니다. 당시 무솔리니는 '파시즘'을 창시해 국가 이념으로 채택했습니다. 파시즘이란 개인으로서의 정체성을 버리고 공동체의 구성원으로서 국가를 최우선에 두는 사상입니다. 나라를 위해서라면 국민은 희생해도 된다는 위험한 생각을 담고 있죠. 히틀러의 나치즘도 여기에서 비롯했으며, 스페인 내전을 일으킨 프랑코 역시 무솔리니의 파시즘을 지지했습니다. 히틀러와 무솔리니, 프랑코는 사상적으로 같은 편이었던 셈입니다.

무솔리니는 스페인의 지리적 이점도 눈여겨봤습니다. 스페인은 대서양과 지중해를 잇는 지리적 요충지입니다. 그러니 스페인 남부의 지브롤터 해협을 장악하면 대서양과 지중해의 연결고리를 얻을 수 있었죠. 무솔리니는 차후에 이탈리아가 제2차 세계대전에 참가하면 스페인의 지리적 이점이 군사 전략을 수행하거나 물자를 수송할 때 도움이 될 거라고 판단했습니다. 이 같은 계산이 서자 이탈리아 영사관을 통해 도움을 요청한 스페인의 반란 세력을 두 팔 벌려 환영하며 군사원조를 결정한 것입니다.

그는 무려 7만 5,000여 명에 달하는 대규모 병사를 파견했습니다. 여기에 항공기 660대와 탱크 150대, 1만여 정의 기관총과 8,000여 대의 자동차도 지원했죠. 돈으로 계산하면 히틀러가 보낸 군사 지원의 두 배 정도로 추산됩니다. 결국 좌파인 공화 세력을 밀어내려고 시작한 스페인 내전은 프랑코 장군의 지원 요청으로 히틀러와 무솔리니가 참전하며 판도가 완전히 달라졌습니다. 스페인이 제2차 세계대전의 최종 리허설을 벌이는 격전지로 떠오른 것입니다.

막강한 지원을 받아 거칠 것이 없어진 반란 세력은 무기와 군대를 적극적으로 활용해 스페인의 도시들을 점령해 나갔습니다. 첫 번째 지도는 전쟁이 시작된 1936년 7월 중하순의 상황입니다. 정권을 잡은 좌파 공화 세력(푸른색)이 스페인 전체를 장악하고 있으며, 반란 세력(붉은색)의 장군들은 각 도시의 수비대를 이끌고 스페인 곳곳에서 봉기를 일으켰습니다. 이때만 해도 반란 세력이 크지는 않았습니다. 하지만 반란군이 공습을 시작한 지 2주가 지난 7월 말이 되자, 두 번째 지도처럼 급격한 반전을 이뤄냈습니다. 히틀러와 무솔리니의 도움으로 모로코를 건너온 반란 세력의 주력 부대가 가세하면서 스페인을 빠르게 점령한 것입니다. 9월 무렵의 세 번째 지도를 보면 반란 세력이 남과 북으로 이어지며 스페인의 절반가량을 차지한 모습을 확인할 수 있습니다. 내전이 시작된 지 2개월 만에 벌어진 일입니다. 반란 세력이 파죽지세로 뻗어간 것은 히틀러와 무솔리니의 항공기를 적극적

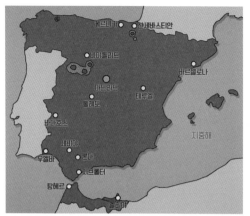

1936년 7월 중하순

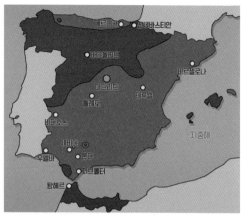

7월 말

으로 활용한 공격이 먹혀들었기
때문이었죠. 전투기로 도시를 폭격
하고, 군대를 수송하고, 물자까지
보급했던 것입니다.

반란 세력은 일부 산악지역에서
군대가 고립되자 파손되기 쉬운 보
급품을 안전하게 전달하기 위해 생
각지도 못한 무언가를 낙하산 대
용으로 사용했습니다. 186쪽의 그

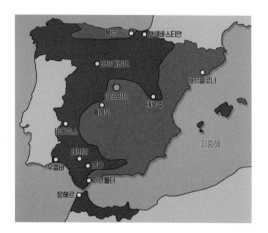

9월

림에서 보는 것처럼 조종사들은 살아있는 칠면조에 보급품을 묶은 다음
비행기에서 떨어뜨렸습니다. 칠면조가 땅으로 떨어지면서 본능적으로 날
개를 파닥거렸기 때문에 낙하산 역할을 한 것입니다. 게다가 칠면조는 날
지 못하는 새였기에, 떨어져서 죽으면 식량으로 이용할 수 있는 이점도 있
었죠.

전투기에서 떨어지는 칠면조 떼

　프랑코 장군의 주도하에 반란 세력이 승승장구할수록 스페인 내전은 일
반적인 전쟁과는 조금 다른 양상으로 전개됐습니다. 반란 세력이 장악한
지역마다 대대적인 학살이 벌어진 것입니다. 공화 세력인 좌파와 노동자들,
그리고 조금이라도 저항하는 민간인이 학살 대상이었습니다. 반란 세력은
점령한 지역을 집집마다 돌아다니며 약탈하고, 창문으로 수류탄을 던져서
폭파하기도 했습니다. 여성들을 강간한 뒤 살해하는 일도 비일비재했죠.
　내전이 시작된 1936년에만 세비야 지역에서 8,000명 이상이 목숨을 잃
었고, 바다호스주에서는 약 1만 2,000명이 학살당했습니다. 그중 1,200명
이상이 투우장에 갇혀서 떼죽음을 당했죠. 또 바야돌리드에서는 반란군
이 매일 10명씩을 처형해 900명이 넘는 사람이 총살되기도 했습니다. 매일
학살이 이루어지다 보니 주변에 구경꾼이 몰려들곤 했는데, 그들이 먹고

마실 수 있도록 처형장 주변에 커피와 추로스를 파는 노점이 생겨날 정도였죠. 세비야나 우엘바 등 몇몇 지역에서는 '고기 차'라고 부르는 특별 화물차가 있었는데, 이는 시신을 공동묘지로 실어 나르는 운구차였습니다. 테루엘이라는 지역에서는 마을 사람이 우물 근처에서 1,000발 이상의 총성을 들었고 엄청난 양의 시신을 우물에 던졌다고 합니다.

반란군은 시민들을 그냥 죽이지 않고 귀나 생식기 등 예민한 부위에 전기 충격을 가하거나, 임신한 여성이 진통 중일 때 끌어내 반란군의 승리를 기원하는 춤을 추게 하는 등 고문까지 했습니다. 스페인 내전 기간에 반란군이 학살한 인원은 약 13만 명으로 추산됩니다. 다음은 학살에 관한 프랑코 장군의 생각을 엿볼 수 있는 말입니다.

"스페인 남성 3분의 1을 절멸하고, 스페인에서 프롤레타리아(무산자 계급)를 뿌리 뽑기 위해 모든 적색분자를 죽이고! 죽이고! 또 죽이지 않으면 안 된다!"

프랑코와 반란 세력은 공산주의를 증오했습니다. 때문에 아무리 많은 희생이 따르더라도 자신들을 반대하는 공화 세력을 뿌리 뽑는 데 앞장섰습니다. 그들은 스스로가 일종의 성스러운 전쟁을 치르는 중이며, 이는 스페인을 강하게 만들기 위한 희생이라고 정당화했던 것입니다.

정부 대신 나선 노동자 의용군과 국제여단

스페인 국민이 학살당하는 동안에도 공화국 정부는 내전 초기부터 제대로 대처하지 못했습니다. 결국 노동자 조직이 반란 세력에 맞서기 위해 나섰습니다. 전국노동연합과 노동자총동맹을 중심으로 약 400만 명의 조합원이 모였고, 이들은 곧 전국 곳곳에서 의용군을 조직했습니다. 그런데 전투를 앞둔 이들은 예상치 못한 문제에 직면했습니다. 무장을 위해 공화국 정부의 무기고를 열어보니 너무 오래된 데다 그나마도 제대로 관리하지 않아 대부분의 총이 녹슬어 있었던 것입니다. 박격포와 수류탄은 오발이 많아서 던지는 게 위험할 정도였죠.

의용군은 하는 수 없이 임시변통으로 새로운 무기를 만들기로 했습니다. 사진은 통조림에 다이너마이트를 채워 넣어서 만든 사제 수류탄입니다. 의용군은 수류탄을 멀리 던지기 위해 새총을 사용했습니다. 안타깝게도 새총을 이용한 사제 수류탄 투척으로는 큰 효과를 기대할 수 없었습니다. 그럼에도 의용군을 비롯한 공화 세력은 얼마 안 되는 무기를 들고 히틀러의 신무기를 장착한 프랑코의 반란 세력에 맞서야 했습니다.

반란에 반대하는 시민까지 뜻을 모으며 공화 세력의 규모도 점점 커졌습니다. 게다가 필사적으로 싸웠기 때문에 일부 지역에서는 반란 세력을 몰아내기도 했죠. 그런데 이 과정에서 공화 세력 역시 끔찍한 학살을 벌였

사제 수류탄

새총으로 수류탄을 던지는 남성들

습니다. 나라를 혼란에 빠뜨린 프랑코와 반란 세력에 대한 분노가 공화 세력이 장악한 수도 마드리드를 비롯한 곳곳에서 무차별 살인으로 이어진 것입니다. 당시 신新카스티야 지역에서는 2,000여 명이, 톨레도에서는 열흘 사이에 400여 명이, 발렌시아와 알리칸테 지역에서는 4,700명이 넘는 반란 세력이 목숨을 잃었습니다. 이렇게 양측에서 상대 진영을 향해 대규모 학살을 일삼으면서 스페인 내전은 점점 더 큰 혼란에 빠졌습니다.

이런 가운데 든든한 지원군 덕분에 시간이 갈수록 전력이 강해진 프랑코의 반란 세력은 공화 세력을 강하게 밀어붙였습니다. 반면 공화 세력은 애초에 훈련받은 군인도 아닌 데다 무기마저 열악했기에 밀릴 수밖에 없었죠. 그렇다면 영국과 프랑스 등 유럽 국가들은 스페인 내전을 어떻게 바라봤을까요? 도움의 손길을 내밀기는커녕 오히려 스페인 내전에 대한 불간섭위원회를 조직해 내전에 개입하지 말자는 입장을 취했습니다. 내전에 많은 나라가 개입할수록 제2차 세계대전이 벌어질 수 있다고 생각한 것입니다.

그런데 9월이 되자 공화 세력에 예상치 못한 기적이 찾아왔습니다. 영국과 프랑스, 미국 등 전 세계 53개국에서 청년과 지식인들이 자발적으로 공화 세력을 돕겠다며 몰려들기 시작한 것입니다. 이들을 '국제여단'이라고 하는데, 그 숫자는 스페인 내전 기간을 통틀어 무려 3만 2,000명에 달했습니다. 자국의 전쟁도 아닌데 이들이 달려온 이유는 히틀러와 무솔리니가 스페인 내전에 개입한다는 소식이 전 세계로 퍼져나갔기 때문입니다. 사람들은 만약 공화 세력이 전쟁에서 지면 스페인도 파시즘 국가가 될지도 모른다는 위기감을 느꼈습니다. 그렇게 되면 유럽에 파시즘 세력이 퍼지고 전세계가 전쟁의 소용돌이에 휘말릴 수도 있었죠. 즉 스페인 내전이 제2차 세계대전으로 이어지는 단초가 되리라 판단한 것입니다.

이때 공화 세력의 편에 선 유명한 예술인들이 내전의 참상을 취재하기 위해 스페인을 찾았습니다. 대표적인 인물이 《노인과 바다》로 노벨문학상을 받은 미국의 세계적인 문학가 어니스트 헤밍웨이Ernest Hemingway입니다. 그는 종군기자로 스페인에 입국해 전 세계가 공화 세력을 지지해야 한다는 기사를 썼습니다. 그리고 미국인에게 스페인에서 일어나는 참상을 더욱 생생하게 알리려 다큐멘터리 영화를 제작하기도 했죠. 직접 전국을 다니며 전투를 촬영하고 시나리오와 내레이션까지 소화할 정도로 정성을 기울였습니다. 이렇게 만든 영화를 백악관에 가져가서 프랭클린 루스벨트Franklin Roosevelt 대통령에게 보여주며 미국이 스페인의 공화 세력을 도와야 한다고 압박했습니다. 철저히 공화 세력의 편에 서서 세계적인 여론전을 펼친 셈이죠.

헤밍웨이가 만든 다큐멘터리는 〈스페인의 대지〉라는 영화로 프랑코군의 폭격으로 도시가 파괴되고 사람들이 죽는 상황에서도 공화 세력이 끝까지 맞선다는 일종의 공화 세력 선전영화였습니다. 특히 농부들은 폭격 후에도 농사를 지어서 공화국 정부에 식량을 보내려고 애썼죠. 그의 소설 《누구를 위하여 종은 울리나》 역시 스페인 내전 참전 경험을 바탕으로 쓴 작품입니다. 소설의 제목에서 종은 죽음을 상징하는데, "저 종은 누구의 죽음을 알리는 것일까?" 또는 "대체 누구를 위하여 우리가 죽는 걸까?"로 해석할 수 있습니다. 소설은 내전에 참전한 어느 미국 청년이 반란군을 무찌르기 위해서 다리를 폭파하라는 지령을 받는 내용입니다. 그 다리는 스페인 론다에 있는 누에보 다리로 추정되기도 합니다. 왼쪽 벼랑과 오른쪽 벼랑을 잇는 거대한 높이가 인상적인 누에보 다리의 모습과 소설 속 묘사가 맞아떨어지기 때문이죠. 게다가 헤밍웨이는 실제로 론다에서 소설을 집필했다고

론다의 누에보 다리

도 합니다.

　헤밍웨이 외에도 소설 《1984》, 《동물농장》을 쓴 영국 작가 조지 오웰 George Orwell도 스페인으로 향했습니다. 스페인 내전을 취재하러 왔던 그는 아예 공화 세력의 의용군으로 자원입대를 해서 직접 반란 세력군과 싸우기까지 했죠. 이후 그 경험을 《카탈로니아 찬가》라는 작품에 생생히 남겼습니다. 그리고 지금까지도 전 세계적으로 큰 사랑을 받는 《어린 왕자》를 쓴 프랑스 작가 생텍쥐페리Saint Exupery도 이 무렵 스페인에 입국했습니다. 파리의 일간지 특파원으로 내전을 취재하러 온 그는 왜 같은 나라 사람들끼리 이토록 끔찍한 전쟁을 치러야 하느냐는 근본적인 의문을 가졌습니다.

　마지막으로 스페인 내전의 참상을 세계적으로 알리는 데 결정적인 역할

로버트 카파의 〈쓰러지는 병사〉

을 한 작가가 있습니다. 종군기자인 로버트 카파Robert Capa입니다. 그가 1936년에 찍은 〈쓰러지는 병사〉라는 작품은 총을 든 공화 세력의 병사가 총탄에 머리를 맞고 쓰러지는 순간을 포착했습니다. 다만 이 사진이 실제 상황이 아닌 연출이라는 주장이 제기되면서 논란이 일기도 했죠. 그럼에도 전쟁 사진 중 가장 유명한 작품 중 하나라는 사실에는 변함이 없습니다.

소련의 독재자 스탈린, 히틀러와 무솔리니에 맞서다

많은 예술인이 공화 세력을 위해 나섰으나, 펜이나 카메라로 전쟁을 치를 수는 없었습니다. 게다가 히틀러와 무솔리니의 막강한 지원을 생각하면 이들의 전력은 한참 부족했습니다. 그런데 때마침 국제여단이 형성된 시기에 공화 세력에 손을 내민 강력한 후원자가 나타났습니다. 소련의 독재자 스탈린이었죠. 당시 스탈린은 유럽에서 히틀러, 무솔리니와 대립 관계였습니다. 그는 만약 프랑코의 반란 세력이 내전에서 승리해 스페인이 파시즘 국가가 되면 이탈리아와 독일에 이어 스페인까지 똘똘 뭉쳐서 소련을 공격할 거로 생각했습니다. 몇 개월간 소극적으로 관망하던 스탈린은 쿠데타가 일어난 지 3개월 만에 스페인 내전에 개입하기로 했습니다.

스탈린의 참전과 함께 공화 세력과 반란 세력의 구도도 변했습니다. 우선 쿠데타를 일으킨 반란 세력에는 프랑코 장군을 필두로 독일의 히틀러와 이탈리아의 무솔리니, 그리고 당시 독재 국가였던 포르투갈과 루마니아가 합류했습니다. 여기에 맞선 공화 세력은 스페인의 아사냐Azaña 대통령을 중심으로 소련의 스탈린과 국제여단이 힘을 보태며 팽팽한 구도를 형성했고, 멀리 멕시코에서도 무기를 지원했습니다. 이렇듯 복잡하게 편이 나뉜 것은 앞서 설명한 것처럼 두 진영이 이념적으로 너무 달랐기 때문입니다. 반란 세력은 우파가, 공화 세력은 좌파가 주도했는데 서로의 존재를 인정하

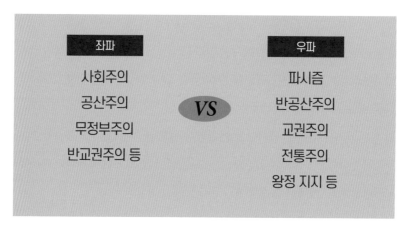

좌파		우파
사회주의		파시즘
공산주의	*VS*	반공산주의
무정부주의		교권주의
반교권주의 등		전통주의
		왕정 지지 등

좌파와 우파의 이념 갈등

지 못하는 여러 사상과 세력이 양측 진영을 중심으로 모여든 것이죠.

쉽게 정리하면 좌파가 주도한 공화 세력은 사회주의와 공산주의, 그리고 무정부주의가 중심이 됐습니다. 이들은 대체로 노동자를 중심으로 새로운 사회를 만들어야 한다고 주장했죠. 반면 우파가 중심이 된 반란 세력 아래로는 기득권을 지키려는 세력이 모여들었습니다. 특히 파시즘은 국가를 최우선으로 여겼는데, 그러다 보니 노동자 개개인의 권리나 혁명을 인정하지 않았습니다. 그런 점에서 공산주의와 상극을 이뤘죠. 이 같은 이유로 학자들은 스페인 내전을 두고 "20세기에 등장한 모든 이념의 격전장이다!"라고 평가합니다. 좌파와 우파 진영 아래 각각의 사상과 세력이 결집하면서 스페인 내전을 더욱 극한의 대립으로 몰아갔기 때문이죠.

스탈린은 이 내전에서 승리하기 위해 300대 이상의 탱크와 600대 이상의 비행기, 그리고 700여 명의 파일럿과 1,000문 이상의 대포를 보내며 지원을 아끼지 않았습니다. 여기서 주목할 것은 전차로, 히틀러에게 최신형 전투기가 있다면 소련에는 최신형 전차가 있었습니다. 사진은 스탈린이

1932년에 개발한 전차 BT-5입 니다. 이 전차는 당시 독일의 전차들을 압도할 만큼 뛰어난 위력을 보였습니다. 빠른 속도 에 45mm 포까지 갖춰 적들을 사살했죠. 스탈린이 스탈린에 BT-5를 보낸 이유는 히틀러와

스탈린의 신식 전차 BT-5

마찬가지로 이제 막 개발한 전차의 성능을 시험해 보고 싶어서였습니다. 소련 역시 철저히 주판알을 튀기며 스페인 내전에 개입한 것이었죠. 실제 로 스탈린은 끊임없이 업그레이드한 최신식 전차를 스페인에 대거 투입했 습니다.

스탈린은 전쟁 경험이 부족한 공화 세력의 국제여단과 노동자를 훈련하 기 위해 '군사 고문관'까지 투입했습니다. 전쟁을 치르려면 계급과 지휘체계 를 갖춰야 하는데 공화 세력은 준비가 부족했습니다. 스탈린이 파견한 군 사 고문관은 소련식으로 병력을 재조직하며 공화 세력군의 체계를 갖춰나 갔습니다.

공화 세력으로서는 스탈린의 지원이 큰 힘이 되었지만, 그가 공짜로 도 움을 준 것은 아닙니다. 당시 스페인은 세계적으로 손꼽히는 금 보유국이 었는데, 공화국 정부는 소련의 지원을 받는 대가로 은행에 보유한 약 700톤 의 금 중에서 500톤 정도를 넘겨주기로 했습니다. 이를 오늘날의 금 시세 로 환산하면 약 13조 원에 가까운 금액이니 스페인으로써는 엄청난 대가 를 치른 셈입니다.

이렇게 각자의 속셈과 계산 속에서 스페인 내전의 두 진영은 강력한 무

기와 군대를 갖추며 팽팽하게 맞서기 시작했습니다. 그림은 공화 세력과 반란 세력을 비유한 만평으로, 스페인 내전을 둘러싼 주요 인물들이 거대한 시소게임을 벌이고 있습니다. 왼쪽의 반란 세력에는 히틀러, 무솔리니, 프랑코가 있습니다. 오른쪽 공화 세력은 아사냐 대통령을 중심으로 스탈린이 한 편에 서 있죠. 그리고 공화 세력의 시소 아래에 매달려 있는 사람은 프랑스의 총리입니다. 당시 프랑스가 적극적으로 나서지는 않았으나 프랑스 내에서 국제여단을 모집하는 것을 눈감아 주면서 공화 세력 편에 암묵적으로 선 것을 의미합니다. 가운데 서 있는 인물은 당시 영국의 총리로 스페인

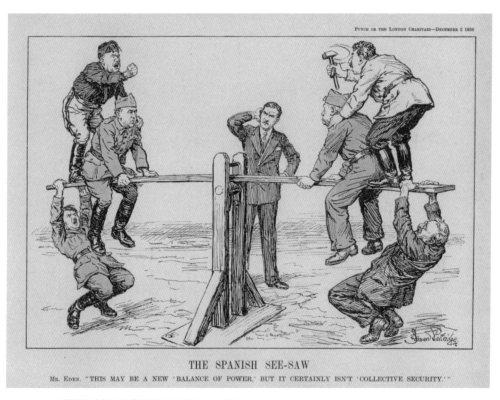

THE SPANISH SEE-SAW

Mr. Eden. "THIS MAY BE A NEW 'BALANCE OF POWER,' BUT IT CERTAINLY ISN'T 'COLLECTIVE SECURITY.'"

스페인에서 맞붙은 히틀러, 무솔리니 vs 스탈린

내전을 두고 '아, 이걸 어떻게 해야 하나' 하며 곤란해하는 모습입니다. 실제로 영국은 스페인 내전에 개입하지 않기로 하고 상황을 지켜보기만 했습니다. 영국의 개입으로 사태가 더욱 커질 수도 있음을 우려한 것이죠. 이때 미국은 공식적으로는 중립을 지켰으나 실제로는 두 세력과 모두 연락하면서 이득을 챙겼습니다. 공화 세력에는 전투기를 팔아먹고, 프랑코 쪽에는 미국의 기름을 팔아서 돈을 번 것입니다.

나치 공군의 전략 실험, 게르니카 폭격

양쪽 진영이 급속도로 전력을 키워가던 1936년 10월, 프랑코군은 히틀러와 무솔리니가 지원해준 수백 대의 전투기를 이끌고 공화 세력의 중심지인 수도 마드리드로 향했습니다. 프랑코는 "마드리드를 빼앗기느니 차라리 파괴하겠다"라고 선언하며 무차별 공중 폭격으로 총력전에 나섰습니다. 어느새 평화롭던 마드리드에 공습경보가 울렸고 전투기가 하늘을 뒤덮었습니다. 전투기에서 무차별적으로 떨어지는 폭탄으로 시민들의 거주 지역은 물론 병원과 학교까지 무너지면서 도시는 아수라장이 되었습니다. 어린이와 노약자 할 것 없이 무고한 시민이 목숨을 잃었습니다. 도시를 사수하던 공화 세력은 "절대 못 지나간다!(¡No pasarán!)"라는 구호를 외치며 마드리드를 사수했습니다. 반란군을 통과시키지 않겠다는 말로, 마드리드를 절대 빼앗기지 않겠다는 의지를 나타낸 것이었죠.

밤낮없이 이어지는 반란 세력의 공격에 지상에서는 의용군과 국제여단, 스탈린의 탱크가 맹렬히 맞섰고, 하늘에서는 히틀러와 무솔리니의 전투기

공화 세력이 마드리드 시내에 내건 현수막 '절대 못 지나간다!'

에 스탈린의 전투기로 대응했습니다. 한 치의 양보도 없는 전투는 갈수록 치열해졌고 마드리드를 중심으로 주변 도시에서까지 전투가 벌어졌습니다. 약 5개월이 지난 1937년 2월이 돼서야 두 진영 모두 탈진 상태에 빠지면서 전투가 중단됐습니다. 프랑코군은 끝내 수도 점령을 이루지 못하고 물러날 수밖에 없었죠.

그런데 마드리드 전투를 계기로 전쟁의 판도가 완전히 달라졌습니다. 양 진영이 서로의 힘이 만만치 않음을 확인하면서 내전이 더욱 잔인하고 처절한 장기전으로 흐르게 된 것입니다. 대결의 승패를 좌우하지도 마드리드를

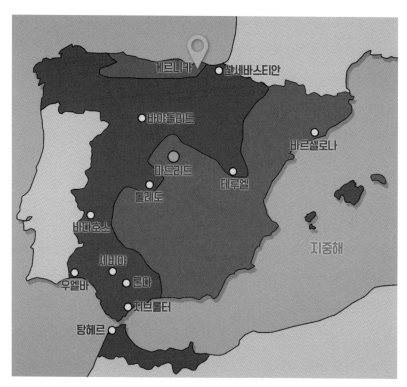

게르니카

손에 넣지도 못한 프랑코와 반란 세력은 재빨리 다른 도시로 눈을 돌렸습니다. 1936년 선거 때부터 내전 당시까지 줄곧 공화 세력을 지지한 스페인 북부 바스크 지방의 게르니카였죠. 프랑코로서는 이 한적한 시골 마을이 눈엣가시 같았습니다. 그는 이곳을 쓸어버리기로 하고 히틀러의 나치 최정예 공군인 '콘도르 군단'을 투입했습니다.

작은 시골 마을 점령에 히틀러의 최정예 군단까지 나선 이유는 무엇일까요? 이 작전의 진짜 목적이 '나치 공군의 전략 실험'이었기 때문입니다. 특히 게르니카에서는 '융단 폭격'을 실행할 예정이었죠. 융단 폭격은 불의 융단을 깔듯이 대규모 폭격을 퍼부어 한 지역을 완전히 초토화하는 전략을 뜻합니다. 당시까지만 해도 이런 전략을 활용한 적이 없었던 히틀러는 게르니카에서 직접 융단 폭격을 실험해 보고 싶었습니다. 아마도 융단 폭격으로 얼마나 많은 사람이 죽는지, 마을은 어떻게 무너지는지, 또 폭격당한 사람들은 어떤 움직임을 보이는지 확인하고 싶었던 것으로 추정됩니다. 게다가 잘 알려지지 않은 작은 마을을 공격함으로써 영국과 프랑스의 눈도 피할 수 있었죠.

사진은 히틀러의 융단 폭격 실험에 투입된 나치의 최신형 전투기 '하인켈 111'입니다. 1936년에 402km의 속도 비행에 성공한 세계에서 가장 빠른 전투기였죠. 훗날 압도적 기동성으로 제2차 세계대전에서 나치 공군의 주력 폭격기로 활동한 하인켈 111의 데뷔는 1937년의 스페인 게르니카였습니다. 이 외에도 당시 새로 개발한 '메서 슈미트' 전투기도 투입했습니다. 이 전투기는 보완할 부분이 많았는데, 실전에 투입해 개량하라는 히틀러의 명령으로 출격한 것입니다. 이렇게 스페인 내전에 투입한 전투기는 이때 얻은 데이터를 바탕으로 개량을 거쳤고, 제2차 세계대전에서 '살인 기계'라 불리

나치의 최신형 폭격기 하인켈 111

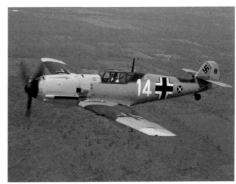
메서 슈미트 전투기

며 나치 최고의 전투기로 인정받았습니다. 런던 대공습에서 런던을 초토화한 것도 매서 슈미트입니다.

1937년 4월 26일, 히틀러의 나치 공군이 이끄는 전투기 수십 대가 게르니카로 향했습니다. 이때 실린 폭탄의 무게는 무려 30여 톤으로, 작은 마을에 이 정도 규모의 폭탄을 떨어뜨리는 것은 마을 사람을 모두 학살하겠다는 뜻과 같았습니다. 콘도르 군단의 최신형 전투기가 게르니카 상공에 도착한 시간은 오후 4시 30분경으로 하필 이날은 게르니카에 장이 들어서서 많은 농민이 소와 양을 이끌고 시내를 찾아왔다고 합니다. 게다가 전쟁을 피해 주변 지역에서 찾아온 피난민들까지 몰려 게르니카의 거리는 어느 때보다 북적이고 있었죠. 평범하고 평화로운 일상이 이어지던 게르니카 상공에 가장 먼저 등장한 것은 하인켈 111이었습니다.

마을 중심가에 폭탄을 떨어뜨린 하인켈 111이 금세 사라지자, 간혹 발생하는 공습이라고 생각한 마을 사람들은 방공호에 잠시 몸을 숨겼습니다. 얼마 후 부상자들을 옮기기 위해 사람들이 나왔고, 15분 뒤에 마을은 아수라장이 됐습니다. 대형을 갖춘 비행대대가 온갖 크기의 폭탄을 무차별 투하한 것입니다. 혼비백산한 사람들은 마을 주변의 들판으로 도망쳤습니다. 그러자 이를 지켜보던 전투기는 도망가는 사람들을 쫓아가서 기관총을 난사하고 수류탄을 떨어뜨렸습니다. 한 생존자는 당시 상황을 다음과 같이 증언했습니다.

"탈출을 시도하는 사람들은 전투기가 쏘는 기관총에 맞아 죽었습니다. 전투기들은 앞뒤로 왔다 갔다 하며 때로는 긴 줄로, 때로는 밀집된 대형을 유지했어요. 그 모습은 마치 새로운 기술을 연습하는 것 같았습니다."

하지만 프랑코와 손잡은 히틀러의 콘도르 군단은 여기서 멈추지 않았습니다. 얼마 후 세 개의 비행대대가 나타나 20분 간격으로 융단 폭격을 가한 것입니다. 콘도르 군단의 무자비한 융단 폭격은 2시간 30분 동안이나 계속됐습니다. 이때 떨어진 폭탄 중 하나가 '소이탄'으로, 2,500℃나 되는 고온의 화재를 일으켜 주변을 불바다로 만들고 사람의 뼈를 녹일 정도로 강력해서 악마의 무기로도 불렸습니다. 고성능 폭탄이 쏟아진 게르니카는 완전히 파괴되어 불길에 휩싸였습니다. 이 폭격으로 1,600여 명이 목숨을 잃고, 900여 명이 부상을 입었습니다. 프랑코로부터 시작된 콘도르 군단의 융단 폭격은 전투기 공격으로 민간인을 대학살해 승리를 거둔 '역사상 최초이자 최악의 폭격'으로 기록되고 있습니다.

당시 게르니카는 지옥 그 자체였습니다. 폭탄에 맞아 죽는 사람이 너무도 많았고, 건물이 무너지면서 가족이 모두 산채로 깔려 죽기도 했습니다. 겨우 살아남은 사람들은 화염 사이를 헤매면서 무너진 돌무더기를 미친 듯이 맨손으로 파헤쳤습니다. 죽은 가족과 친구를 찾으려 한 것이죠. 생존자들이 이날의 광경을 '지구 종말의 날'로 묘사할 만큼 끔찍한 광경이 펼쳐졌습니다. 당시 작전을 지휘한 독일 콘도르 군단의 사령관 리히트호펜Richthofeng은 전쟁일지에 '게르니카의 폭탄 구멍이 너무 멋지고 훌륭하다!', '신무기 연습은 완벽하게 성공했다!'라고 남겼습니다. 그는 훗날 엄청난 지탄을 받았습니다.

게르니카 폭격은 스페인 국민뿐 아니라 유럽인에게도 상상 이상의 공포를 일으켰습니다. 수십 대의 전투기와 폭탄만 있으면 2,000명에 가까운 사람들의 목숨이 단 몇 시간 만에 사라질 수 있음을 직접 목격한 것입니다. 다른 한편으로는 대학살에 대한 엄청난 분노가 들끓었습니다. 특히 프랑스에 체류하고 있던 스페인 출신의 화가 피카소는 조국에서 일어난 참담

폭격으로 그 자리에서 사망한 게르니카 사람들

한 소식에 경악했습니다. 그는 당시 파리에서 열릴 만국박람회에 출품할 그림을 그리고 있었는데, 게르니카 폭격 소식을 듣고 주제를 바꿔서 약 한 달만에 새로운 그림을 완성했습니다. 그 작품이 바로 피카소의 역작 〈게르니카〉입니다.

작품이 탄생한 이유를 듣고 다시 204쪽의 그림을 보면, 피 한 방울 등장하지 않지만 비명을 지르는 듯 기괴한 상징으로 전쟁의 온갖 비극을 드러내고 있음을 알 수 있습니다. 아이를 안고 울부짖는 여인, 건물 더미에 깔려 절규하는 남자, 산산조각이 난 채 부러진 칼을 쥔 병사의 손은 전쟁에서 희생된 사람들을 나타냅니다. 그뿐만 아니라 말과 소까지 희생당하는데 게르니카 지역이 가난한 농촌 마을이라는 사실을 생각한다면, 그들의 전 재산을 폭격으로 잃게 되었음을 의미한다고도 볼 수 있죠.

피카소의 〈게르니카〉

　피카소의 〈게르니카〉는 발표되자마자 큰 관심을 받았는데 추상적인 이미지들로 가득한 그림 속 상징들이 대체 무엇을 뜻하는지 궁금해하는 사람들이 많았습니다. 피카소는 〈게르니카〉를 두고 다양한 해석이 나오자 "소는 소고, 말은 말이다"라는 말을 남겼습니다. 이는 자신은 게르니카 폭격을 두고 그림을 그렸으나, 각자의 상황에 따라 다양하게 해석할 여지가 있음을 이야기한 것입니다. 한마디로 자기가 느끼는 대로 그림을 보라는 말이죠.

　다만 세부적인 해석을 떠나 〈게르니카〉가 전쟁의 참담함을 효과적으로 드러낸 그림인 것은 분명합니다. 참혹한 전쟁과 희생을 상징하는 그림으로 여겨지며, 전쟁을 반대하고 평화를 기리는 대표적인 작품으로 자리매김했죠. 지금도 세계의 평화와 안보를 담당하는 UN 안전보장이사회의 회의실 입구에는 피카소의 허락하에 만든 〈게르니카〉 태피스트리(실로 그림을 짜

넣은 직물)가 걸려있습니다. 다시는 전쟁으로 인한 무고한 희생을 반복하지 않도록 이 회의에 참석하는 이들 모두가 되새기자는 의미에서죠.

여담으로 피카소는 이 작품을 발표한 후 죽을 때까지 고향인 스페인에 돌아가지 못했습니다. 그는 죽을 때 "내 조국 스페인에 민주 정치가 부활하는 날에 〈게르니카〉를 스페인에 돌려줘라"라는 유언을 남겼습니다. 그리고 피카소가 눈감은 지 2년 뒤인 1975년에 〈게르니카〉는 비로소 스페인 마드리드로 돌아갔습니다.

게르니카 폭격 이후에도 반란 세력은 북부지방에 혹독한 공격을 쏟아부었고, 프랑코는 마침내 바스크 지역을 점령했습니다. 시간이 지날수록 반란 세력은 프랑코를 중심으로 똘똘 뭉쳐서 공세를 펼쳤으나 공화 세력은 노동자 의용군, 그리고 외부에서 온 무기와 군대에만 의존했습니다. 게다가 서로 다른 세력이 일시적으로 연합한 의용군은 아무리 숫자가 많고 전투 의지가 확고해도 좀처럼 의견을 통일하지 못했습니다. 당연히 작전을 펼치기도 힘들었죠. 결국 전쟁의 승기는 점차 반란 세력으로 기울었습니다.

공화 세력의 갈등을 부추긴 또 하나의 원인은 소련의 간섭이었습니다. 스탈린이 보낸 군사 고문관들은 공화 세력의 군대를 장악하고 자기 뜻에 따르는 이에게만 좋은 무기를 쥐여줬습니다. 소련의 명령에 따르지 않는 사람은 가차 없이 죽였죠. 스페인 정부를 마음대로 휘두르고 싶었던 소련의 본심이 스탈린의 군사 고문관을 통해 드러난 것입니다. 소련은 모두가 평등하니 혁명으로 이상적인 사회를 만들자며 공산주의를 주장했으나, 공산주의가 부패하면서 또 다른 독재를 일삼았습니다.

공화 세력을 돕기 위해 스페인 내전에 참전한 국제여단은 이 같은 소련의 행동을 보고 크게 실망했습니다. 조지 오웰은 스페인 내전에서 경험한 깨달음을 가지고 《동물농장》을 썼습니다. 인간으로부터 부조리함을 겪은 동물들이 자신들을 억압하던 인간을 몰아내며 동물 혁명을 일으키지만, 결국 혁명을 주도했던 돼지들이 부패하며 또다시 동물을 억압한다는 이야기를 담았죠. 여기서 돼지는 독재자 스탈린에 비유한 것입니다.

공화군 최후의 패배가 된 항공전, 에브로 전투

공화 세력이 분열되는 틈을 타 승기를 잡은 프랑코는 격렬한 공세를 이어나갔습니다. 그리고 공화 세력이 장악한 카탈루냐 지역만 점령하면 스페인 내전에서 승리할 수 있다고 판단했습니다. 당시 공화 세력의 지도자들은 수도 마드리드를 떠나 카탈루냐 지역인 바르셀로나로 옮겨간 상황이었습니다. 그러다 보니 바르셀로나는 공화 세력의 임시수도나 마찬가지였죠. 무엇보다 스페인 내에서 가장 노동자 조직이 강력했던 지역이 바르셀로나였기에 노동계급을 말살하겠다고 결심한 프랑코와는 절대 공존할 수 없는 지역이기도 합니다.

하지만 수세에 몰린 공화 세력도 카탈루냐 지역만큼은 절대로 양보할 수 없었습니다. 이들은 최후의 승전을 위해 도박에 가까운 전략을 세우고 마지막 남은 모든 전력을 투입했습니다. 양쪽으로 갈라진 자신들의 진영을 다시 이어보겠다는 구상이었죠. 지도에서 파란색으로 표시한 지역입니다.

1938년 7월 25일, 히틀러와 무솔리니를 뒷배로 한 프랑코의 반란 세력, 그리고 스탈린과 국제여단의 지원을 받는 공화 세력의 마지막 총공세가 시작됐습니다. 프랑코는 공화 세력의 공세를 막기 위해 초반부터 독일의 콘도

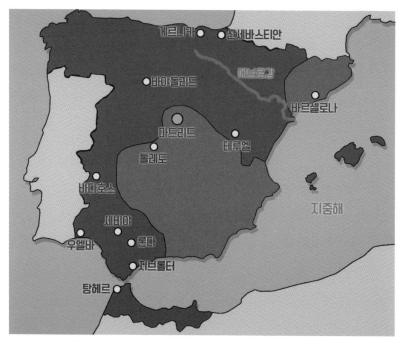

1938년 7월 초 전선

르 군단, 이탈리아의 비행 군단 등 막강한 전투력을 모조리 투입했습니다. 그 결과 스페인 내전을 통틀어 최대 규모의 공중전이 에브로강을 둘러싸고 벌어졌습니다. 히틀러는 이번에도 신무기를 시험할 기회를 놓치지 않았습니다. 이때 투입한 것은 '슈투카'라는 폭격기였죠. 슈투카는 높은 고도에서 비행 목표를 발견하면 곧바로 강하해서 최대한 근접한 후 폭탄을 투하할 수 있는 특별한 폭격기입니다. 급강하할 때 나는 금속성 소리 때문에 훗날 '악마의 사이렌'으로 불리며 악명을 떨치기도 했습니다.

이런 슈투카를 이용한 프랑코와 반란 세력의 작전은 집요했습니다. 공화 세력군이 강을 건너기 위해 다리를 놓으면 슈투카 폭격기가 조준 사격으로 무너뜨렸고, 다시 다리를 복구하면 다음 날 폭격으로 무너뜨리는 식이었죠.

공화 세력은 이런 기약 없는 전투를 113일이나 계속했고, 약 7만 5,000명의 병사가 목숨을 잃었습니다. 여기에 무기까지 떨어지면서 끝내 싸울 힘을 잃고 말았습니다. 결국 에브로강 전투는 신무기를 활용한 프랑코와 반란 세력의 승리로 끝났습니다.

이제 거칠 것이 없어진 프랑코는 여세를 몰아서 바르셀로나가 있는 카탈루냐 지역에 모든 전력을 집중했습니다. 그리고 얼마 뒤인 1939년 1월에 바르셀로나에 입성했습니다. 이때 바르셀로나에서는 프랑코와 그 지지자들에 의해 단 5일 만에 바르셀로나 시민 1만여 명이 학살당하는 끔찍한 일이 벌어졌습니다. 필사적으로 탈출한 피난민조차 무사하지 못했죠. 독일 콘도르 군단의 메서 슈미트 전투기가 도망치는 피난민들을 쫓아가서 폭격을 퍼부었기 때문입니다. 스페인 내전으로 인해 카탈루냐 사람들은 독립에 대한 의지를 더욱 강하게 키웠습니다.

상황이 이렇게 되자, 그간 스페인의 상황을 지켜보기만 하던 영국과 프랑스는 프랑코 정부를 정식으로 인정했습니다. 3월 말에 프랑코군이 마드리드에 입성했고, 4월 1일을 기점으로 스페인 내전은 공식적으로 끝났습니다. 그 후 프랑코의 독재는 무려 36년 동안 지속되었습니다.

프랑코가 정권을 장악하면서 엄청난 수의 피난민이 스페인을 탈출해 주변 나라로 떠났습니다. 스페인에 남아있으면 반대파로 몰려 학살당할 것이 두려웠기 때문이었죠. 내전 기간부터 이후까지 스페인을 빠져나간 사람들의 수는 약 30만 명으로 추산하는데, 여기에는 공화 세력의 정부 인사들과 아사냐 대통령도 포함됩니다. 스페인 내전이 끝난 후 유럽에는 커다란 공포와 불안이 찾아왔습니다. 프랑코가 다스리는 스페인은 파시즘 국가가 되었고, 히틀러와 무솔리니에 협력하는 강력한 세력이 등장하면서 세계대전에 대한 위기감이 크게 고조된 것입니다.

3년간 벌어진 스페인 내전은 스페인뿐 아니라 전 세계에 깊은 상흔을 남 겼습니다. 좌와 우로 나뉘어 싸우는 과정에서 최소 38만 명, 최대 73만 명 이상이 죽음을 맞으면서 마음속에 커다란 트라우마를 얻게 된 것입니다. 또한 스페인 내전을 통해 자신감을 얻은 히틀러와 무솔리니가 유럽의 정복 자가 되겠다는 야심으로 제2차 세계대전을 일으키며 유럽과 전 세계 질서 에도 악영향을 미쳤죠. 스페인 내전은 관용이 사라진 사회가 어떤 파국을 맞게 되는지를 단적으로 보여준 역사적 사건입니다. 《어린 왕자》를 쓴 생텍 쥐페리는 스페인 내전의 참상을 취재한 후에 "내전은 전쟁이 아니라 병"이 라는 말을 남겼습니다. 아무 소득 없이 양쪽으로 갈라져서 끝없이 서로를 파괴하는 암과 같은 질병으로 본 것이죠.

사실 세계사 속에서 인류를 괴롭혀온 수많은 갈등은 어떤 소득도 없이, 그저 죽음이 죽음을 낳고 증오가 증오를 낳으며 지속해 온 것들이 많습니 다. 만약 우리가 이런 갈등의 본질을 한걸음 떨어져서 더 깊이 있게 들여다 볼 수 있다면 어떨까요? 스페인 내전의 역사를 통해 지금 우리 사회의 모습 을 다시 한번 생각해 보기 바랍니다.

벌거벗은 쑹씨 세 자매

중국 현대사를 뒤흔든 이들의 정체는?

조영헌

● 지금부터 20세기 중국을 놀라게 한 세 여성의 이야기를 해보겠습니다. 이들의 파란만장한 인생은 중국 근현대사의 근간이 되는 커다란 흔적을 남겼습니다. 그 주인공은 아이링藹齡, 칭링庆齡, 메이링美齡입니다. 세 사람이 중국사에서 큰 주목을 받은 데는 매우 특별한 공통점이 있기 때문입니다.

사진 속 세 남성은 각각 아이링, 칭링, 메이링의 남편들입니다. 아이링의 남편은 공자孔子의 후손이자 중국에서 손꼽히는 부호였던 쿵샹시孔祥熙였고, 칭링은 중국의 국부로 추앙받는 혁명가 쑨원孫文의 부인이었죠. 메이링

아이링, 칭링, 메이링의 남편들

은 우리가 대만이라 부르는 중화민국의 총통이었던 권력자 장제스蔣介石와 결혼했습니다. 세 여인 모두 중국 현대사를 들었다 놨다 했던 남자들의 배우자였던 것입니다. 더욱 놀라운 점은 세 여인이 모두 한집안에서 태어난 친자매라는 사실입니다.

이들 세 자매는 제대로 된 교육은커녕 여성의 인권조차 거의 존재하지 않던 시대에 청나라 최초로 신식 교육을 받은 신여성이었습니다. 또한 당대 순종적인 여성의 역할을 거부하고 주체적으로 자신의 길을 선택하고 살아간, 그 시대에는 보기 드문 인물이었죠. 그래서 사람들은 이 걸출한 세 자매의 가문을 두고 '새로운 중국에 나타난 황실과 같다'라는 뜻으로 '쏭가 황조'라고 부르기도 합니다.

중국에서 쏭씨 집안 세 자매는 각기 다른 이미지를 가지고 있습니다. 쿵샹시와 결혼한 첫째 아이링은 돈을 사랑한 여인, 쑨원과 결혼한 둘째 칭링은 조국을 사랑한 여인, 장제스와 결혼한 셋째 메이링은 권력을 사랑한 여인으로 알려져 있죠. 평생 엄청난 부와 명예, 그리고 권력을 누린 쏭씨 세 자매가 대단한 이유는 시대에 굴복하지도, 체념하지도 않은 사람들이었기 때문입니다. 이들이 태어나고 자란 20세기 초에 중국 여성은 아버지가 정해준 남자와 결혼해 평생 남편 뜻을 따르며 살아야 했습니다. 그런데 세 자매는 '누구의 아내'로 불리는 것에 만족하지 않았습니다. 격동의 중국에서 자신이 무얼 해야 할지를 적극적으로 판단하고, 결심을 이루기 위해 행동에 나섰습니다. 특히 셋째 메이링은 미국의 루스벨트 대통령과 영국의 처칠Churchill 총리마저 감탄하고 인정할 정도였죠.

20세기 중국 역사의 중심에 있던 권력자들이 앞다퉈 부인으로 삼으려 했던 쏭씨 가문 세 자매의 결혼은 순조로웠을까요? 이들이 치른 사랑의 대가는 매우 혹독했습니다. 나이 차가 많은 유부남과의 사랑으로 가족에게 외면당하는가 하면, 목숨을 노리는 정적들의 공격으로 생명의 위협을 겪기도 했죠. 게다가 누구보다 끈끈했던 자매들의 관계는 결혼 후 남보다 못한 원수로 전락하기도 했습니다.

지금부터 청나라라는 거대한 제국이 무너지던 격변의 시대에 쑹씨 가문 세 자매의 삶과 결혼이 중국의 근현대사에 어떤 영향을 미쳤는지 살펴보려 합니다. 중국 현대사를 뒤흔든 거대한 물결 뒤에 숨어있는 세 자매의 흥미진진한 인생을 벌거벗겨 보겠습니다.

중국 여성 최초 미국 유학생이 된 세 자매

중국 근현대사 최고의 명문가로 꼽히는 쑹씨 가문을 일으킨 인물은 세 자매의 아버지 쑹자수宋嘉樹입니다. 그는 청나라 시기인 1863년에 하이난의 가난한 농부 집안에서 태어났습니다. 당시 국민의 대다수였던 농민은 거의 학교에 다니지 않는데, 쑹자수 역시 농사를 짓느라 읽고 쓰는 법조차 배우지 못했죠. 지독한 가난은 어린 쑹자수에게도 희생을 강요했습니다. 입양이라는 명분하에 친척에게 일꾼으로 보내진 것입니다. 그렇게 도착한 곳은 바다 건너 미국이었습니다. 이 사건은 그의 인생뿐 아니라 훗날 가문의 운명을 완전히 뒤바꿔놓았습니다.

미국에서 기독교 신자가 된 쑹자수는 교회의 도움으로 밴더빌트 대학교에서 교육을 받았습니다. 이때 그는 한 가지 열망에 휩싸였는데, 조국인 중국을 더 나은 나라로 바꾸고 싶다는 것이었죠. 22세가 된 1885년에 중국으

쑹자수의 가족사진(1917년)

로 돌아온 쑹자수는 상하이에 자리 잡고 가족을 꾸렸습니다. 사진에서 보
듯이 그는 3남 3녀의 다복한 가정을 이뤘습니다.

쑹자수는 가족을 보살피기 위해 각종 사업을 시작했습니다. 출판사를
설립하는가 하면, 제분기와 면직기도 수입했죠. 영어를 잘하고 사업 수완
이 뛰어났던 그는 금세 상하이에서 손꼽는 부자로 성장했습니다. 이때 쑹
자수는 자신이 번 돈의 상당 부분을 자녀들의 미국 유학에 썼습니다. 놀랍
게도 그는 딸들에게도 예외를 두지 않았습니다. 쑹자수는 여성도 고등교
육을 받으면 얼마든지 나라에 이바지하고, 큰일을 해낼 수 있다고 생각했

습니다. 이렇게 쑹씨 집안의 세 딸은 중국 여성으로서는 최초로 미국 유학생이 되었습니다.

사실 이 시기는 남자들도 공부하기 쉽지 않은 시절이었기에 딸을 공부시키는 것만으로도 대단한 일이었습니다. 그런데 쑹자수는 딸들을 외국으로 유학까지 보낸 것입니다. 1900년대 초 중국에서 여자가 외국으로 공부하러 가는 것은 상상조차 어려운 일이었습니다. "여자는 재능이 없는 것이 덕목이다"라는 말이 있을 정도로 여성의 교육에는 제약이 많았고, 글을 읽을 줄 아는 여성은 매우 드물었습니다. 게다가 여자의 움직임을 제약하는 '전족'이라는 악습까지 남아있었죠. 발이 작은 여자일수록 미인으로 여기던 옛 중국에서는 다섯 살 무렵부터 어른이 될 때까지 발이 자라지 못하도록 꽁꽁 싸매곤 했습니다. 10cm 남짓까지만 성장한 아이들의 발은 부작용으로 발가락뼈가 부러지고 기형이 되어 잘 걷지도 못하는 경우가 많았습니다. 물론 세 자매는 전족을 하지 않았으나 이런 시대에 딸을 유학 보낸다는 것은 대단한 결정이었습니다.

세 자매가 유학을 떠난 곳은 미국 동부 조지아주에 있는 웨슬리언 여자 대학교로, 1836년에 개교해서 세계 최초로 여성에게 학위를 수여한 상징적인 대학이었습니다. 1904년, 첫째 아이링이 가장 먼저 미국 유학길에 올랐습니다. 아이링은 14세의 어린 나이에 부모님과 떨어져 홀로 머나먼 미국으로 향했습니다. 미국인들은 대학에서 유일한 중국인이었던 아이링을 낯설어했습니다. 이때 대학 총장은 "다른 여학생들이 억지로 아이링과

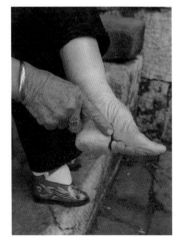

전족

어울릴 필요는 없다"라는 말을 하며 학생들을 달랬죠. 결국 내성적이었던 아이링은 사람들과 말을 섞지 않고, 친구도 사귀지 않으며 혼자 지냈다고 합니다.

아이링이 3년이라는 시간을 외롭게 보내고 1907년에 둘째 칭링과 셋째 메이링이 미국으로 왔습니다. 칭링은 14세, 메이링은 10세였죠. 칭링은 잠시 고등학교에 다녔고, 메이링은 1년간 개인교습을 받은 뒤 대학에 입학했습니다. 경제학을 전공한 칭링은 유독 정치에 관심이 많았습니다. 유학 생활을 하며 조국에 인생을 바치겠다는 뜨거운 열정을 키운 칭링은 기숙사에 청나라 국기를 걸어두기도 했습니다. 그녀는 격변하는 청나라 말기의 상황에 항상 눈과 귀를 열고 있었죠. 진보적인 성향이었던 칭링은 혁명에도 관심을 기울였습니다.

셋째 메이링은 쾌활하고 활동적인 학생이었습니다. 미국 친구들도 많고, 대학 생활에도 적극적이었죠. 그럴 수밖에 없었던 것이 어린 나이에 조기 유학을 떠나 영어가 매우 유창했습니다. 세 자매 가운데서도 학력이 가장 높았던 그녀는 학사로 영어영문학을 전공하고 철학으로 석사학위까지 땄습니다. 이렇게 쑹씨 가문의 세 자매는 미국 유학을 통해 영어를 모국어처럼 유창하게 구사하는 중국 최초의 글로벌한 신여성으로 성장했습니다.

중국 최초의 공화국, 중화민국의 성립

세 자매가 유학으로 꿈을 키워가던 이때, 중국에서는 거대한 변화의 바람이 불었습니다. 이 무렵 청나라는 서태후가 다스리던 시기로, 그녀의 엄청난 사치와 관리들의 부패로 굶어 죽는 사람이 늘고 백성의 삶은 나날이 피폐해졌습니다. 더는 참을 수 없었던 사람들은 낡고 부패한 청나라를 무너뜨리고 새로운 중국을 건설하자며 행동에 나섰습니다. 이게 바로 1911년 10월 10일에 시작된 '신해혁명'입니다. 우한에서 시작된 혁명의 물결은 대륙 곳곳으로 퍼져나갔고, 중국의 22개 성(省) 가운데 17개 성이 청나라로부터 독립을 선언했습니다.

대세를 장악한 혁명 세력은 12월 초에 난징을 점령하고, 이곳에 새롭게 '임시 혁명정부'를 수립했습니다. 그리고 지도자로 '중국의 국부'로 불리는 혁명가 쑨원을 내세웠습니다. 쑨원은 20대 청년 시절인 1890년대부터 혁명 조직을 만들어 청나라를 무너뜨리고 새로운 나라를 세우기 위한 혁명 활동을 주도해 온 인물이었습니다. 임시 혁명정부가 쑨원을 지도자로 인정하고 앞세운 데는 그가 주장한 혁명 이론에 공감했기 때문입니다.

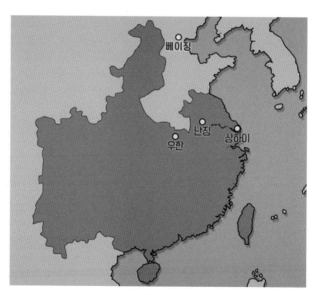

1911년 신해혁명 발생 지역

쑨원의 삼민주의

민족주의– 만주족이 세운 청나라 왕조를 타도하고, 한족의 국가를 회복한다.

민권주의– 민주국가를 수립하고 행정, 입법, 사법 등으로 구분된 정부를 만든다.

민생주의– 토지를 균등하게 분배하여 빈부 격차 없는 사회 혁명을 이룩한다.

2,000년이 넘는 기간을 황제가 다스려온 중국은 이 제도가 무너지면 각자의 세력을 구축한 중국의 여러 성이 내전을 벌여 나라가 쪼개지거나 또다른 혼란에 빠질 가능성이 컸습니다. 이런 상황에서 쑨원이 주장한 삼민주의는 혁명 후 중국이 나아갈 방향을 제시했습니다. 만주족이 세운 청나라 황실을 타도하고, 민주 국가를 만들어 빈부격차가 없는 사회를 세우겠다며 혁명 세력은 물론 백성들까지 하나로 뭉친 것입니다. 당시로서는 매우 체계적이고 선진적인 혁명 이론으로, 새로운 나라를 세우는 데 필수적인 비전을 제시했다고 볼 수 있습니다.

중국인이 지금까지도 쑨원을 중국을 만든 나라의 아버지, 즉 '국부'라고 부르는 주요한 이유 중 하나가 삼민주의입니다. 그는 민족의 영웅, 애국주의자, 중국 민주주의 혁명의 선구자로도 불리는, 중국인이 가장 존경하는 인물입니다. 사진은 혁명을 이끌 지도자로서 임시 혁명정부가 있는 난징에 도착한 쑨원의 모습으로, 가운데 자리하고 있습니다. 그가 도착하자 청나라로부터 독립을 선포한 17개 성의 대표가 쑨원에게 경의를 표하며 그를 임시 대총통으로 선출했습니다. 쑨원이 청나라 황제를 폐위하고 새로운 민주

임시 대총통으로 취임하기 위해 난징에 도착한 쑨원

공화국을 건설해 줄 거라 믿은 것이죠.

임시 대총통이 된 쑨원은 1912년 1월 1일에 새로운 나라의 이름을 선포했습니다. 중화민국(中華民國)입니다. 220쪽의 중화민국 성립을 알리는 전단을 보면 중앙에 자리한 인물이 임시 대총통인 쑨원입니다. 이로써 중국 역사상 최초의 공화국 정부가 수립되었습니다.

그런데 중화민국 정부는 결정적으로 군사력이 부족했습니다. 이는 매우 치명적인 문제였죠. 새로 임시 정부를 만들었으나 여전히 청나라 황제와 군대가 버젓이 버티고 있었으므로 청나라를 타도하기 위해서는 무엇보다 강력한 군사력이 필요했습니다. 만약 군사력을 확보하지 못하면 혁명 세력과 청나라 황실 세력, 여기에 각 지역의 세력들까지 부딪혀 나라가 갈기갈기 찢어질 수도 있었죠. 쑨원은 고민 끝에 막강한 군사력을 가진 한 인물의 손을 잡기로 했습니다. 청나라 총리대신이자 최고의 군사력을 가진 장군인 위안스카이袁世凱였습니다.

위안스카이와 만난 쑨원은 청나라를 하나의 공화국으로 건설하는 조건으로 그에게 임시 대총통 자리를 넘겨주겠다는 협약을 맺었습니다. 쑨원은 중국의 대륙이 쪼개진 상태로 혁명을 완수하는 것은 아무런 의미가 없다고 생각했습니다. 따라서 청나라 고위 관료인 위안스카이에게 권력을 내주더라도 혁명 이후 나라가 분열되는 것만은 막고자 한 것입니다.

위안스카이는 약속대로 1912년 2월 12일에 우리가 '푸이溥儀'라고 알고 있는 청의 마지막 황제인 선통제宣統帝를 퇴위시켰습니다. 이로써 268년간 이어진 대제국 청나라의 역사가 막을 내렸습니다. 동시에

중화민국 성립을 알리는 전단

2,000여 년 만에 처음으로 중국에서 황제가 사라지고 민주공화국, 즉 국민이 중심이 되는 시대가 열렸습니다. 쑨원은 약속대로 45일 만에 임시 대총통 자리를 위안스카이에게 넘겨주었습니다.

그런데 황제를 내치고 권력까지 잡은 위안스카이는 쑨원과의 약속을 내팽개쳤습니다. 그는 난징에 중화민국의 수도를 만들기로 한 약속을 깨고 베이징을 수도로 정했습니다. 그리고는 철저히 자기 지지자들을 중심으로 혁명 정부를 꾸려나갔죠. 사실 위안스카이는 권력을 장악한 후에 스스로 황제에 오르려 쑨원의 손을 잡았던 것입니다.

혁명을 완수하기 위해 권력을 넘겨줬던 쑨원은 위안스카이의 독단적 행보에 화가 났습니다. 하지만 안타깝게도 그를 제지할 힘이 없었습니다. 쑨원은 하는 수 없이 한 걸음 물러나 자신을 도와줄 조력자를 찾아갔습니다.

오랜 친구이자 세 자매의 아버지인 쑹자수였죠. 그는 쑨원의 혁명 정신에 깊이 공감해 물심양면으로 도움을 준 친구이자 동지였습니다. 쑨원이 혁명을 시작하던 20대 중후반부터 청나라 정부의 감시를 피해 20여 년간 막대한 금액을 지원했던 쑹자수는 위안스카이가 활개를 칠 때도 후원을 멈추지 않았습니다. 그는 쑨원이 중국을 더 나은 나라로 만들 인물이라 생각했고, 쑨원이 새로운 혁명 활동을 구상할 수 있도록 자신의 저택에 머물 곳을 마련해 주었습니다. 덕분에 쑨원은 혁명가 쑹자오런宋敎仁과 손잡고 위안스카이를 견제하기 위한 국민당을 창당했습니다.

그렇다면 훗날 쑨원과 결혼한 둘째 칭링은 이때 쑨원과 만났을까요? 쑹자수의 상하이 저택에 머물게 된 쑨원이 세 자매 중 처음 만난 사람은 가장 먼저 유학을 마치고 돌아온 첫째 아이링이었습니다. 당시 23세였던 아이링은 유창한 영어 실력을 바탕으로 쑨원의 통번역 비서로 일하게 되었습니다. 이때 혁명가 쑨원의 마음에 묘한 감정이 싹텄습니다. 지적이고 매력적인 아이링과 함께 일하면서 그녀에게 반하고 만 것입니다.

그런데 쑨원에게는 치명적인 단점이 있었습니다. 그의 나이는 아이링의 두 배인 46세나 되었고, 27년 전에 결혼해 고향에 아내와 자식들까지 있었던 것입니다. 한마디로 아이링 입장에서는 '나보다 23세나 많은 아빠 친구가 이미 결혼해서 자식까지 있으면서 나를 좋아한다는 것'이었죠. 당시 쑨원이 측근이던 미국인 기자와 나눈 대화를 보면 아이링을 향한 쑨원의 마음을 알 수 있습니다.

쑨원: 아이링과 결혼하고 싶군.

기자: 뭐? 당신은 이미 결혼한 몸 아닌가. 그런 욕구는 참았다가

다른 좋은 데 쓰게.

쑨원: 지금 아내와는 이혼하면 되지.

기자: 쑨원, 아이링은 자네 조카뻘이야.

쑨원: 알아, 안다고. 그래도 결혼하고 싶은 마음은 변함이 없네.

쑨원은 결혼까지 생각할 만큼 아이링에게 마음을 빼앗겼던 것 같습니다. 하지만 자신의 불리한 조건을 알고 있던 쑨원은 적극적으로 마음을 드러내지 못하고 아이링과 함께 일할 때마다 그녀를 지그시 바라보곤 했습니다. 그렇다면 이에 대한 아이링의 반응은 어땠을까요? 그녀는 쑨원이 자기를 좋아한다는 사실을 금세 눈치채고 기겁했습니다. 아내와 자식까지 있는 나이 많은 사람이 자기를 좋아한다는 게 너무 싫었던 것입니다. 다만 아빠의 절친한 친구이자 혁명 영웅을 내칠 수는 없었죠.

쑨원과의 관계를 고민하던 아이링은 얼마 후 충격적인 현장을 목격했습니다. 쑨원이 지방에 있던 아내와 자식들을 자신이 있는 곳으로 불러들인 것입니다. 아이링은 말로만 듣던 쑨원의 아내와 자식들을 만나 함께 시간을 보내고 사진을 찍기도 했습니다. 이때 쑨원이 젊은 시절부터 혁명 활동을 하느라 타지로 돌아다녀 그의 아내가 홀로 자식을 키운 안타까운 사실을 알게 되었죠. 이후 아이링은 쑨원을 철저히 사무적으로 대하면서 절대 선을 넘지 못하도

아이링과 가족사진을 찍은 쑨원

록 했습니다.

돈을 선택한 첫째 아이링

그 사이 베이징에서는 상황이 급박하게 돌아가고 있었습니다. 1912년에 중국 최초로 치른 선거에서 쑨원을 따르던 이들이 만든 '국민당'이 압승을 거둔 것입니다. 이듬해 2월에는 중국 최초로 만든 의회에서 국민당이 강력한 다수당으로 자리매김했죠. 그런데 한 달 만에 국민당의 대표인 쑹자오런이 암살당하고 말았습니다. 암살을 지시한 자는 위안스카이로, 국민당이 자기를 위협하기 전에 먼저 제거해 버린 것입니다. 그는 나중에 국민당을 없애고 급기야 국회까지 해산시켰습니다. 위안스카이의 다음 타깃이 될 수도 있는 쑨원은 일본 도쿄로 향했습니다. 가족은 중국에 남겨둔 채 쑹씨가족들과 함께 일본행 배에 올랐죠.

첫째 아이링은 비록 쑨원과 일본으로 향했으나, 여전히 그와는 거리를 두었습니다. 그러던 중 도쿄에서 한 남자와 운명적 만남을 갖게 되었습니다. 쿵샹시라는 그 인물은 공자의 직계 후손이자 중국에서도 손꼽히는 명문가 출신이었죠. 은행가 집안에서 태어나 부유한 데다 미국에서 학사학위를 따고 예일 대학교에서 석사학위까지 받은 엘리트였습니다. 사실 쿵샹시는 아이링보다 그녀의 아버지인 쑹자수를 먼저 만났습니다. 독실한 기독교인인 쑹자수는 도쿄의 기독교 청년회에서 일하던 쿵샹시와 처음 만났습니다. 그가 일하는 모습을 가만히 지켜보니 그의 조건부터 성격까지 모든 게 마음에 들었습니다. 그래서 첫째 딸인 아이링을 소개해 주려 저녁 식사에 초대했고, 두 사람은 첫 만남에서 호감을 느꼈다고 합니다.

사랑에 빠진 첫째 아이링과 쿵샹시는 1914년에 가족의 축하를 받으며 일본에서 결혼식을 올렸습니다. 아이링이 25세, 쿵샹시가 33세였죠. 이후 두 사람은 쿵샹시의 고향으로 향했고 그곳에서 사업을 확장해 재산을 크게 불려 나갔습니다.

첫째 아이링과 쿵샹시 부부

쑨원을 선택한 둘째 칭링

첫째 아이링이 결혼을 앞둔 시점인 1913년, 스무 살이 된 둘째 칭링은 미국에서 대학을 졸업하고 일본 도쿄로 가족들을 찾아왔습니다. 225쪽의 사진은 그즈음 찍은 것입니다. 가운데 어머니를 두고 왼쪽은 첫째 아이링, 오른쪽은 둘째 칭링이 자리했죠. 한눈에도 부유하고 세련된 모습입니다.

이때 아이링이 쑨원의 비서를 그만둔다는 말을 들은 칭링은 자신이 그일을 이어서 하겠다고 자청했습니다. 당시 쑨원은 혁명을 외치는 젊은이들의 우상이었습니다. 게다가 유학 시절부터 정치에 관심이 많았던 칭링은 미국에서도 신해혁명의 주인공인 쑨원의 소식을 끊임없이 접하며 그를 영웅이라 생각하고 있었죠. 때문에 쑨원을 도와 중국의 미래를 만들어가기로 결심한 것입니다. 얼마 뒤 중국의 상황이 안정됐다고 판단한 아버지 쑹자수는 상하이로 돌아갔습니다. 하지만 쑨원의 비서가 된 칭링은 그와 함께 일본에 남기로 했습니다.

그리고 쑨원은 금세 아이링을 잊고 자신을 영웅으로 여기며 비서까지 자청한 칭링에게 반하고 말았습니다. 쑨원이 48세, 칭링이 21세로 두 사람의 나이 차는 무려 27세나 됐죠. 이즈음 칭링을 향한 쑨원의 감정을 알 수 있는 말이 남아있습니다.

"칭링 생각을 멈출 수가 없어요. 그녀를 처음 보던 날부터 줄곧 내 인생의 첫사랑을 만난 느낌입니다. 달콤하면서도 쓰라린 사랑의 감정을 이제야 알 것 같습니다."

아리링과 칭링, 그리고 어머니

첫째 아이링 때와 달리 이번에는 마음을 감출 수 없었던 쑨원은 결국 칭링에게 청혼까지 했습니다. 그리고 칭링은 그 마음을 받아주었죠. 다음은 청혼을 수락한 칭링의 마음을 알 수 있는 편지글의 일부입니다.

> '나는 중국을 도울 수 있고, 쑨원 박사도 도울 수 있어. 그는 나를 필요로 하고 있어.'

칭링으로서는 소녀 시절부터 나라에 도움이 되는 큰일을 하겠다며 워너비로 삼았던 쑨원과 함께하는 것이 큰 행복이었습니다. 쉽게 말해 혁명과 조국에 몸 바치고 싶어 했던 그녀에게 쑨원과의 결혼은 남녀의 결합 이상의 의미였던 셈이죠. 쑨원의 고백을 받아들인 칭링은 부모님께 결혼 허락을 받으려 상하이의 집으로 향했습니다. 과연 자기 친구와 결혼하겠다고 찾아온 딸을 바라보는 아버지의 심정은 어떠했을까요?

> 칭링: 아버지, 저는 쑨원 박사님과 결혼하고 싶어요.
>
> 아버지: 뭐라고? 쑨원 박사는 너보다 27살이나 많은 유부남이다.
> 게다가 재산도 없는 빈털터리야. 네가 행복할 수 있겠니? 내가 이미
> 부유하고 젊은 신랑감을 찾아놨으니, 그 남자와 결혼하도록 해라!
>
> 칭링: 싫어요. 전 쑨원 박사님이 아니면 누구와도 결혼하지 않겠어요.

아버지인 쑹자수뿐 아니라 온 가족이 두 사람의 결혼을 반대했습니다.
격렬한 대화를 이어가던 칭링은 끝내 기절까지 했죠. 이때 쑹자수는 딸을
방으로 옮기고 자물쇠를 달았습니다. 쑨원을 만나러 가지 못하도록 집안
에 가둬버린 것입니다. 그러자 칭링은 하녀

가 감시하는 사이 몰래 창문을 뛰어넘어 도
망쳤습니다. 그 길로 일본으로 가는 배를
타고 쑨원에게 향했죠. 칭링이 일본에 도착
한 이튿날인 1915년 10월 25일, 두 사람은
서둘러 결혼식을 올렸습니다. 돈도 없고, 중
국 정부로부터 쫓기는 신세였던 쑨원은 대
단한 결혼식을 올리지는 못했습니다. 하지
만 뜻을 이룬 칭링은 마냥 행복해했죠.

그렇다면 쑨원의 아내는 어떻게 되는 걸
까요? 쑨원은 그녀와 이혼하고 싶어 했지만
불가능했습니다. 30년 전인 청나라 때 결혼

칭링과 쑨원의 결혼사진

했기에 정부가 무너진 상황에서 법적으로 이혼할 방법이 없었던 것입니다. 쑨원은 아내와 합의 끝에 '서로 다시는 만나지 않는다'라는 영원한 별거를 선언하며 관계를 정리했습니다. 그간 고향에서 홀로 쑨원의 어머니를 모시며 홀로 자식을 키워온 아내로서는 억울할 일이었죠.

칭링의 아버지는 딸의 결혼 소식을 듣자마자 두 사람을 찾아갔습니다. 그는 20년 이상 지지했던 친구 쑨원을 증오하며 절교를 선언했습니다. 칭링의 가족 중 그녀의 사랑을 응원하는 것은 셋째 메이링이 유일했습니다. 칭링과 함께 유학 생활을 했던 메이링은 언니가 혁명에 얼마나 진심인지, 그리고 쑨원을 얼마나 사랑하는지 알고 있었죠. 그래서 가족이 칭링에게 분노할 때도 끝까지 언니를 지지했다고 합니다.

무차별 폭격에서 쑨원을 지켜낸 칭링의 선택

쑨원과 칭링이 결혼한 이듬해인 1916년, 중국은 일련의 사건들로 큰 혼란에 빠졌습니다. 그러면서 이들의 결혼생활도 운명의 소용돌이 속으로 함께 빠져들었죠. 사건은 정적들을 제거하며 독재의 길에 들어섰던 위안스카이가 갑자기 병으로 죽어버리면서 시작됐습니다. 최고 권력자가 사라진 중국은 하나로 뭉쳐있던 정부에서 여러 성으로 갈라졌습니다. 이렇게 형성된 무력 집단을 '군벌(軍閥)'이라고 부르는데, 각 군벌이 잇따라 들고 일어나면서 독자적으로 행동하기 시작했습니다. 중앙 권력이 사라지자 군벌들이 세력 다툼을 하며 내전을 벌인 것입니다.

중국이 분열되는 것을 막으려 위안스카이에게 자리까지 내줬던 쑨원은

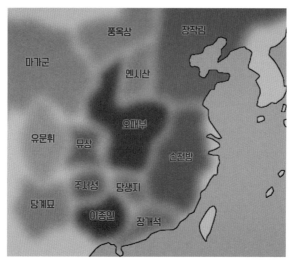

위안스카이의 죽음 후 여러 군벌로 쪼개진 중국

이 상황을 수습하기 위해 과감한 결단을 내렸습니다. 1921년에 중국 광저우에 정부를 수립하고 '중화민국 대총통'에 오른 것입니다. 그리고 분열된 군벌을 타도하고 중국을 통일해 혼란을 수습하겠다고 선언했습니다. 이를 쑨원의 '북벌(北伐)'이라고 합니다.

각 군벌에게 북벌을 외치는 쑨원은 눈엣가시였고, 이후 그를 향한 군벌의 위협이 계속됐습니다. 이런 가운데 1922년 6월 16일에 광둥성의 한 군벌이 광저우에 있는 쑨원의 대총통 관저에 무차별 폭격을 쏟아부었습니다. 쑨원과 칭링은 살아남기 위해서는 어떻게든 관저를 탈출해 근처 항구에 정박한 함선으로 이동해야 했죠. 그런데 이때 임신 중이던 칭링은 자신이 짐이 될 거라며 쑨원을 먼저 탈출시키려고 했습니다. 쑨원이 그녀를 말렸으나 칭링은 "중국에 나는 없어도 괜찮지만, 당신이 없으면 안 돼요"라고 설득했다고 합니다. 결국 칭링의 결정 덕분에 쑨원은 빠르게 탈출했고, 무사히 항구에 있는 영풍함에 도착할 수 있었습니다.

이 사건 당시 쑨원을 도운 인물이 바로 장제스입니다. 그는 쑨원이 위급하다는 소식을 듣자마자 달려와 영풍함을 지휘해 쑨원을 안전한 곳으로 안내해 그의 목숨을 구했습니다. 이때 장제스는 쑨원의 신뢰를 얻었다고 합니다. 한편 관저에 남은 칭링은 쑨원이 안전하게 함선까지 갈 수 있도록 시간을 끌다가 경호원들과 함께 탈출을 시작했습니다. 그 사이 광동성 군벌은 관저에 집중포화를 퍼부었습니다. 쏟아지는 폭격을 피해 함선까지 가는 길을 뚫는 것은 목숨을 걸어야 할 만큼 위험한 일이었죠. 다음은 당시 칭링이 남긴 말입니다.

"나는 기진맥진한 나머지 경호원들에게 나를 쏴서 죽여달라고 애원했다. 그러는 대신 그들은 내 팔을 한 쪽씩 잡고 부축하면서 나를 질질 끌고 앞으로 나아갔다. (중략) 사방에 시체들이 널려 있었다."

이렇게 이틀 밤낮을 생지옥에서 보낸 후에야 칭링은 나룻배에 겨우 올라탔고, 이후 쑨원과 합류했습니다. 임신 중이었던 그녀는 가까스로 목숨은 구했으나 탈출 당시의 충격으로 배 속의 아이를 유산했습니다. 게다가 다시는 임신할 수 없다는 진단까지 받았죠. 쑨원과의 아이를 간절히 원했던 칭링은 큰 슬픔에 빠졌습니다. 동시에 엄청난 용기로 쑨원의 목숨을 구한 그녀의 영웅담이 대중에 널리 알려지며 큰 명성도 얻었습니다. 이때부터 칭링은 '마담 쑨원'이라 불리며 쑨원과 함께 정치 활동에 나섰습니다.

쑨원은 영풍함 사건을 계기로 강력한 군벌들에 맞서 중국을 재통일할 방법을 찾기 시작했습니다. 이때 그는 중국 공산당과 손을 잡게 되었습니다. 1921년에 창당한 공산당은 소련 공산당의 후원을 받으며 중국 내에서 세력을 키워나가고 있었습니다. 쑨원의 뜻에 공감했던 이들은 군벌을 무너뜨리고 중국을 노동자와 농민 중심으로 바꿔나가고 싶어 했습니다. 그래서 군벌들을 타도하고 중국을 위협하는 여러 국가를 몰아내기 위해 쑨원의 국민당과 힘을 합치기로 했죠. 이를 '제1차 국공합작'이라고 합니다. 이때 공산당 인사들이 국민당으로 들어왔습니다.

그리고 쑨원은 이 무렵에 또 하나의 강력한 동맹을 맺었습니다. 그 대상은 바로 소련이었죠. 1917년 공산주의 혁명에 성공한 소련은 주변국의 견제를 받았고, 이를 뚫기 위해 중국과 손잡으려 한 것입니다. 쑨원은 소련과 동맹을 맺고 무기와 자금을 지원받았습니다. 이렇게 힘을 키운 다음에는 군관학교를 세웠죠. 사진은 1924년 광저우 인근에 설립한 황포군관학교 개교식에 참석한 쑨원과 칭링의 모습입니다. 가운데 흰옷을 입고 선 인물이 쑨원이고, 그의 오른쪽에는 칭링이 함께하고 있습니다.

황포군관학교는 중국 최초의 현대식 군사학교로 수많은 장군과 군사 지도자들을 배출했습니다. 쑨원은 공산당과의 국공합작과 군관학교를 통해 비로소 중국을 다스릴 힘의 기반을 마련하기 시작했습니다. 그런데 이듬해

황포군관학교 개교식

인 1925년에 쑨원이 간암으로 갑자기 세상을 떠나면서 중국은 또다시 혼란에 빠졌습니다. 쑨원은 눈을 감기 전에 국민당과 공산당이 합작해 혁명을 완수하라는 유언을 남겼습니다. 죽는 순간까지 조국이 안정을 찾길 원했던 쑨원의 바람과 달리 국민당은 금세 분열됐습니다. 공산당과의 협력을 지지하는 좌파와 공산당을 몰아내려는 우파로 갈라서 권력 다툼을 벌인 것입니다. 게다가 중국의 분열을 막고자 군벌들을 제압하려 했던 쑨원의 북벌 정책도 거의 중단되고 말았습니다.

10년에 걸친 쑨원과의 결혼생활을 예기치 않게 끝낸 칭링은 깊은 슬픔에 빠졌습니다. 하지만 주저앉아 있을 수만은 없었죠. 국민당이 좌파와 우파로 갈라지면서 제1차 국공합작이 흐지부지될 위기에 놓였기 때문입니다. 칭링은 남편의 유지를 이어가기 위해 자신이 나서야 한다고 생각했습니다. 그녀는 1926년 1월에 33세의 나이로 중국 국민당 제2차 전국대표대회에서 중앙집행위원에 선출되며 정치에 입문했습니다.

232쪽 사진에서 체크무늬 옷을 입은 여성이 칭링입니다. 그녀는 쑨원의 대리인으로 맨 앞줄 중앙에 자리했습니다. 옆에는 쑨원의 아들인 쑨커孫科가 함께했죠. 이 시기부터 칭링은 국부 쑨원을 상징하는 정치인으로서 중국에 강력한 영향력을 행사하는 독보적인 여성의 위치에 올랐습니다. 사진 속 가운데 열 오른쪽 세 번째에 선 젊은 남자는 마오쩌둥毛澤東입니다. 쑨원의 국공합작 당시 마오쩌둥도 국민당의 위원으로 들어온 것이죠. 당시 칭링은 마오쩌둥을 비롯한 공산당 인사들과 교류하며 쑨원이 이룬 국공합작을 유지해 나갔습니다.

국민당 제2차 중앙집행위원회의 제3기 전체 회의

권력을 선택한 막내 메이링

이렇게 쑹씨 집안의 세 자매는 각자의 운명을 개척해 나갔습니다. 부유한 쿵샹시와 결혼한 첫째 아이링은 점점 더 부자가 되어갔고, 둘째 칭링은 '마담 쑨원'으로 정치인의 행보를 시작했죠. 그렇다면 셋째 메이링은 어떻게 됐을까요? 1917년, 약 10년의 미국 유학을 마친 그녀는 스무 살에 중국 상하이로 돌아왔습니다. 불안정한 중국 상황과 달리 상하이는 조계 지역을 중심으로 풍요의 시대를 맞이해 황금기를 누리고 있었습니다. 이런 상하이에 메이링이 나타나자 내로라하는 집안마다 학벌과 외모를 갖춘 신랑감들을 내세워 그녀를 신부로 맞이하고 싶다며 혼담을 넣었습니다. 쑹씨 가문이 엄청난 부자인 데다 사위들은 혁명의 주역인 쑨원과 공자의 후손이자 재벌인 쿵샹시였으니, 돈과 명예를 모두 가진 중국 최고의 명문가로 떠오른 것이죠. 게다가 미국 유학에서 돌아온 메이링은 피아노와 그림 등 재능까지 많아 최고의 신붓감이었다고 합니다.

그러나 메이링은 밀려드는 신랑감들에게 눈길조차 주지 않았습니다. 그녀가 결혼 상대의 조건으로 '영웅'을 내걸었기 때문입니다. 둘째 칭링 못지않게 포부가 크고 똑똑하기까지 했던 메이링은 중국의 국부이자 영웅인 쑨원과 결혼한 언니처럼 자신도 그에 걸맞은 대단한 사람과 결혼하겠다고 다짐했습니다. 하지만 영웅은 쉽게 탄생하지 않는 법, 메이링은 25세까지 남편감을 찾지 못한 채 속절없는 시간을 흘려보냈습니다. 당시 여성들이 평균 10대 중반에 결혼하곤 했으니 결혼 시기만 놓고 본다면 이미 상당히 늦은 나이였죠. 메이링은 "나는 한 떨기의 늦게 핀 꽃이다. 내가 사랑하는 사람은 꼭 세상에 있을 것이다"라며 자신의 심경을 토로했습니다.

이렇게 메이링이 영웅을 기다리는 사이 아버지 쑹자수가 병으로 세상을 떠났습니다. 이제 메이링의 혼사는 첫째 아이링의 몫이 되었습니다. 그녀는 막내 여동생의 조건에 맞는 영웅을 물색하던 중 한 사람을 눈여겨보기 시작했습니다. 바로 영풍함 사건 때 쑨원을 구하면서 신임을 얻은 국민당 군대의 장교 장제스였죠. 사실 장제스는 엄청난 야심가로, 반드시 중국의 지도자가 되겠다는 열망에 불타는 인물이었습니다. 그의 나이는 35세로 메이링보다 열 살이 많았습니다.

장제스의 야심을 알아보고 차후에 중국을 다스릴 사람, 즉 영웅 후보라고 판단한 아이링은 그를 직접 만나보기로 했습니다. 아이링과 메이링의 초대를 받은 장제스는 매우 기뻐했습니다. 아버지를 일찍 여읜 탓에 집안도, 재력도 형편없던 그는 권력자로 올라서기에는 자기 조건이 여러모로 부족하다고 생각했습니다. 그런데 쑹씨 가문의 셋째딸 메이링과 결혼하면 중국의 국부로 불리는 쑨원과 같은 집안사람이 되는 것이니, 훗날 지도자로 나서기에 더없이 좋은 명분을 얻는 셈이었죠. 당시는 쑨원이 아직 살아있던 시기였습니다. 게다가 메이링의 아버지 쑹자수는 이름난 부자였고, 첫째 아이링의 남편은 은행가 쿵샹시로 상하이의 부유한 은행가와 상인을 움직일 수 있는 영향력까지 갖춘 집안이었죠. 장제스는 메이링과 결혼하면 돈 문제까지 해결될 거라 생각했습니다. 한마디로 그에게 메이링과의 결혼은 최고의 기회였습니다.

1922년, 광저우의 한 저택에서 쑹씨 가문의 첫째 아이링과 셋째 메이링, 그리고 장제스의 운명적인 만남이 이루어졌습니다. 장제스는 메이링과 만나는 첫 식사 자리에 아내를 동행했습니다. 그렇습니다. 장제스는 이미 결혼한 유부남이었습니다. 그는 14세에 부모님이 정해주는 여자와 결혼했다가 이혼했으며, 식사 자리에 함께 간 아내는 재혼한 지 1년밖에 되지 않은 두 번째 부인이었습니다. 게다가 그는 두 번의 결혼으로 두 아들과 딸까지 두고 있었죠. 지금 상식으로는 이해할 수 없지만 당시에는 남자가 부인을 두고도 여러 명의 첩을 두는 일이 흔했습니다. 그리고 표면상 장제스는 자매에게 식사 초대를 받았기에 부부 동반으로 방문한 것입니다.

돌려 말하는 법이 없는 직설적인 성격의 첫째 아이링은 식사 도중 장제스의 아내에게 갖가지 질문을 던졌다고 합니다. "장제스 씨가 사소한 일에도 화를 낸다던데 정말 그런가

장제스와 두 번째 아내 천제루

요?", "성질이 불같기로 유명한데 호통친 적이 있나요?", "이혼한 첫 번째 아내와는 어땠나요?" 등을 캐물었죠. 장제스가 결혼할 만한 남자인지를 그의 아내를 통해 확인하려고 했던 것 같습니다. 식사가 끝난 후 메이링은 놀랍게도 장제스에게 상하이의 집 주소를 건넸다고 합니다. 그가 마음에 들었던 것입니다. 이에 장제스는 뛸 듯이 기뻐하며 메이링과 결혼하고 싶다는 뜻을 적극적으로 밝혔습니다.

메이링은 장제스를 영웅감이라고 생각했으나, 장교에 불과한 그가 얼마나 출세할지 상황을 지켜보면서 결혼에 대한 확답은 주지 않았습니다. 그러는 사이 속이 타들어 가던 장제스는 메이링에게 자신의 능력을 증명할 기회를 하나씩 잡아나갔습니다. 우선 쑨원의 핵심사업이었던 황포군관학

〈뉴욕타임스〉에 실린 장제스의 북벌에 관한 기사

교의 초대 교장으로 임명돼 장교들을 키워내며 군대에서 자신의 입지를 탄탄하게 다졌습니다. 그리고 이를 바탕으로 쑨원이 사망한 뒤인 1926년에 국민당의 1인자이자 군의 총사령관에 올라 권력을 쥐었죠. 이렇게 힘을 갖게 된 장제스는 쑨원의 뜻을 이어 수많은 군벌에 의해 분열된 중국 대륙을 하나로 통일하는 전쟁, 즉 북벌에 나섰습니다.

장제스가 북벌을 시작한 지 4개월이 됐을 무렵인 1926년 11월 14일 자 〈뉴욕타임스〉는 장제스의 얼굴을 대문짝만하게 싣고 다음과 같은 헤드라인으로 그의 성공을 대서특필했습니다.

'새로운 강자, 중국의 절반을 차지하다. 장제스가 예상치 못한 승리를 거두며 세력을 확장하고 있다!'

장제스는 북벌에 나서자마자 연전연승을 거두며 힘과 능력을 확실하게 보여주었습니다. 이런 장제스의 활약을 본 메이링은 장제스와 결혼하기로 마음먹었습니다. 몇 년의 기다림 끝에 메이링의 허락이 떨어지자 장제스는 뛸 듯이 기뻐했습니다. 쑹씨 집안사람들도 고집 센 셋째 딸의 결혼을 축하했습니다.

그런데 메이링의 가족은 장제스가 유부남이라는 사실을 신경 쓰지 않았던 걸까요? 독실한 기독교도였던 쑹씨 집안에서 유부남과의 결혼은 있을 수 없는 일이었습니다. 장제스도 이를 잘 알고 있었죠. 그래서 결혼 허락을 받으러 쑹씨 가문을 찾기 전에 미리 자신의 부인을 집에서 내보냈다고 합니다. 메이링의 어머니는 장제스를 사위로 받아들이는 대신 이혼과 기독교 개종이라는 두 가지 조건을 내걸었습니다. 불교 신자였던 장제스는 앞으로

《성경》 공부를 열심히 하겠다는 약속으로 결혼 의지를 보였습니다. 1927년 12월 1일, 국민당 1인자인 장제스와 중국의 명문가 쑹씨 집안의 셋째 딸 메이링의 결혼식이 상하이에서 열렸습니다. 메이링이 서른 살, 장제스가 마흔 살 때의 일이었죠.

장제스는 결혼식에서 의도적으로 쑨원의 사진을 내걸었습니다. 그뿐 아니라 쑨원이 세운 국민당의 국기와

메이링과 장제스의 결혼사진

그가 만든 중화민국의 국기까지 함께 내세웠죠. 즉 이 결혼은 장제스가 쑨원의 뜻을 잇는 계승자임을 선포하는 일종의 대관식과 같았던 것입니다. 두 사람의 결혼식에는 쑹씨 일가와 중국 정재계 인사들은 물론 영국, 미국, 프랑스 등 각국 영사들을 비롯해 1,300명이 넘는 하객들로 발 디딜 틈조차 없었습니다. 또한 수십 명의 내외신 기자들이 세기의 결혼식을 카메라에 담았습니다.

다음날 미국 〈뉴욕타임스〉 1면에는 '장제스, 마담 쑨원의 여동생과 결혼하다!'라는 헤드라인과 함께 '이 결혼은 젊은 지도자 장제스와 중국의 가장 유명한 가문이자 혁명에 가장 큰 영향력을 발휘했던 가족의 결합이다'라는 내용의 기사가 실렸습니다. 장제스의 의도 대로 쑨원과의 관계가 부각되면서 최고의 권력자에 오를 명분을 손에 넣은 것입니다. 이듬해 장제스는 국민당 정부의 최고 권력자인 주석에 오르면서 중화민국의 통치자가 되었습니다. 드디어 메이링 역시 최고 권력자의 부인으로 올라섰습니다.

중국을 뒤흔든 일본의 침략과
장제스의 운명을 건 메이링의 협상

이 같은 장제스의 행보에 격렬하게 분노한 사람이 있었습니다. 쑹씨 가문의 둘째 딸 칭링입니다. 결혼식을 몇 개월 앞둔 1927년 4월, 장제스는 상하이에서 대대적인 공산당 토벌 작전인 '상하이 쿠데타'를 벌였습니다. 수백 명의 공산당원이 죽거나 실종되는 이 참혹한 사건으로 쑨원이 이뤄놓은 제1차 국공합작은 완전히 깨지고 말았습니다. 이로써 국민당과 공산당의 피 흘리는 대립이 시작되었죠. 훗날 중국을 둘로 갈라놓는 국공내전의 서막이 열린 것입니다. 상황이 이러한데 장제스가 결혼식에서는 쑨원의 뜻을 잇는 계승자를 자처했으니, 둘째 칭링은 장제스를 절대 용납할 수 없었죠.

칭링은 동생 메이링에게 편지를 보내 장제스와의 결혼을 말렸습니다. 하지만 메이링은 언니의 편지를 거들떠보지도 않았습니다. 칭링은 메이링이 사랑도 없는 정략결혼을 한다며 화를 냈고, 둘도 없이 다정하던 쑹씨 자매의 사이는 금이 가고 말았습니다. 칭링은 끝내 메이링의 결혼식에 참석하지 않았습니다.

그런데 쑨원의 뜻을 잇겠다던 장제스는 왜 공산당을 몰아내려 했을까요? 중국을 통일하고 강력한 지도자가 되려 했던 그는 공산당이 자기 뜻을 방해한다고 생각했습니다. 당시 공산당은 노동자와 농민들을 중심으로 혁명을 일으켜서 사회를 뒤바꿔야 한다고 주장했는데, 이것이 중국을 어지럽힐지도 모른다고 판단한 것입니다. 게다가 국공합작에 따라 국민당으로 들어간 공산당 중 일부는 장제스의 권력 독점에 반대했습니다. 한마디로 공산당은 장제스의 정치적 걸림돌이었던 셈이죠.

마오쩌둥   장제스

　결국 장제스는 상하이 쿠데타를 시작으로 공산당을 몰아내기 위한 잔혹한 토벌 작전을 이어나갔습니다. 이때 장제스에 대항한 공산당의 주요 인물 중 한 사람이 마오쩌둥입니다. 중국 공산당의 창립 멤버였던 마오쩌둥은 공산당의 핵심 인물로 떠오르고 있었습니다.

　이 무렵까지만 해도 공산당은 소수였습니다. 따라서 마오쩌둥을 비롯한 공산당은 생존을 위해 장제스의 토벌 작전을 피할 수밖에 없었죠. 그러다 결국 궁지까지 몰린 마오쩌둥은 1934년에 남은 군대를 이끌고 거점이었던 장시성을 탈출했습니다. 이 사건이 세계사에서 전무후무한 군사 이동으로 기록된 '중국 공산당의 대장정'입니다. 240쪽의 지도를 보면 마오쩌둥과 공산당이 이동한 경로를 알 수 있습니다. 장시성에서 9만 명의 군대로 출발한 마오쩌둥은 1년 1개월간 무려 1만 2,000km를 이동했습니다. 국민당 군대의 끊임없는 추격과 포위를 뚫고 마침내 중국 산시성 옌안으로 피신했을 때는 살아남은 병력이 8,000여 명에 불과했죠.

　하지만 마오쩌둥은 이 험난한 과정에서 너무도 큰 것을 손에 넣었습니다. 1년이 넘도록 쫓기는 가운데 마오쩌둥이 제시한 전략과 전술이 맞아떨어지면서 사람들이 그를 인정하기 시작했고, 대장정이 끝난 뒤에는 중국 공산당의 확고부동한 1인자로 올라선 것입니다. 대장정이 오히려 그에게는 기회가 된 셈입니다. 마오쩌둥은 중국 인구의 80%인 농민을 끌어안아야 군사적 열세를 극복할 수 있다고 생각했습니다. 그래서 대장정을 하는 동안 농민들에게 지주들의 토지를 몰수해서 배분해야 한다고 피력했죠. 이때부터 농촌을 중심으로 서서히 공산당에 대한 긍정적인 인식이 퍼져나갔고 마오쩌둥은 민심을 얻게 되었습니다.

그리고 공산당을 끝까지 토벌하려던 장제스의 계획은 중국을 뒤흔든 거대한 사건으로 인해 끝내 무산되었습니다. 1931년에 일본이 중국을 침략한 것입니다. 만주를 무력으로 장악한 일본은 이듬해에 이곳에 만주국이라는 괴뢰국을 세운 다음 지도자로 청나라의 마지막 황제인 푸이를 내세웠습니

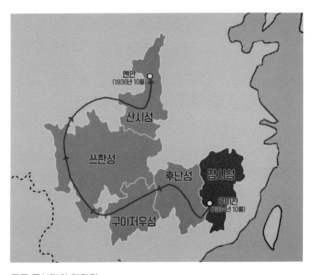

중국 공산당의 대장정

다. 이후 점차 영역을 넓혀가며 중국을 압박했죠. 국민당의 장제스는 이런 상황에서도 공산당과 싸우는 데만 급급했습니다. 그는 마오쩌둥과 공산당이 대장정을 끝내고 기진맥진한 때를 노려 공산당을 진압하려 했습니다. 일본을 몰아내는 일은 그다음이라고 생각했죠.

1936년 12월 12일, 장제스의 부하이자 국민당군의 실력자인 장쉐량張學良이 장제스를 납치하는 중국 역사상 최대의 인질 사건인 '시안 사변'을 벌였고, 중국은 예측불허의 상황에 빠지고 말았습니다. 장쉐량의 요구사항은 오직 하나, 국민당이 공산당과 힘을 합쳐서 일본을 몰아내야 한다는 것이었죠. 우리끼리 싸울 때가 아니라 외부의 적부터 몰아내자는 요구였습니다. 사실 장쉐량은 이전부터 이러한 의견을 제시했으나 장제스는 이를 철저히 무시했습니다. 자신의 요구가 받아들여지지 않자 끝내 장제스를 납치한 것입니다.

국민당 정부는 장쉐량의 요구를 들을 필요도 없다며 당장 군대를 이끌고 가 장쉐량과 전쟁을 해야 한다고 목소리를 높였습니다. 하지만 이럴 경우 장제스의 목숨을 보장할 수 없었죠. 이때 세 자매의 막내이자 장제스의 아내인 메이링이 국민당을 진정시키고 남편의 목숨을 구하기 위해 나섰습니다. 그녀는 사람들의 만류를 물리치고 장제스가 억류된 적진인 시안으로 향했습니다. 비행기에서 내리기 전 동행인에게 총을 건네던 메이링은 "만약 적진의 군대가 나까지 억류한다면 망설이지 말고 나를 쏴 죽이세요"라는 다짐을 받았습니다. 자기까지 인질이 되면 상황이 더욱 나빠지리라 생각한 것이죠. 이렇게 호랑이 굴로 걸어 들어간 메이링은 장쉐량의 허가를 받아 장제스의 무사를 확인했습니다.

납치 과정에서 부상을 입고 무기력하게 누워있던 장제스는 방으로 들어오는 아내를 보고 감정이 북받쳐 눈물을 흘렸다고 합니다. 메이링은 그런 장제스를 안심시키고 《성경》을 펴서 조용히 읽어주며 남편을 재운 것으로 알려졌습니다. 홀로 적진으로 들어간 메이링은 장쉐량과의 협상 테이블에서 자신의 계획을 밝혔습니다. 다음은 당시 상황을 각색한 대화입니다.

> 장쉐량: 나는 그저 나라에 도움이 되는 일을 하고자 했습니다. 하지만 장제스는 아무것도 우리와 의논하려 하지 않아요.
>
> 메이링: 장제스는 내가 설득하죠. 당신의 요구를 수용하겠습니다. 그를 풀어주세요.
>
> 장쉐량: 하지만 장제스를 풀어주면 국민당이 나를 죽일 겁니다.
>
> 메이링: 당신의 안전을 약속하죠. 나를 믿으세요.
>
> 장쉐량: 알겠어요, 당신을 믿고 장제스를 풀어주겠습니다. 힘을 합쳐 싸웁시다.

사실 장쉐량은 이미 중국 공산당과 협의해서 일본과 맞서 싸우기로 결정한 상태였습니다. 하지만 장제스가 동의하지 않으면 아무 소용이 없었죠. 사진은 2주 동안 납치되었던 장제스가 메이링과 함께 무사 귀환한 모습입니다. 메이링은 끝내 장제스를 설득했고 장제스는 그토록 반대하던 공산당 측과 회담을 가졌습니다. 메이링의 개입이 장제스의 목숨을 구한 것입니다. 그녀가 아니었다면 장제스의 운명은 완전히 뒤바뀌었을지도 모릅니다.

장제스가 풀려나고 국민당과 공산당은 힘을 합쳐 일본과의 싸움에 나섰습니다. 제2차 국공합작이 이루어진 것입니다. 국공합작은 국민당과 공산

무사 귀환한 장제스와 메이링

당 모두에 이득을 가져다주었습니다. 장제스는 양당을 대표해 일본에 대항하는 중국의 유일한 지도자로 우뚝 섰고, 공산당의 군대는 애국 세력으로 인정받게 된 것이죠. 이때부터 시안 사건을 무사히 해결하고 국공합작을 이루는 데 큰 역할을 한 둘째 메이링의 이름이 중국 역사의 전면에 등장하기 시작했습니다.

메이링은 적이 많았던 장제스 때문에 여러 차례 암살 시도를 겪었습니다. 이로 인해 아이를 유산하면서 불임 진단을 받기도 했죠. 그 와중에 어머니까지 암으로 사망하면서 늘 밝았던 메이링은 우울증과 신경과민에 시달렸다고 합니다.

중일전쟁의 승리를 위해 힘을 합친 세 자매

제2차 국공합작으로 힘을 합친 국민당과 공산당은 1937년 7월에 큰 위기를 맞이했습니다. 일본이 마침내 중국을 집어삼키기 위한 전쟁에 본격적으로 돌입한 것입니다. 중일전쟁이 일어나자, 일본은 엄청난 기세로 몰아붙여 베이징과 톈진을 점령했습니다. 상하이에서도 전면전을 벌였죠. 국민당과 공산당이 연합한 중국군이 대항했으나 처참하게 패하고 말았습니다. 이런 절체절명의 상황에서 쑹씨 집안의 세 자매가 의기투합했고 중국의 승리를 위해 나섰습니다.

메이링과 장제스의 결혼으로 사이가 멀어진 둘째 칭링은 여전히 장제스를 싫어했으나 조국의 위기 앞에 잠시 미움을 접어두기로 했습니다. 그녀는 구호단체를 만들어 전투에 필요한 약품과 물자를 모으며 항일을 위해 최선을 다했습니다. 첫째 아이링 역시 사비를 털어 다친 병사들을 위한 병원을 세우고 부상자들을 이송할 구급차와 화물차를 제공했습니다. 세 자매는 최전선 부대를 방문해 국가를 위해 싸우자는 연설로 병사들의 사기를 높이기도 했습니다. 이 같은 노력에도 불구하고 전황은 계속해서 나빠

장제스와 쑹씨 세 자매

졌습니다.

1937년 12월, 20세기 중국 현대사에서 가장 참혹한 사건이 벌어졌습니다. 일본이 중국의 수도 난징을 빼앗은 뒤 엄청난 보복 학살을 자행한 것입니다. 이 시기 난징은 그야말로 피바다와 다름없었습니다. 난징 대학살로 희생된 중국인은 최소 12만 명에서 최대 35만 명으로 추산됩니다.

수도를 빼앗긴 장제스는 하는 수 없이 높은 산으로 둘러싸여 요새와도 같은 충칭으로 수도를 옮겨서 항전을 이어갔습니다. 하지만 얼마 뒤 일본이 비행기를 이용해 폭탄을 투하하면서 충칭 역시 위기에 빠지고 말았죠. 쏟아지는 공중폭격으로부터 충칭을 방어하기 위해서는 공군이 절실했으나 중국에는 제대로 된 공군이 없었습니다. 이때 메이링은 미국의 루스벨트 대통령에게 중국의 상황을 알리고 지원을 요청했습니다. 그녀의 활약으로 중국은 돈 한 푼 쓰지 않고 100여 대의 비행기와 120여 명의 미국인 조종사로 구성한 공군 의용대대를 만들었습니다. '플라잉 타이거스 부대'라 불리는 이들은 일본군 전투기를 쳐부수며 충칭을 방어하는 데 중요한 역할을 했습니다. 이 공군부대가 유명해지면서 중국인들은 메이링을 '중국 공군의 어머니'라고 부르기도 했습니다.

이 일로 셋째 메이링은 또다시 큰 주목을 받았습니다. 시안 사변을 시작으로 공군부대 지원까지, 그녀의 활약이 미국에서도 큰 화제가 되면서 무려 세 번이나 〈타임〉의 커버를 장식했습니다. 재미

플라잉 타이거스 부대

〈타임〉지를 장식한 메이링(1931년, 1938년, 1943년)

있는 것은 처음에는 장제스와 함께였다가 마지막 세 번째는 그녀 혼자 단독으로 표지에 선정되었다는 사실입니다. 그만큼 메이링은 중일전쟁에서 중요한 역할을 해낸 인물이었습니다. 이때 메이링은 미국의 지원에 감사하는 의미로 판다를 선물했습니다. 중국 외교의 상징인 판다 외교를 처음 선보인 사람이 바로 메이링이었던 것입니다.

메이링의 활약은 여기서 끝나지 않았습니다. 일본이 제2차 세계대전 중 하와이의 진주만을 폭격하자 이 상황을 놓치지 않고 미국으로 날아간 것입니다. 그리고 뉴욕과 로스앤젤레스 등의 도시를 방문해 일본과의 전쟁에서 중국의 역할을 연설했습니다. 1942년 2월 18일에는 중국인 최초로 미국 의회에서 연설하기도 했죠.

"제가 말하고자 하는 바는 중국은 여러분을 포함해 다른 민족들과 협력할 준비가 되어 있으며, 건전하고 진

판다 외교의 시작을 연 메이링

보적인 세계 사회를 위해서 진실되고 지속적인 기반을 마련하기 위해 노력할 것입니다. 그리고 어떤 오만하고 약탈적인 이웃(일본)이 미래 세대를 또 다른 광란의 피바다에 빠트리는 것을 막을 것입니다."

완벽한 미국식 영어로 유창하게 진행된 메이링의 연설은 미국의 많은 유력 인사를 눈물짓게 했습니다. 이 연설로 미국의 루스벨트 대통령은 중일 전쟁에 미국의 지원을 확대하겠다는 결정을 내렸습니다. 사실 이 무렵 메이링은 고혈압과 위장병으로 건강이 좋지 않았습니다. 그녀는 무려 3개월 전에 미리 미국으로 건너가 병원에 입원까지 하면서 컨디션을 관리했습니다. 또한 완벽한 연설을 위해 철저하게 연설문을 수정하고 또 수정하면서 스크립트를 만들고 연습을 반복했다고 합니다.

이렇게 메이링이 맹활약하는 가운데 상황은 점차 중국에 유리하게 돌아가기 시작했습니다. 제2차 세계대전에서 연합군이 곳곳에서 승리를 거두자, 일본에 대한 대응과 전후 처리 문제를 협의하기로 한 것입니다. 1943년

카이로 회담에 참석한 메이링

11월, 이집트의 카이로에서 미국의 루스벨트 대통령, 영국의 처칠 총리, 중국의 장제스가 참석한 회담이 열렸습니다. 카이로 회담은 장제스에게 세계 최강국인 미국과 영국의 정상들과 자신을 같은 반열에 올려놓을 너무도 중요한 자리였습니다. 하지만 그는 영어를 못했습니다. 그래서 장제스를 대신해 메이링이 협상을 진행하고, 영어 통역을 맡게 되었죠. 카이로 회담은 루스벨트 대통령과 처칠 총리, 그리고 장제스가 나란히 앉은 사진이 가장 널리 알려져 있지만, 사실은 그 옆에 메이링도 함께였습니다. 당대 최고의 권력자들이 모인 자리에서 유일한 동양인 여성이었던 메이링은 유창한 언변으로 외교력을 펼쳤고, 그 모습에 많은 관심이 쏟아졌습니다.

이후 메이링은 전 세계에 중국을 대표하는 여성으로 알려졌습니다. 카이로 회담 이후 영국 신문은 메이링을 두고 '세계에서 가장 중요한 여성'이라는 헤드라인과 함께 그녀의 기사를 실었습니다. 기사는 메이링을 탁월하고 능수능란한 암호랑이로 묘사했죠. 당시 메이링은 능력 있는 여성의 상징이 될 만큼 세계적인 인지도를 자랑했습니다.

중국 내에서 구호 활동을 펼친 첫째 아이링과 둘째 칭링, 그리고 외교에 나선 셋째 메이링의 활약에 힘입어 중국은 무려 8년간 이어진 중일전쟁을 버텨냈습니다. 그리고 1945년 8월에 일본이 제2차 세계대전에서 항복을 선언하며 드디어 중일전쟁이 끝났습니다.

영국 신문에 실린 메이링

끝나지 않은 패권 전쟁과 완전히 갈라선 세 자매

힘을 합쳐 일본을 몰아내는 데 성공한 중국은 미국의 중재로 충칭에서 평화회담을 열었습니다. 국민당의 장제스와 공산당의 마오쩌둥은 과거 쑨원이 제시했던 방식에 따라 단계적으로 중국에 민주주의 정치를 실현하기로 했죠. 그리고 어떤 일이 있어도 내전을 피하고, 독립, 자유, 부강의 신중국을 건설하는 데 합의했습니다. 10월 10일에 열린 이 만남을 '쌍십협정'이라고 합니다. 하지만 장제스와 마오쩌둥 모두 뒤로는 전면전을 위한 준비에 박차를 가했습니다. 공동의 적이었던 일본이 사라졌으니 다시 중국의 패권을 두고 싸우려 한 것입니다. 결국 1946년에 국공 내전이 시작됐고, 중국은 또다시 전쟁에 휩싸였습니다.

일본에 맞서면서 함께 손잡았던 세 자매는 내전이라는 큰 변화와 함께 각각의 진영으로 갈라졌습니다. 먼저 둘째 칭링은 공산당과 마오쩌둥을 선택했습니다. 사실 그녀는 쑨원의 유지에 따라 국민당과 공산당이 끝까지 손을 잡길 바랐습니다. 하지만 내전이 일어나면서 어느 한쪽을 선택해야 했죠. 이때 칭링은 공산당이 토지를 농민들에게 배분한다는 정책이 쑨원의 정치 강령과 맞아떨어진다고 판단했습니다. 그래서 공산당의 편에 선 것입니다. 이후 그녀는 상하이에서 여성과 어린이를 위한 자선 사업에 집중했습니다.

셋째 메이링은 국민당을 이끈 장제스의 부인이었고, 첫째 아이링은 남편인 쿵샹시가 국민당의 재정부장이었기 때문에 국민당이 이기기만을 바랐습니다. 전쟁 초반, 장제스의 국민당군은 두 자매의 바람처럼 대부분의 전선에서 승리를 거뒀습니다. 장제스의 군대가 수년간 일본군에 맞서 전투

경험을 키워온 데 반해 마오쩌둥의 군대는 대체로 후방에서 싸워 상대적으로 전투 경험이 미약했기 때문이죠. 게다가 장제스의 국민당군 전력은 마오쩌둥의 공산당군보다 세 배나 컸고 공군과 탱크, 대포도 더 많았습니다. 그러니 모두가 장제스군이 이길 거로 생각했죠.

그런데 이듬해부터 장제스군은 연이어 처참한 패배를 겪었습니다. 여러 원인이 있지만 가장 큰 이유는 국민당이 민중의 지지를 잃었기 때문입니다. 국민당군은 전쟁 중에 종종 약탈을 벌인 데다 심각한 부정부패로 큰 비난을 받았습니다. 민심이 돌아서면서 장제스의 정부와 군대는 점점 설자리를 잃어갔죠. 반면 내전 중에 공산당이 지배한 지역에서는 정반대의 상황이 벌어졌습니다. 엄격하게 통제된 군대에서는 눈에 띄는 약탈도 없었고, 공산당의 토지개혁 정책은 사람들에게 큰 지지와 환호를 받았습니다.

이런 가운데 내전을 종식시키려 한 미국의 압박으로 장제스는 휴전을 결정할 수밖에 없었습니다. 그 사이 공산당은 소련의 지원을 받아 병력을 강화했습니다. 4개월 뒤 내전이 재개됐고, 국민당은 대규모 전투에서 모두 패배하며 큰 피해를 입었습니다. 결국 1949년 4월 23일에 공산당군이 난징을 점령하면서 20년 넘게 이어진 국민당의 중국 통치가 사실상 막을 내렸습니다. 그해 말 장제스는 200만 명의 군인들과 주요 인사들을 데리고 대만으로 향했습니다. 이후 장제스는 대만의 총통으로 집권했고, 메이링은 총통의 부인으로 살아가게 되었죠.

내전이 끝난 뒤 마오쩌둥은 마담 쑨원인 칭링이 새로운 국가와 함께한다는 상징성을 중요하게 생각했습니다. 그래서 칭링에게 중국을 위해 일해달라며 러브콜을 보냈죠. 마오쩌둥이 중화인민공화국의 성립을 선포한 1949년 10월 1일, 칭링은 마오쩌둥의 바로 뒤에서 톈안먼을 향해 함께 걸음을 내디뎠습니다. 마오쩌둥 정부의 부주석이라는 최고위직에 오른 것입니다. 이로써 칭링은 현대 중국 역사상 가장 높은 지위에 오른 여성으로 남았습니다.

이렇듯 쑹씨 세 자매는 국공내전 이후 오랜 숙적이었던 국민당과 공산당으로 갈라져 각자의 삶을 살아갔습니다. 그리고 전쟁이 끝난 후 세 자매가 다시 한자리에 모이는 일은 없었다고 전해집니다. 쑹씨 세 자매는 20세기 중국인이 처한 복잡한 역사를 상징적으로 보여주는 인물입니다. 여성의 인권이 낮은 청나라 말기에 태어나 혁명을 원하는 민중의 목소리를 들으며 자랐고, 복잡한 권력 투쟁의 역사를 거쳐, 참혹한 전쟁을 겪었죠. 그리고 그 가운데 자신의 의지와 선택으로 능력을 발휘하며 각자 다른 삶을 만들어나갔습니다. 중국 근현대사의 한가운데를 살다 간 세 자매의 이야기가 현대의 중국을 이해하는 작은 발걸음이 되었기를 바랍니다.

벌거벗은 러시아의 흑역사

괴승 라스푸틴과 러시아 제국의 몰락

류한수

● 지금의 러시아는 이전에는 소비에트 연방, 즉 소련이라는 나라였습니다. 그렇다면 소련 이전에는 어떤 나라였을까요? 황제가 다스리는 나라였던 러시아 제국입니다. 오늘날 러시아의 블라디미르 푸틴Vladimir Putin 대통령은 이 제국의 전통을 되살려내려고 애쓰고 있죠. 러시아 제국은 1917년에 무너지고 말았는데, 몰락의 여러 원인 가운데는 한 가족이 괴상한 인물에게 휘말리는 사건도 있습니다.

사진은 러시아 제국의 마지막 황제 니콜라이 2세Nikolai II 일가의 모습입니다. 황제에게는 알렉산드라Aleksandra 황비와 네 공주, 그리고 황태자인 막내아들이 있었습니다. 황제 부부의 사랑은 남달랐고 가족은 화목하기

러시아 마지막 황제의 가족사진

이를 데 없었죠. 그런데 이때로부터 5년이 지나 이 사진은 20세기의 가장 비극적인 가족사진이 되고 말았습니다. 어느 날 황제와 가족들이 한밤중에 지하실로 불려가 떼죽음을 맞이했기 때문입니다. 300년이 넘도록 세계를 호령하던 러시아 제국은 이렇게 하루아침에 허물어졌습니다. 황제 일가의 몰살과 러시아 제국의 종말은 전 세계에 크나큰 충격을 주었습니다.

누구도 예상하지 못했던 이 사건에는 그리고리 라스푸틴Grigorii Rasputin이라는 알쏭달쏭한 사람이 깊이 개입돼 있었습니다. 그는 온갖 기행을 일삼으며 '희대의 괴승'으로 불린 인물입니다. 괴승은 기괴한 수도승이라는 뜻입니다. 러시아뿐 아니라 유럽에서도 유명인이었던 라스푸틴을 둘러싼 이해할 수 없는 이야기는 매우 많습니다. 그는 사람에게 최면을 걸었고, 말과 대화를 나눴으며, 자기가 신의 계시를 받았다고 주장했습니다. 더 나아가서는 러시아 제국의 몰락을 예언하기도 했죠. 그리고 신기한 능력으로 황제 부부를 제멋대로 주무르기도 했습니다. 어찌 보면 사이비 교주와도 같았습니다.

떠돌이 수도승에 지나지 않았던 라스푸틴은 황제 일가의 끔찍한 죽음과 어떻게 연관되어 있을까요? 그리고 세계를 호령하던 러시아 제국은 어쩌다가 하루아침에 무너졌을까요? 지금부터 괴승 라스푸틴의 삶을 들여다보면서 러시아 제국이 허물어지는 마지막 순간을 벌거벗겨 보겠습니다.

그리고리 라스푸틴

러시아 제국은 어떻게 탄생했나?

러시아라고 하면 드넓은 영토가 먼저 떠오릅니다. 러시아는 이렇게 크고 풍요로운 나라를 언제 어떻게 이뤘을까요? 사실 러시아는 처음부터 대제국은 아니었습니다. 13세기부터 15세기까지 약 240년 동안 몽골인의 지배를 받으며 숨죽이고 지내던 때도 있었죠. 이랬던 러시아가 몽골인을 몰아내고 주권을 강화하며 '루스(러시아) 차르국'이라는 국호를 내걸면서부터 달라졌습니다. 이때 세계 역사에 러시아라는 이름을 처음 선보였습니다.

초기에 루스 차르국의 영토는 모스크바를 중심으로 오늘날 러시아 영토의 서쪽에 한정돼 있었습니다. 그런 루스 차르국이 시베리아까지 영토를 넓히고, 세계에서 가장 큰 국토를 가진 나라로 발돋움한 계기는 모피의 수집과 수출입니다. 예로부터 모피는 유럽에서 큰 인기를 누렸습니다. 값비싼 모피 옷은 군주와 귀족의 필수품이나 마찬가지였죠. 러시아는 유럽에 모

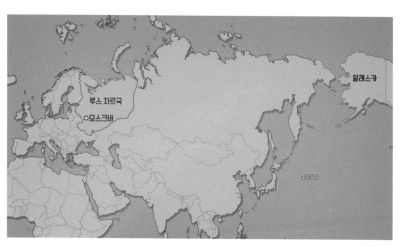

16세기 중엽 루스 차르국 영토

피를 팔아서 돈을 많이 벌어들였는데, 모피는 아무 데서나 나오지 않았습니다. 털가죽을 가진 동물이 사는 땅이 한정돼 있었기 때문입니다. 그래서 러시아의 군주들은 원정대를 꾸려서 담비 같은 동물이 서식하는 시베리아로 보냈습니다.

이런 방식으로 17세기에 이르러 시베리아 전역을 정복했고 드넓은 영토를 차지하게 되었습니다. 이때가 바로 러시아 역사에서 가장 위대한 황제로 일컬어지는 표트르 대제Pyotr Veliky의 통치기입니다. 표트르 대제는 시베리아 말고도 이웃 나라와 전쟁을 벌여 땅을 넓혀 나갔습니다. 강대해진 러시아는 루스 차르국에서 러시아 제국으로 나라 이름을 바꿨습니다.

표트르 대제가 이룩한 일은 국토 확장만이 아닙니다. 그는 황제라는 신분을 감추고 몸소 서유럽으로 가서 앞선 기술과 문물을 배우고 돌아와 러시아의 눈부신 발전을 이끌었습니다. 상트페테르부르크를 건설해서 러시아 제국의 새 수도로 삼고, '황제의 마을'이라 불리는 차르스코예 셀로를 세

표트르 대제 치세 후반기의 러시아 제국

우고 궁전을 짓기도 했죠. 그는 죽은 뒤에도 러시아에 영향을 미쳤는데, 그 가운데 하나가 죽기 전에 동쪽으로 보낸 탐험대가 북아메리카 대륙의 알래스카를 발견한 일입니다. 덕분에 러시아는 한때 바다 건너 알래스카까지 영토로 삼게 되었습니다.

예카테리나 대제Ekaterina Velikaya는 표트르 대제의 뒤를 이어 러시아 제국의 영토를 더욱 넓힌 황제입니다. 당시 러시아의 서쪽에는 유럽의 여러 강대국이, 남쪽에는 오스만 제국이 버티고 있었습니다. 러시아는 전쟁에서 이겨 오스만 제국의 땅을 차지했는데, 그 일부가 오늘날에도 러시아가 중시하는 크름 반도입니다. 예카테리나 대제 통치기에 러시아는 폴란드, 헝가리, 독일 영토의 일부까지 차지하며 힘을 키워나갔습니다.

2022년 2월에 러시아가 우크라이나를 공격한 데는 이 같은 러시아 제국의 과거도 영향을 미쳤다고 볼 수 있습니다. 푸틴 대통령은 "미국과 서방의 여러 나라가 우크라이나를 통해 러시아에 지속적 위협을 가해 안전하게 살아가기 어렵다"라는 이유로 우크라이나를 공격했다고 밝혔습니다. 공세가 최선의 방어라고 생각한 예카테리나 대제의 치세에 러시아 제국이 영토를 확장한 것과 비슷한 맥락이죠. 그러다 보니 지난날 러시아 제국에서는 영토 확장을 훌륭한 차르(황제)의 덕목으로 여기기도 했습니다.

이런 러시아가 전 유럽을 호령하는 강국으로 확실하게 발돋움한 시점은 예카테리나 대제의 손자인 알렉산드르 1세Aleksandr I가 다스리던 때인 1812년이었습니다. 프랑스의 나폴레옹이 60만 대군을 이끌고 러시아 제국을 침략하자 알렉산드르 1세는 이를 막아냈고, 얼마 뒤에는 아예 프랑스로 가서 파리를 점령했습니다. 러시아 제국 군대가 유럽 최고의 군사 강국인 프랑스를 물리치고 파리에 들어선 이 상징적 사건을 계기로 러시아는 전

19세기 중엽 러시아 제국의 드넓은 영토

유럽에서 위상을 드높이기 시작했습니다. 그 뒤로도 꾸준히 영토를 확장한 러시아는 19세기 중엽에는 세계 지표면의 6분의 1에 이르는 드넓은 영토를 갖게 되었습니다. 지금 우리가 알고 있는 러시아의 영토와 엇비슷하죠.

러시아 제국이 전 세계에 강한 영향력을 발휘하는 대열강으로 커가는 데 발맞춰 황제의 권력도 막강해졌습니다. 러시아 제국의 300년 역사에서 황제는 거의 무제한의 절대 권력을 휘둘렀습니다. 제국의 국교인 '정교'의 최고 지도자를 황제가 임명할 정도였죠. 러시아 정교회는 백성에게 "황제는 하느님께서 지상에 내려주신 백성의 아버지이므로 끝없는 충성심과 복종심, 존경심을 지녀야 한다"고 가르쳤습니다. 그래서 러시아 제국의 백성은 황제를 '자상한 아버지'라 부르며 따랐습니다. 이 같은 절대 권력이 수백 년 동안 이어지면서 러시아 황실의 재산은 추정조차 힘들 만큼 어마어마해졌습니다. 귀금속과 보석으로 꾸민 화려한 궁전과 넓디넓은 영지를 소유한 러시아 황제는 한때 '세상에서 가장 부유한 군주'로 불렸습니다.

시베리아의 촌뜨기는 어떻게 괴승이 되었나?

이처럼 강력했던 러시아 제국은 저주와도 같은 악재와 최악의 선택이 겹쳐 몰락의 길에 접어들었습니다. 이 몰락의 한복판에 있는 인물이 앞서 이야기한 라스푸틴입니다. 그는 거룩한 성자나 수도승과는 거리가 꽤 멀었습니다. 시베리아에서 태어나서 자란 농부였으며 정규 교육을 받지 못했고 글도 제때 깨치지 못했습니다. 낮에는 농사를 짓고 밤에는 술에 취해 마을 여인들을 따라다니며 치근덕거리는 막돼먹은 술꾼에 지나지 않았죠. 라스푸틴의 큰 코는 살짝 비뚤했는데, 술을 마시고 툭하면 싸우다 맞아서 그렇게 됐다고 추정됩니다.

그는 마을 아가씨들을 붙잡고 대뜸 옷 단추를 풀거나 다짜고짜 입맞춤을 퍼부어서 자주 따귀를 맞았다고 합니다. 18세에 결혼하고도 그 버릇을 못 고쳐 다른 여자와 성관계를 맺곤 했죠. 그만큼 방탕한 인물이었습니다. 손버릇이 나쁘기로도 유명했는데 물건을 훔치다가 얻어맞아 이마에 흉터가 생겼다고 합니다. 라스푸틴의 자유분방한 헤어스타일이 그때 생긴 흉터를 가리기 위해서라는 말도 있습니다.

온갖 말썽을 일으키던 라스푸틴은 어느 날 말을 훔쳤다는 의심을 사서 마을에서 쫓겨났고, 이를 계기 삼아 순례에 나섰습니다. 고향에서 500km나 떨어진 정교회 수도원으로 간 그는 글을 배웠고 처음으로 《성경》을 읽었습니다. 이때부터 라스푸틴의 인생은 극적으로 바뀌기 시작했습니다. 이제까지의 방탕한 삶을 뉘우치고 신에 귀의하겠다는 마음을 먹은 것입니다. 그는 술을 끊고 채식을 하며 열렬하게 기도에 매달렸습니다. 자기가 매우 특별한 사람이라 굳게 믿는 라스푸틴은 신과 직접 교감하고 싶어 했습니다. 이를 위해 정교의 정통 교리에서 벗어난 특이한 교리에도 관심을 가졌죠. 이때 그를 사로잡은 종파가 '흘리스티'입니다.

17세기 말에서 20세기 초까지 러시아에 존재했던 이단 종파인 흘리스티는 '죄를 지어야 구원받을 수 있다'라는 독특한 사상을 갖고 있었습니다. 죄를 짓지 않아야 신에게 다가갈 수 있다고 생각하는 다른 종교와 달리 흘리스티는 신에게 다가서려면 먼저 죄를 지어야 한다고 주장했죠. 그래야 구원받을 수 있다는 논리였습니다.

그림은 흘리스티의 예배 장면입니다. 신도는 교회가 아닌 헛간이나 목욕탕에 모여 찬송가를 부르면서 채찍을 맞았습니다. 채찍질에 피를 흘리면서도 미친 듯이 춤을 추다가 분위기가 달아오르면 옷을 다 벗어 던지고 성관계를 맺었다고 합니다. 흘리스티는 부부 관계를 포함한 모든 성관계를 죄악으로 규정했습니다. 따라서 이런 의식으로 죄를 저지른 다음 신에게 열렬히 회개하면 구원받을 수 있다고 믿었죠. 라스푸틴은 흘리스티의 교리를 얼마간 받아들였습니다. 그가 이단자인지는 정확히 밝혀지지 않았지만, 공식 교회와 동떨어진 인물이었다는 사실만은 명백합니다.

라스푸틴의 기이한 행보는 여기서 그치지 않았습니다. 그는 자기가 성모 마리아로부터 직접 계시를 받았다고 선언했습니다. 들판에 서 있는데 성모 마리아가 하늘에 나타나서 자기 주위를 맴돌며 날아다니는 기적을 보았고, 꿈에도 나타나 "모든 사람의 죄를 깨끗이 씻어주라"라는 계시를 내렸다고 했죠. 그 뒤에 라스푸틴은 수천 킬로미터나 떨어진 머나먼 그리스까지 순례를 떠나기도 했습니다.

이런 과정을 거쳐 스스로 영적 깨달음을 얻고 신비한 능력을 얻게 되었다고 주장하는 라스푸틴은 카잔이라는 지역의 정교회를 찾아가서 수사가

흘리스티의 의식

되었습니다. 이때부터 그에게 예언과 치유 능력이 있다는 소문이 퍼지면서 명성을 얻었습니다. 그가 정말 신비한 능력을 지녔는지는 알 길이 없습니다. 다만 말발이 매우 좋았다고 알려져 있습니다. 직관으로 사람을 간파해서 상대가 듣고 싶어 하는 말을 들려주었다고 합니다. 이런 라스푸틴에게 위로받으려는 사람이 몰려들었습니다. 두 아이를 잃고 너무 슬픈 나머지 정신이 이상해진 어느 여인이 라스푸틴과 30분 동안 이야기를 나누고 제정신을 찾았다는 소문이 나기도 했죠.

라스푸틴의 인기가 날로 높아지자 이를 눈여겨본 카잔의 대주교는 그를 수도로 보내야 한다며 추천서를 써주었습니다. '이 사람은 의심할 여지가 없는 통찰력과 영적 지혜를 지닌 영적 스승입니다'라는 내용의 추천에 힘입어 라스푸틴은 러시아 제국의 수도 상트페테르부르크로 진출했습니다.

제국 수도의 귀부인들은 성자라는 소문과 함께 대주교의 추천장을 가지고 나타난 라스푸틴을 무척 궁금해했습니다. 여러 귀족이 모이는 살롱의 초대를 받은 라스푸틴은 자기가 신과 교감하는 성자이며 병을 고치고 미래를 알아맞히고 불행을 쫓아버릴 수 있다면서 직접 능력을 보여주었습니다. 실제로 병상에 누워 꼼짝하지 못하던 귀부인이 그의 기도를 듣고 병상에서 일어나서는 이전의 건강을 되찾았다는 말이 있습니다.

이런 소문이 퍼져나가면서 라스푸틴에 열광하는 귀부인이 늘어났습니다. 어느새 그는 귀족을 넘어 황족까지 주무르는 사람이 되었습니다. 하지만 라스푸틴의 야망은 훨씬 컸습니다. 그는 러시아 제국의 정점인 황실에 다가가고 싶어 했고, 이를 위해 호시탐탐 기회를 노렸습니다.

러시아 제국의 마지막 황제와 피의 일요일

이즈음 러시아 제국의 황제로 즉위한 인물이 니콜라이 2세입니다. 할아버지와 아버지가 모두 황제여서 흠잡을 데 없는 정통성을 지닌 황태자였던 니콜라이는 아버지가 갑작스레 숨지는 바람에 26세라는 젊은 나이에 황제 자리에 올랐습니다. 하지만 준비된 황제는 아니었습니다. 그는 제왕 교육을 충분히 받지 못한 데다 마음이 여린 인물이었습니다. 러시아 제국이라는 거대한 나라를 다스리는 전제군주의 직위를 물려받았으나 제대로 다스릴 자신감이 없었죠. 모든 게 부담스러웠던 그는 두려움에 떨면서 이렇게 말했다고 합니다.

"나는 황제가 될 준비가 되어있지 않아요. 앞으로 어떻게 해야 하나요?

황제가 되기 싫어요. 통치술을 전혀 모르거든요."

이런 니콜라이 2세 곁에는 사랑하는 아내인 알렉산드라 황비가 있었습니다. 황비는 그의 유일한 마음의 안식처였죠. 왕실끼리의 정략결혼이 흔했던 유럽에서 두 사람은 서로 열렬히 사랑해서 결혼한 보기 드문 잉꼬부부였습니다. 10대 시절에 니콜라이가 독일 소공국의 공주인 알렉산드라를 보고 첫눈에 반했다고 합니다. 니콜라이의 간절한 바람으로 약혼한 두 사람은 함께 요트를 타고 유럽을 여행하고, 유람 버스를 타고 꽃을 따러 다니기도 했습니다. 떨어져 있는 동안에는 절절한 사랑 고백이 가득 담긴 연애 편지를 수백 통씩 주고받을 만큼 두 사람의 애정은 남달랐다고 합니다.

니콜라이 2세의 여린 마음과 사랑꾼의 면모는 통치에도 영향을 끼쳤습니다. 그는 황제가 되어서도 자기주장을 뚜렷하게 내세우지 못했습니다. 거절도 잘하지 못해서 누가 거세게 주장하면 그 말을 따르곤 했죠. 국정 문제

니콜라이 2세 황제   알렉산드라 표도로브나 황비

러시아 전통 복장을 한 황제 부부

는 아내와 어머니의 말에 의지했습니다. 재임 초기에 황제로서 함께 국가를 운영할 각료를 임명해야 하는데도 "어마마마께 여쭤시오"라며 미뤄버렸습니다. 다른 이의 말에 이렇게 쉽게 흔들리면서도 니콜라이 2세는 백성의 목소리는 귀담아들으려 하지 않았습니다.

이 같은 태도는 그의 통치에 치명적이었습니다. 당시 세계는 변화하고 있었고, 러시아 제국도 대격변기에 들어서는 중이었습니다. 러시아 제국에 불어닥친 첫 번째 변화는 서유럽에서 불어온 자유주의로부터 시작됐습니다. 시대착오적인 낡은 질서를 허물고자 민중이 왕정을 무너뜨린 프랑스 혁명으로 루이 16세Louis XVI와 마리 앙투아네트Marie Antoinette는 단두대에서 처형되었습니다. 이후 유럽에서는 제왕이 절대 권력을 휘두르는 전제정치 대신 시민의 뜻을 국정에 반영하는 '민주주의'로 가는 거대한 흐름이 생겨났습니다. 프랑스에는 왕이 없는 공화국이 들어서기도 했고, 영국은 의회가 나라를 다스리는 입헌군주국으로 바뀌었죠. 이런 흐름이 러시아에도 영향을 미치면서 니콜라이 2세가 즉위하기 수십 년 전부터 아예 전제정 타도를 부르짖는 혁명가들이 러시아 곳곳에서 권력자들을 대상으로 테러를 벌이곤 했습니다.

혼란기에 황제가 된 니콜라이 2세는 시대의 흐름을 받아들여 전제 체제를 개혁할지, 아니면 이를 거부하고 전제 체제를 유지할지를 선택해야 했습니다. 전제정만이 러시아 제국을 다스릴 유일한 길이라고 믿은 니콜라이 2세는 300년 동안 이어온 절대 권력을 유지하기로 했습니다. 제국 통치 방침에 관해 니콜라이 2세는 이렇게 말했습니다.

"짐은 의회 대의정치에 조금도 동의하지 않소. 백성에게 해롭기 때문이오."

EXECUTION DE LOUIS CAPET XVI.º DU NOM, LE 21. JANVIER 1793.

단두대에서 목이 잘린 프랑스 국왕 루이 16세

의회민주주의가 러시아에 해악을 끼친다고 생각했음을 알 수 있습니다. 그가 유럽 국가들과 다른 선택을 한 데는 할아버지와 아버지의 영향이 컸습니다. 니콜라이의 할아버지인 알렉산드르 2세Aleksandr II는 시대의 흐름을 받아들여서 체제 개혁을 시도했던 황제였습니다. 하지만 개혁이 불완전하고 느리다는 불만을 품은 혁명가들의 폭탄 테러에 희생되었습니다.

알렉산드르 2세는 혁명 세력이 던진 폭탄에 온몸이 찢겨 참혹하게 죽었습니다. 그 모습은 당시 13세였던 어린 니콜라이의 머리에 깊이 새겨졌습니다. 뒤이어 황제가 된 니콜라이의 아버지 알렉산드르 3세Aleksandr III는 누구보다 군센 전제군주였습니다. 그는 아버지를 죽인 혁명 세력에 강한 적개

알렉산드르 2세의 죽음

심을 품었고, 이들을 혹독하게 짓눌렀습니다. 알렉산드르 3세의 통치기에
도 황제의 목숨을 노리는 암살 기도가 여러 차례 일어났습니다. 때문에 니
콜라이 황태자를 포함한 황제 일가는 죽음의 공포에 시달려야 했습니다.
이런 환경에서 자라난 니콜라이 2세는 자기가 조금이라도 약한 모습을 보
이면 나라가 망할 거라고 확신했습니다. 그래서 전제 체제를 고집스레 이
어 나가려 했습니다. 이를 위해 혁명 세력을 철저하게 억눌렀습니다. 테러
를 벌이거나 노동운동을 하는 혁명가들을 색출해서 감옥에 가두거나 시베
리아로 유형을 보냈죠.

　이 무렵에 러시아를 뒤흔들던 또 하나의 변화는 '사회주의'의 확산입니
다. 서유럽에 불어온 자본주의의 물결이 러시아에도 닥쳐오면서 많은 공

장이 들어서고 노동자가 빠르게 늘어났습니다. 니콜라이 2세가 즉위하던 1890년대에 도시 인구는 700만 명에서 2,800만 명까지 급증했습니다. 하지만 공장의 노동 조건은 참혹했고 사고가 빈번했습니다. 노동자는 마치 노예처럼 부려졌죠. 먼저 산업화를 시작한 서유럽에서는 이 문제를 해결할 방법 가운데 하나로 사회주의가 떠올랐습니다. 사회주의는 소수의 자본가만 부를 독차지해서는 안 되며 다수의 노동자도 공평하게 나눠 가져야 한다는 이념입니다. 사회주의자들은 전제정을 처부수고 모두가 평등한 사회를 이룩하자고 주장했습니다.

그런 사회주의 혁명가 가운데는 20대 청년 블라디미르 레닌Vladimir Lenin도 있었습니다. 원래 모범생이었던 레닌은 혁명가인 형이 알렉산드르 3세를 암살하려다가 붙잡혀 사형당하는 일을 겪으면서 혁명 운동에 나서게 되었습니다. 레닌은 수도 상트페테르부르크로 가서 공장 노동자를 일깨우는 일을 했습니다. 그러다 1896년에 체포되어 감옥에 한 해 동안 갇혔다가 시베리아로 추방되었고, 유형에서 풀려난 뒤에는 서유럽으로 망명했습니다. 러시아 밖에서도 혁명 활동을 끊임없이 이어 나간 레닌은 사회주의 혁명을 추구하는 볼셰비키당을 이끌었고, 혁명 사상을 선전하는 신문도 펴냈습니다. '무력으로 사회주의 혁명을 쟁취해야 한다'가 레닌의 사상이었죠. 니콜라이 2세가 혁명 세력을 무자비하게 억누를수록 러시아 안에서는 전제정을 끝내고 싶어 하는 목소리가 더욱 높아졌습니다. 한편으로 레닌의 말에 귀를 기울이는 사람이 차츰차츰 더 많아졌습니다. 러시아 제국의 뒤숭숭한 상황이 레닌의 영향력을 더 키워준 셈입니다.

이렇게 국내 정세가 불안정한 상황에 니콜라이 2세는 또다시 자충수를 두었습니다. 1904년에 일본과의 전쟁에 뛰어든 것입니다. 당시 러시아는

100만 명이 넘는 세계 최대 육군 보유
국이었고, 막강한 함대까지 가지고 있
었기 때문에 빠르게 승기를 잡을 거라
생각했습니다. 하지만 일본과 맞붙으려
고 장거리 항해를 해야 했던 러시아 제
국 해군의 함대는 진이 빠진 나머지 제
대로 싸울 수 없었습니다. 러시아는 일
본에 지고 말았습니다.

블라디미르 레닌

나라 밖이 위태로운 가운데 러시아
제국의 수도 상트페테르부르크에서는
1905년 1월에 노동자들이 대규모 시위에 나섰습니다. 비인간적인 환경에서
저임금과 장시간 노동에 시달리던 노동자들이 마침내 들고일어난 것입니
다. 이때까지만 해도 노동자들은 황제를 직접 만나서 어려움을 호소하기만
하면 틀림없이 문제를 해결해 줄 거라고 믿었습니다. 그래서 '아버지'라 부
르는 황제를 만난다는 생각에 가장 좋은 옷을 입고 황제와 황비의 초상화
를 든 노동자 수만 명이 거리로 나섰습니다. 이들은 황궁인 겨울궁전으로
평화 행진을 했습니다.

하지만 니콜라이 2세는 이미 겨울궁전에서 떠나고 없었습니다. 며칠 전
에 황제의 목숨을 노린 암살 기도가 일어난 데다가 시위에 나선 사람들이
겨울궁전 안으로 난입할 거라는 소문까지 나돌자, 황제는 백성을 만나기를
꺼리고 겨울궁전을 떠난 것입니다. 그 사실도 모른 채 궁전으로 다가서는
평화 시위대를 향해 황궁 수비대가 발포했습니다. 거리는 순식간에 아수라
장이 됐고 숱한 사람이 피를 흘리며 쓰러졌습니다. 니콜라이 2세의 초상화

는 이들의 피로 얼룩졌죠. 정부는 이날 200명이 죽었다고 발표했지만, 실제로는 훨씬 더 많은 사람이 목숨을 잃었다고 추정됩니다.

'피의 일요일'이라 불리는 이 비극은 러시아 제국의 밑동을 뒤흔들었습니다. 러시아 제국의 백성이 수백 년 동안 간직해 온 믿음, 즉 황제는 백성을 자식처럼 보살피는 아버지 같은 존재라는 생각이 산산이 깨져버렸기 때문입니다. 백성의 분노가 솟구치자 수백 년을 이어온 전제정은 크나큰 위기에 맞닥뜨렸습니다. 그리고 순식간에 혁명의 물결이 거대한 해일처럼 러시아를 덮쳤습니다. 상트페테르부르크는 물론이고 모스크바에서도 총파업의 불길이 번져나갔습니다. 궁지에 몰린 니콜라이 2세는 뉘우치기는커녕 더 무자비하게 백성을 짓누르려고 했습니다. 자기에게 대드는 지역에 군대를 보내서 혁명가를 모조리 붙잡아 들였죠. 하지만 그럴수록 저항은 더 거세졌습니다. 이때 러시아 전역은 전쟁터나 다름없었습니다. 나라 곳곳에서 파업이 일어나고 학교와 공장이 문을 닫았으며, 처절한 유혈사태가 그치지 않았습니다.

사태가 걷잡을 길 없이 번져나가자 마침내 니콜라이 2세는 백성의 분노를 잠시나마 잠재우고자 한 걸음 물러났습니다. 의회를 승인하겠다고 약속한 것이죠. 하지만 결국 그 약속은 제대로 지켜지지 않았습니다. 의회가 구성되고 선거를 통해 의원들이 뽑혔으나, 의회는 아무런 힘이 없었습니다. 오히려 의회가 만들어지며 혁명이 잠시 주춤한 사이에 니콜라이 2세는 혁명 세력을 이 잡듯이 붙잡아 들이며 탄압을 이어갔습니다. 시대의 흐름을 읽지 못하고 백성의 목소리를 듣지 않았던 황제의 결정은 러시아 제국에 엄청난 위기를 불러왔습니다.

비운의 마지막 황태자 알렉세이의 비밀

그런데 이때 니콜라이 2세는 혼란에 빠진 나라를 돌아볼 여유가 없었습니다. 어렵사리 얻은 황태자에게 큰 문제가 있었기 때문입니다. 러시아 제국에서 황제의 권력이 굳건해지려면 반드시 튼튼한 후계자가 있어야 했고, 황제 부부는 아들을 꼭 낳아야 한다는 엄청난 압박에 시달렸습니다. 두 사람은 네 아이를 얻었지만 모두 딸이었습니다. 결혼 10년 만에 드디어 아들이 태어났고, 황제 부부는 이루 말할 수 없이 기뻐하며 아들에게 알렉세이 Aleksei라는 이름을 붙였습니다.

그런데 갓 태어난 알렉세이의 배꼽에서 피가 나더니 며칠이나 멈추지 않았습니다. 알고 보니 혈우병이었습니다. 혈우병 환자는 다치면 피가 잘 멎지 않고 관절에 피가 고여 걸을 수 없게 되기도 합니다. 넘어지기만 해도 핏줄이 터져서 피멍과 혈종이 생기고 몸이 부어올라 자칫 잘못하면 죽기도 하죠. 유전병인 혈우병은 '왕가의 병'이라 불릴 만큼 유럽의 여러 왕가에서 나타나는 병이었습니다. '유럽의 할머니'라고 불릴 정도로 여러 나라의 왕가에 자손을 퍼뜨린 영국의 빅토리아Victoria 여왕이 혈우병 유전형질을 지녔고, 이 혈우병 유전자가 빅토리아 여왕의 외손녀인 알렉산드라 황비를 거쳐 러시아의 알렉세이 황태자에게도 전해졌습

알렉세이 황태자

니다.

　오빠가 두 살 때 혈우병으로 죽었던 알렉산드라 황비는 사랑하는 아들의 혈우병이 자기 탓이라고 자책했습니다. 그녀는 오빠처럼 아들이 어린 나이에 죽을지도 모른다는 걱정에 날이 갈수록 우울해지더니 노이로제 증세까지 보였습니다. 알렉세이가 불치병 환자라는 사실을 안 니콜라이 2세는 아들의 병을 비밀에 부치기로 했습니다. 알렉세이가 혈우병으로 언제 죽을지 모른다는 사실이 알려지면 황태자 자리에서 물러나야 한다는 여론이 들끓을 게 뻔했죠. 니콜라이 2세는 그런 상황만은 피하고 싶었습니다. 황제 부부는 혹시라도 비밀이 새 나갈까 늘 조마조마했습니다.

　그러던 어느 날 황제 부부의 운명을 바꾸는 사고가 일어나고 말았습니다. 황태자가 놀다가 넘어지면서 내출혈이 일어난 것입니다. 다리가 퉁퉁 부어오른 황태자는 너무나도 아파하며 끙끙 앓아누웠습니다. 최고 실력을 자랑하는 황실 주치의도 진통제 밖에는 달리 줄 수 있는 것이 없었죠. 황제 부부는 아들을 고통에서 구해줄 성자를 보내 달라며 기도했습니다. 이때 황제 부부 앞에 라스푸틴이 나타났습니다. 이 무렵 상트페테르부르크에서 기적의 치유 능력을 지닌 성자로 이름이 알려진 그는 자기를 숭배하는 한 황족의 소개로 황제 부부에게 불려 간 것입니다.

　다만 국가 기밀인 황태자의 불치병을 알려줄 수는 없기에 황제 부부는 어느 황족의 별장에서 남몰래 라스푸틴을 만났습니다. 이때 라스푸틴은 진짜 성자처럼 신비로운 말을 늘어놓으며 황제 부부를 친근하게 대했다고 합니다. 좋은 인상을 받은 황제 부부는 "우리가 찾던 성자"라며 기뻐했고, 몇 달 뒤 그를 황궁으로 불러들였습니다. 그러고는 황태자가 혈우병 환자라는 사실까지 털어놓았죠.

그 뒤로 라스푸틴은 때때로 황궁으로 들어가서 황태자가 앓아누운 침대의 머리맡에서 열렬한 기도를 올렸습니다. 그리고 "착한 아이야, 네 병은 곧 나을 것이다"라고 외쳤죠. 라스푸틴이 기도를 마친 다음 날이면 거짓말처럼 황태자의 출혈이 멈췄다고 합니다. 혈우병이 완전히 낫지는 않았지만 라스푸틴이 기도하면 출혈과 고통이 누그러졌습니다. 황태자를 보살피던 황실 주치의마저 기적 같은 그 치유 효과를 인정할 수밖에 없었죠. 그가 어떤 방법으로 황태자의 출혈을 멈췄는지는 지금까지도 풀리지 않는 미스터리입니다.

이에 관해 온갖 추측이 나돌았습니다. 알렉세이 황태자가 진통제로 복용한 아스피린에는 출혈을 더 심하게 만드는 효과가 있었는데, 라스푸틴이 아스피린 복용을 그만두도록 해서 황태자의 증세가 누그러졌다는 말이 있습니다. 또 라스푸틴이 티베트의 약초 전문가들이 가져온 약초를 사용했다거나 황태자에게 최면을 걸었다는 말도 있죠. 원인이 무엇이든, 중요한 사실은 황태자가 아플 때마다 황제 부부가 라스푸틴에게 기댔다는 점입니다. 어느 날 라스푸틴이 수도를 떠나 수천 킬로미터 떨어진 곳에 있을 때 황태자가 또 피를 흘려서 죽음의 문턱까지 간 일이 있었습니다. 의사들은 황태자가 곧 숨질 거라고 진단했고, 황제 부부는 사제를 불러 황태자의 사망 미사를 치를 만큼 상황이 위독했죠. 그런데 황비의 요청에 따라 라스푸틴이 기도를 하자 죽어가던 황태자가 기적처럼 살아났다고 합니다.

죽을 뻔한 아들이 살아나자 황비의 눈에 라스푸틴은 하느님께서 보내주신 성자처럼 보였습니다. 황비는 라스푸틴과 황태자가 함께하는 시간을 자주 만들었고, 아들의 목숨을 구할 이는 라스푸틴뿐이라고 여기며 그에게 간절히 매달렸습니다. 라스푸틴은 황태자를 치유한다는 명목 아래 자주 대화를 나누며 황비의 절실한 마음에 파고들었습니다. 이때 라스푸틴이 "아들의 불행은 어머니가 죄를 지은 탓"이라며 황비의 죄책감을 자극했다는 이야기도 있습니다.

라스푸틴은 괴로운 황제의 마음에도 깊숙이 파고들어 신뢰를 얻었습니다. 니콜라이 2세는 즉위 이후로 10여 년간 세찬 반발에 부딪혀 왔습니다. 정치도 전쟁도 무엇 하나 뜻대로 되는 일이 없었죠. 속상하고 괴로웠던 황제에게는 백성의 흔들림 없는 충성이 필요했습니다. 황제는 정치인이나 혁명가는 자기를 싫어할지 몰라도 순수한 백성만은 늘 자기를 따르고 사랑한다고 믿었습니다. 다만 멀리 있는 백성의 목소리가 자기에게 닿지 않을 뿐이라고 생각했죠. 그는 백성을 만나 그 목소리를 직접 듣고 싶었지만 흔들리는 정국에서 암살 위협까지 받고 있어 쉽지 않았습니다.

이런 황제에게 시베리아에서 온 농민 출신의 수도승인 라스푸틴은 순수한 백성의 목소리를 전하는 성자로 보였습니다. 황제의 여린 마음을 눈치챈 라스푸틴은 "농민은 황제 폐하를 변함없이 사랑하고 늘 믿고 따릅니다"라고 속삭였습니다. 황제의 불안한 심리를 꿰뚫어 보고 듣기 좋은 달콤한 말을 들려준 것입니다. 마음이 무겁던 황제는 라스푸틴에게 홀딱 빠져서 의지하기 시작했습니다. 격동의 시대에 어떻게든 절대군주의 지위에서 내려오지 않으려는 황제에게 라스푸틴이 확신을 심어준 셈이죠.

어느새 라스푸틴은 황제 부부에게 없어서는 안 될 존재가 되었습니다. 그는 황태자의 병을 빌미로 수시로 궁전에 드나들며 황제의 가족들을 손아귀에 넣었습니다. 뛰어난 언변으로 공주들의 고민을 상담해 주며 그들의 마음도 사로잡았습니다. 라스푸틴에게 푹 빠진 황제와 황비는 라스푸틴을 '우리의 벗'이라고 부르며 허물없이 대했습니다.

황실 가족과 함께 있는 라스푸틴

황실과 제국을 장악한 괴승 라스푸틴

　황제 부부의 절대 신임을 얻은 라스푸틴의 권세는 엄청나게 커졌습니다. 그가 틈만 나면 황실을 드나드는 모습이 눈에 띄고 황제 부부와 친밀하다는 사실이 알려지면서 그에게 잘 보이려는 사람이 차츰차츰 늘어났습니다. 황제 부부가 자기를 믿고 따른다며 떠벌리는 라스푸틴의 허풍도 한몫했죠. 사람들은 큰돈과 귀한 술, 최고급 양탄자 같은 뇌물을 들고 라스푸틴의 집

앞에 줄지어 서곤 했습니다. 해가 뜨기 전부터 수백 명이 집 앞으로 몰려들어서 그를 보려면 사흘을 기다려야 한다는 말도 있었습니다.

라스푸틴은 이들에게 뇌물을 받고 서명이 담긴 쪽지를 나눠줬습니다. 처음에는 그 자리에서 종이에 손수 글을 썼지만, 나중에는 미리 인쇄해 두었다가 서명만 해서 나눠줬다고 합니다. 이런 쪽지는 어떤 공문서보다도 더 큰 위력을 발휘했습니다. 여러 정부 기관과 유력인사, 그리고 부자들까지 라스푸틴의 권세를 두려워하며 쪽지에 적힌 요구사항을 들어줬기 때문이죠. 다음은 그런 쪽지 중 하나입니다.

<u>흐보스토프 장관께</u>,

아름다운 여인을 당신께 보내니 그 가여운 여인을 도와주시오. 도움이 필요하니 그 여인과 이야기해 보시오!

_그리고리 라스푸틴

라스푸틴은 심지어 각종 청탁서를 황제 부부에게 가져가서 직접 부탁하기도 했습니다. 그러면 황비는 황제를 다그쳐서 라스푸틴의 부탁을 거의 다 들어주었죠. 라스푸틴은 청탁을 들어준 대가로 어마어마한 돈을 챙겼습니다. 라스푸틴을 성자로 믿고 따르는 숭배자도 늘어났습니다. 276쪽의 사진은 그를 영적 스승으로 추앙하는 사람들과 함께 찍은 것입니다. 라스푸틴을 둘러싼 추종자들을 보면 눈에 띄는 특징이 있습니다. 대부분이 여성이라는 사실입니다. 라스푸틴은 자기를 따르는 여인들을 '꼬마 아가씨'라고 불렀고, 그들은 라스푸틴을 '그리고리 성자님'이라고 부르며 따랐습니다. 라스푸틴을 따르는 여성이 많았는데, 그는 젊은 여자를 유난히 좋아했다고

추종자들에게 둘러싸인 라스푸틴

합니다. 아가씨에게는 입맞춤을 하면서도 나이 든 부인이 다가가면 밀쳐버리기도 했죠.

이 여인들은 대체 왜 라스푸틴에게 푹 빠져들었을까요? 라스푸틴은 마음이나 몸이 병든 여자가 찾아오면 사연과 속내 이야기를 들어주고 기도해주며 마음을 다독였습니다. 그 대가로 숭배자들은 기부금을 내고 선물 세례를 퍼부었죠. 이 밖에도 제 발로 나서서 라스푸틴의 온갖 잔심부름을 하고 편지를 써주고 일정 관리를 하는 비서 노릇까지 도맡곤 했습니다. 그를 숭배하는 한 간호사는 라스푸틴을 지극정성으로 보살피면서 술 마신 다음 날의 숙취까지 관리해 주었다고 합니다.

나날이 권세가 높아진 라스푸틴은 깜짝 놀랄 짓을 저질렀습니다. 숱한 여성과 문란한 관계를 맺은 것입니다. 그는 이를 '정결 의식'이라고 불렀습니다. 앞서 이야기한 흘리스티의 예배 의식을 그대로 가져온 셈이죠. 나이트클럽과 호텔을 끊임없이 드나들었던 라스푸틴은 레스토랑에서 술을 잔뜩 마시고 온갖 추태를 부리기도 했습니다.

누가 봐도 사이비 교주 같은 라스푸틴을 왜 아무도 막지 못했을까요? 사실은 라스푸틴을 성추행으로 고발한 여성이 적지 않았습니다. 교회 지도자들은 그가 이단 종파에 빠져 수녀를 유혹하고 겁탈하려 했다고 비난했습니다. 신도와 난교까지 벌인다고 주장하기도 했죠. 신문도 일제히 라스푸틴을 사기꾼이라고 공격했습니다. 하지만 세간의 비난은 황제 부부에게 아무런 영향을 미치지 못했습니다. 심지어 황태자의 보모까지도 라스푸틴에게 성폭행당했다고 주장하는 데도 황비는 되려 라스푸틴을 감쌌습니다. 성자는 중상모략을 받기 마련이라며 보모를 해고했죠. 황제도 라스푸틴을 비난하는 이를 곧바로 해임하거나 지방으로 보내버렸습니다.

황제가 라스푸틴을 감싼 까닭은 그가 황실의 비밀을 쥐고 있어서였습니다. 황제 부부는 여전히 알렉세이의 혈우병을 비밀에 부쳤고, 아들이 앓아누울 때마다 치유해 줄 사람은 라스푸틴밖에 없으니 지저분한 소문이 퍼져도 애써 모르는 체할 수밖에 없었죠. 그러는 사이에 라스푸틴은 더더욱 기고만장해졌습니다. 라스푸틴은 이렇게 말했습니다.

"황제께서는 나를 그리스도의 현신이라고 부르셨고, 황비께서는 내 발밑에 무릎을 꿇으며 나를 내치지 않겠노라고 약속하셨소."

라스푸틴을 향한 황제 부부의 신임이 어느 정도였는지 느껴집니다. 상황이 이렇자 라스푸틴을 감싸는 황제 부부를 향한 불만이 점차 커졌습니다. 이때 라스푸틴 탓에 가뜩이나 좋지 않던 황실의 평판을 땅에 떨어뜨리는 사건이 벌어졌습니다. 알렉산드라 황비가 라스푸틴에게 보낸 편지가 신문에 폭로된 것입니다. 라스푸틴을 향한 황비의 애절한 목소리에 러시아는 발칵 뒤집혔습니다. 다음은 편지의 일부입니다.

'내가 바라는 것은 단 하나, 당신 어깨에 기대어 잠드는 거예요. (중략) 나는 당신을 사랑하고 믿어요. 당신을 곧 만날 기쁨을 허락해 주세요. 당신에게 따뜻한 키스를 보내요. (중략) 나는 당신 앞에서 한갓 어린아이에 지나지 않는답니다.'

마치 연인에게 보내는 듯한 황비의 편지를 읽은 이들은 황비와 라스푸틴이 문란한 관계를 맺었다고 확신했습니다. 하지만 이 소문은 사실이 아닐 것입니다. 라스푸틴은 자기 권세가 니콜라이 2세의 절대 신임에서 나온다는 것을 너무도 잘 알고 있었습니다. 그러니 황제의 신임을 조금이라도 해칠 가능성이 있는 일을 할 리 없었죠. 하지만 추문이 러시아 전역으로 퍼져나가며 황비와 라스푸틴의 관계를 의심하는 사람이 많아졌습니다.

그림은 황비와 라스푸틴의 관계를 비꼬는 만평입니다. 라스푸틴의 손이 황후의 가슴에 가 있습니다. 그림 아래에는 '전제정'이라는 낱말이 적혀 있습니다. 이 낱말이 지닌 또 다른 의미는 '스스로 받쳐 들기', '손에 쥐기'입니다. 결국 라스푸틴이 황비의 가슴

황비와 라스푸틴을 비꼬는 만평

을 떠받쳐 쥐고 있다는 이중적 의미로 두 사람이 부적절한 관계를 맺고 있음을 대놓고 비웃은 셈이죠. 근엄해야 할 전제정은 대중의 놀림감이 되어 버렸습니다.

제1차 세계대전과 붕괴로 치닫는 러시아 제국

라스푸틴이 러시아 황실을 어지럽힌 지 몇 해가 지난 뒤에 뒤숭숭하던 러시아 제국의 밑동을 뒤흔드는 대사건이 일어났습니다. 1914년 7월에 제1차 세계대전이 터진 것입니다. 독일과 오스트리아가 손을 맞잡고 러시아로 쳐들어올 거라고 판단한 니콜라이 2세는 고민 끝에 제1차 세계대전에 참전하기로 했습니다.

전쟁 초기에는 러시아 제국이 잘 싸웠습니다. 하지만 전세는 곧바로 뒤집혔습니다. 제1차 세계대전 같은 장기전을 치르려면 막대한 분량의 군수물자가 있어야 합니다. 그런데 빠르게 전쟁 물자를 생산해 내는 독일과 달리 산업이 한참 뒤처져 있던 러시아는 장기전에 필요한 물자를 제대로 만들어내지 못했습니다. 수도 상트페테르부르크에 있는 니콜라이 2세에게는 잇달아 패전 소식만 전해졌죠.

러시아군의 패전이 계속되자 니콜라이 2세는 난국에서 헤어나고자 중대 결정을 내렸습니다. 당시 러시아군의 총사령부는 벨라루스의 모길료프에 있었습니다. 모길료프가 독일군과 싸우는 동부전선과 가까운 곳이었기 때문이죠. 니콜라이 2세는 총사령관 자리에 올라 직접 모길료프에 가기로 결정했습니다. 사실 이 결정의 배후에는 라스푸틴이 있었습니다. 러시아군

총사령관과 라스푸틴의 사이가 나쁘다는 사실을 안 황비가 총사령관을 내쫓아야 한다고 말했고, 이 말을 황제가 그대로 받아들인 것입니다.

게다가 니콜라이 2세는 전쟁에서 이기려면 자기가 싸움터 가까이에 있어야 한다고 생각했습니다. 이 마음을 읽은 라스푸틴은 이렇게 예언했죠. "폐하께서 군 통수권을 쥐는 순간 모든 전선에서 승리를 알리는 종이 울릴 것입니다!" 이 말을 들은 니콜라이 2세는 승리의 확신을 품고 모길료프로 갔습니다. 황제가 총사령관이 되어 수도를 떠난다는 것은 정부를 황비의 영향 아래에 둔다는 뜻입니다. 이는 곧 라스푸틴의 손에 러시아의 운명을 맡기는 것과 같았죠.

황제가 수도를 비운 사이에 라스푸틴은 러시아 제국을 좌지우지했습니다. 국정을 책임지게 된 황비가 라스푸틴의 의견을 받아들였기 때문입니다. 황비는 라스푸틴의 말만 듣고 유능한 대신을 해임하고 무능한 인물을 그 자리에 앉혔습니다. 총리, 국방대신, 농업대신도 예외는 아니었습니다. 라스푸틴이 못마땅해하는 기색만 보여도 고위 공직자의 목이 날아가다 보니 1년 반 동안 총리가 네 번이나 교체됐고, 국방 대신과 농업 대신도 네다섯 번씩 바뀌었습니다. 이렇게 라스푸틴의 기분과 청탁에 따라 정부의 요직이 바뀌니 나라가 제대로 돌아갈 리 없었죠.

황비는 라스푸틴이 인사 청탁을 하면 두말없이 들어주었다고 합니다. 심지어 중요한 장관 자리에 라스푸틴이 어느 인물을 추천하자 만나본 적 없는 사람인데도 추천서를 써서 황제에게 건네기까지 했죠. '나는 잘 모르지만, 라스푸틴이 추천했으니 확실한 사람'이라는 것이 황비의 유일한 추천 사유였습니다. 라스푸틴은 자기에게 돈을 주거나 충성하겠다고 약속한 사람에게 요직을 주었으며, 어느새 자기가 황제이기라도 한 양 거만하게 굴었습니다. 황비는 황제가 총사령관으로 전선에 있는 동안 라스푸틴의 말을 전하려고 거의 날마다, 심지어는 하루에도 몇 번씩 황제에게 편지를 써보냈습니다. 황제 부부는 전쟁 기간에 1,600여 통의 편지와 전보를 주고받았습니다. 다음은 황비가 황제에게 보낸 편지의 일부입니다.

'우리의 벗을 믿고 그분의 말씀에 귀를 기울이세요. 그분은 당신의 관심사를 잘 알고 있으며, 그분의 마음속에는 러시아가 들어있어요. 우리는 그분 말씀에 귀를 기울이기만 하면 돼요. 그분께 모든 걸 맡기고 그분의 인도를 받으세요.'

'그분의 충고가 내 귓전을 맴돌고 있어요. 그분의 예지력은 놀라워요. 그분 말씀을 따르지 않으면 황실과 러시아가 위험에 빠질 거예요.'

이렇게 황비는 입이 마르도록 라스푸틴을 치켜세우며 그의 말에 따라야 한다고 황제를 다그쳤습니다. 문제는 라스푸틴이 국정뿐 아니라 전쟁에도 개입했다는 것입니다. 황제는 전황 정보는 국가 기밀이니 라스푸틴에게 발설하지 말라고 황비에게 당부했습니다. 하지만 황비는 라스푸틴에게 군대의 병력 이동과 황제의 결정 사항을 낱낱이 알려주었습니다. 황비의 말을 들은 라스푸틴은 전쟁에 관한 예언을 쏟아냈습니다. 황제가 군사작전까지 라스푸틴의 예언을 반드시 따르지는 않았지만, 나라의 존망을 가르는 군사 기밀이 민간인에게 새 나가는 일은 심각한 문제였습니다.

총사령관을 맡은 니콜라이 2세는 군사 문제에 무지해 올바른 결정을 제대로 내리지 못할 때가 많았습니다. 그럴 때마다 황비와 라스푸틴은 황제의 의사결정에 개입하려 했습니다. 황비는 전선에 있는 황제에게 라스푸틴이 쓰던 빗을 보내기도 했습니다. 빗에는 라스푸틴의 긴 머리카락이 돌돌 감겨있었는데, 황비는 황제가 라스푸틴의 빗으로 머리카락을 빗으면 옳은 결정을 내릴 거라고 믿었습니다.

나라 꼴이 이렇다 보니 백성은 황제 부부가 라스푸틴에게 완전히 놀아난다고 생각했습니다. 그림은 당시 니콜라이 2세와 황비를 비꼬는 만평입니다. 첫 번째 그림은 라스푸틴의 피리에 황제가 춤을 추고 있는 모습입니다. 백성에게 황제가 얼마나 우스운 존재로 전락했는지 알 수 있습니다. 두 번째 그림은 왼쪽에 '라스푸틴의 하인'이라는 글이, 오른쪽에 '알렉산드라 황비의 사랑 고백'이라는 글이 적혀 있습니다. 황제는 라스푸틴의 하인이고 황비는 애인이라고 놀리는 것이죠. 이 같은 만평이 신문과 전단에 실려 나라 곳곳에 뿌려졌고, 백성은 한숨만 내쉬었습니다. 라스푸틴에 휘둘리는 황비가 국정을 망칠수록 두 사람의 장단에 맞춰 움직이는 황제가 문제라는 비난도 거세졌습니다.

라스푸틴이 나라를 제멋대로 주무르고 황제 부부가 그에게 휘둘린다는 소문이 퍼지자, 전쟁터에 있는 병사들도 참담함을 느꼈습니다. 독일군은 사기가 떨어진 러시아군을 거세게 밀어붙였고, 러시아군은 거듭해서 뒤로 밀려나며 여러 도시를 잃었습니다. 이 과정에서 러시아 군인 수백만 명이 목숨을 잃었습니다. 여기에 오랜 전쟁으로 식량까지 부족해지면서 백성의 삶은 더 힘거워졌습니다. 이제 사람들은 라스푸틴과 황비가 작당해서 나라를 어지럽힌다고 여겼습니다. 심지어 독일 태생인 황비가 독일의 첩자일지도 모른다고 의심하기도 했죠. 황비와 라스푸틴이 방해 공작을 펼쳐서 러시아가 전쟁에서 지고 있다고 생각한 것입니다. 의심은 차츰차츰 자라났

라스푸틴에게 놀아나는 황제

고, 제1차 세계대전 참전이 러시아를 독일의 노예로 만들려는 음모라는 말까지 돌았습니다. 얼토당토않은 소문이 사실로 여겨질 만큼 민심은 크게 흔들렸습니다.

라스푸틴 암살 작전과 죽여도 죽지 않는 괴승

황실을 둘러싼 온갖 추문이 나돌자 황족들은 황비를 찾아가서 상황을 바꾸려고 애썼습니다. 하지만 황비는 귀를 닫고 아무 말도 들으려고 하지 않았습니다. 언니가 진심으로 건네는 조언조차 아무 소용이 없었죠. 300년 넘게 이어온 황조가 무너질 위기에 처하자 황족들은 결단을 내렸습니다. 라스푸틴을 독살하기로 한 것입니다. 청산가리가 든 케이크와 술을 준비한 펠릭스 유수포프Feliks Yusupov 공작은 늦은 밤에 라스푸틴을 저택으로 초대했습니다. 그는 마다하는 라스푸틴에게 술을 권하며 떨리는 손으로 케이크를 건넸습니다.

라스푸틴은 청산가리가 든 케이크를 잔뜩 먹고 나서도 어찌 된 일인지 끄떡도 하지 않았습니다. 술까지 들이켜며 아무렇지 않게 수다를 떨었죠. 그러다가 그는 구석에 놓인 기타를 보고는 유수포프 공작에게 신나는 노래를 불러보라고 한 뒤에 감상까지 했습니다. 유수포프는 라스푸틴이 가끔 고개를 떨구며 눈을 감으면 '이제야 독이 퍼졌나 보다'라고 생각했지만, 라스푸틴은 그때마다 어김없이 눈을 뜨고는 다른 노래를 불러보라고 주문했습니다. 음악 감상은 두 시간이나 이어졌습니다.

유수포프는 라스푸틴이 청산가리 케이크를 먹고도 쓰러질 기미조차 보이지 않자 다른 방법을 생각했습니다. 그는 곧장 총을 가져와서 라스푸틴을 향해 쐈습니다. 가슴에 총을 맞은 라스푸틴이 쓰러지자 대기하던 황족들이 그제야 마음을 놓고 주검을 치우려고 다가섰습니다. 그런데 죽은 줄 알았던 라스푸틴이 놀랍게도 벌떡 일어나서 달아났습니다. 청산가리를 먹고 총알까지 맞은 그는 "황비에게 모조리 일러바칠 테다!"라고 소리쳤습니다. 놀란 황족들이 다시 총을 쐈지만 그래도 라스푸틴은 죽지 않았습니다. 황족들은 더욱 겁에 질렸죠. 라스푸틴은 이마 한가운데에 총알을 맞고 나서야 쓰러져 죽었습니다. 황족들은 그가 정말 죽었는지 툭툭 건드려본 뒤에야 마음을 놓았습니다. 그들은 라스푸틴의 손과 발을 밧줄로 묶은 다음 주검을 강물에 내던졌습니다.

라스푸틴이 사라졌다는 소식을 들은 황비는 곧바로 수색을 지시했습니다. 제보와 탐문을 통해 경찰은 얼어붙은 강에서 라스푸틴의 주검을 찾아내서 건져 올렸습니다. 10년이 넘도록 권세를 휘두르던 라스푸틴은 사진에

강물에서 건진 라스푸틴의 주검(1916년 12월)

서처럼 비참한 최후를 맞이했습니다.

청산가리를 먹고도 멀쩡했던 라스푸틴을 두고 갖가지 추측이 나돌았습니다. 청산가리가 오래돼서 독성이 약해졌다, 청산가리가 달콤한 케이크와 섞여 독성을 잃었다는 말이 있지만, 누구도 진실을 알 수 없습니다. 이 밖에도 라스푸틴을 둘러싼 황당한 소문이 있습니다. 라스푸틴의 성희롱에 격분한 유수포프 공작이 그의 성기를 잘라버렸다는 것입니다. 상트페테르부르크의 한 박물관에는 라스푸틴의 것이라는 성기가 전시되기까지 했죠.

라스푸틴이 죽었다는 소식을 들은 니콜라이 2세는 전선을 떠나 수도로 돌아왔습니다. 어지러워진 나라를 돌보기 위해서가 아니라 슬픔에 빠진 황비를 달래주고 라스푸틴의 죽음을 애도하기 위해서였죠. 러시아군이 전투에서 거듭 지기만 하고 군인이 숱하게 죽어가는 마당에 전쟁을 책임지는 총사령관이 개인 사유로 전선을 떠난 셈입니다.

수도로 돌아와 라스푸틴의 장례를 마친 황제는 이번에도 어리석은 결정을 했습니다. 수도에서 어지러운 나라를 돌볼 생각은 하지도 않고 전쟁터로 돌아간 것입니다. 굳건하게 제 자리를 지켜야 할 혼돈의 시기에 또다시 자리를 비우는 황제를 보며 그제야 모두가 깨달았습니다. 황제가 어리석어서 라스푸틴에게 홀렸다는 사실을 말이죠.

전선으로 돌아간 황제는 군대를 지휘하며 어떻게든 승리하려고 애썼습니다. 하지만 전선의 병사들은 전쟁이 끝나기만 기다리며 이렇게 투덜댔습니다. "윗대가리가 먼저 썩는다더니 도대체 무슨 놈의 황제가 제 주위에 도둑과 사기꾼을 둘러쳐 놓나? 우리가 전쟁에 질 게 뻔하디뻔하군." 황제에게 얼마나 실망했는지 알 수 있습니다. 게다가 황비는 끝까지 정신을 차리지 못했습니다. 틈만 나면 라스푸틴의 무덤을 찾아가 슬퍼하기에 바빴습니다. 그러니 국정이 제대로 돌아갈 리 없었죠. 분노가 나라 곳곳에서 치솟았고, 병사들은 황제가 미운 나머지 볼셰비키에 관심을 쏟았습니다. 혁명을 주장한 레닌이 나라를 떠나기 전에 주장한 것은 두 가지였습니다. 전쟁을 멈추라는 것과 혁명으로 전제정을 뒤엎으라는 것이었죠. 이는 러시아 사람들의 마음에 깊이 파고들었습니다.

멸망과 혁명의 갈림길에 선 러시아 제국

라스푸틴이 죽은 지 3개월이 지난 1917년 2월에 마침내 혁명의 물결이 일었습니다. 오랜 전쟁과 굶주림에 지친 시민들은 더 이상 참지 못하고 거리로 나섰습니다. 시작은 여성들이었습니다. 굶주린 사람에게 빵을 달라는 목소리였죠. 여성이 거리로 나서자 시민과 공장 노동자도 합세했습니다. 붉은 깃발과 펼침막이 휘날리고 "황제는 물러나라!", "전쟁을 끝내라!"라는 목소리가 거리마다 넘실거렸습니다.

황제는 이번에도 시민의 요구에 무력으로 대응했습니다. '피의 일요일' 때와 마찬가지로 시민에게 발포하라는 명령을 내린 것입니다. 발포 명령을 받은 병사들은 시민이 아닌 공중에 대고 사격을 했습니다. 성난 장교가 채찍을 내리치며 사격을 명령하자, 병사들은 장교를 쏘아죽이고 총을 쥔 채 시위대에 합류했습니다. 시위는 걷잡을 길 없이 번져나갔습니다.

상황은 전쟁터에서도 마찬가지였습니다. 대규모 탈영이 일어났고, 대대 전체가 전장을 이탈하기도 했죠. 수도의 상황이 심상치 않다는 소식을 들은 니콜라이 2세는 열차를 타고 수도로 향했습니다. 가는 도중에 상황이 걷잡을 길 없이 나빠졌다는 사실을 깨달은 황제는 열차 안에서 중대한 성명서를 작성했습니다. 황제의 자리에서 물러나겠다는 내용이었죠. 니콜라이 2세는 모든 권력을 내려놓고 어린 아들에게도 황제 자리를 물려주지 않겠다고 발표했습니다. 300년을 이어오며 세계를 호령하던 러시아의 로마노프 황조가 마침내 종말을 맞이하는 순간이었습니다. 황제와 전제정이 사라진 러시아에는 임시 정부가 들어섰습니다.

임시 정부는 황제와 가족을 보호한다며 차르스코에 셀로에 있는 궁전에 그들을 가뒀습니다. 제위에서 물러나 일반인이 된 니콜라이 2세 일가의 처지는 더욱더 어려워졌습니다. 스위스에 망명해 있던 레닌이 혁명이 일어난 뒤에 러시아로 돌아오자 혁명의 불길이 더 거세졌기 때문입니다. 귀국 환영식에서 레닌은 자기 이름을 연호하는 인파를 보면서 앞으로의 행보를 암시하는 연설을 했습니다.

"사랑하는 동지 여러분! 제국주의 전쟁은 전 유럽 내전의 시작입니다. 머지않아 유럽 자본주의는 무너질 것입니다. 러시아 혁명이 그 시작입니다. 전 세계의 사회주의 혁명, 만세!"

러시아로 돌아온 레닌(1917년 3월)

러시아 시민은 전쟁을 끝내겠다는 결심을 밝히는 레닌에게 열광했습니다. 레닌은 전제정을 뒤엎은 혁명의 여세를 몰아 '사회주의 혁명'을 주장했습니다. 그리고 마침내 1917년 10월에 임시 정부를 무너뜨렸습니다. 레닌이 이끄는 세계 최초의 사회주의 혁명이 성공한 것입니다. 이 '10월 혁명'은 온 세상을 뒤흔들었고, 권력을 잡은 레닌은 독일과 단독 강화조약을 맺으며 제1차 세계대전에서 떨어져 나갔습니다.

러시아에서 사회주의 혁명이 일어난 뒤에 니콜라이 2세 일가가 맞이한 운명을 보여주는 사진이 있습니다. 그들이 총살당한 지하실의 모습입니다. 일반인이 된 니콜라이 2세와 가족들은 수도에서 멀리 떨어진 우랄 지방으로 이송됐습니다. 그런데 1918년 여름에 혁명 세력과 반혁명 세력 사이에서 내전이 일어나면서 황제 일가의 목숨이 위태로워졌습니다. 혁명 세력 입장에서는 반혁명의 구심점이 될 수 있는 니콜라이 2세를 살려둘 수 없었기 때문이었죠. 결국 우랄의 혁명 세력은 한밤중에 니콜라이 2세 일가를 지하

니콜라이 2세 일가가 총살된 지하실의 핏자국

실로 불러내서 모조리 총살했습니다. 세계를 호령하던 러시아 제국의 황제와 그 가족은 핏자국을 남기고 쓰러졌습니다. 이들의 주검은 아무도 모르는 외딴 숲에 파묻혔습니다.

황제 일가가 죽은 뒤에 러시아에서는 치열한 내전이 3년 이상 계속됐습니다. 이 피비린내 나는 내전에서 레닌이 승리하고 나서야 소비에트 연방, 즉 소련이 1922년에 출범했습니다. 그리고 70여 년 뒤인 1991년에 세계 최초의 사회주의 체제인 소련이 해체되었고 러시아라는 나라가 되살아났습니다. 강대하던 러시아 제국은 과연 괴승 라스푸틴 한 사람 때문에 몰락했을까요? 다음은 라스푸틴이 죽기 전에 황제 부부에게 보낸 편지의 일부입니다.

'저는 1917년 1월 이전에 생을 마감할 듯한 예감이 듭니다. (중략) 만약 제가 평민 암살자, 특히 제 형제인 러시아 농민의 손에 죽는 다면 폐하는 우려하지 않으셔도 됩니다. 폐하의 자녀들은 수백 년 을 군림할 것입니다. (중략) 하지만 만약 저를 죽이는 자가 폐하의 친족이라면, 폐하의 자녀 어느 누구도 두 해 넘게 살아남지 못할 것입니다. (중략) 러시아의 황제이신 폐하는 러시아 백성의 손에 죽을 것이며, 러시아 백성은 저주를 받아 도처에서 서로를 죽이며 악마의 무기 노릇을 할 것입니다.'

한마디로, 라스푸틴이 황족의 손에 죽으면 황제가 백성의 손에 죽게 되고 러시아 제국이 허물어진다는 내용입니다. 앞날을 정확하게 맞춘 예언처럼 들리지만 사실 이 편지는 라스푸틴의 정치적 술수에 지나지 않습니다. 이 편지를 쓸 무렵에 라스푸틴은 황족 누군가가 자기 목숨을 노리고 있다는 낌새를 눈치채고 있었습니다. 언제라도 죽을 수 있는 위태로운 상태였죠. 그러니 이 편지는 예언이 아니라 자기를 죽이려는 황족의 음모로부터 제 목숨을 지켜달라고 황제 부부에게 부탁하는 탄원서에 가깝습니다. 황제가 가장 아끼는 존재인 가족과 아들의 목숨을 들먹이는 예언의 형식을 빌린 협박인 셈이죠.

강대해 보이던 러시아 제국의 갑작스러운 몰락과 황제 일가의 죽음이 워낙 충격이다 보니, 러시아 혁명 이후로 괴승 라스푸틴의 신기하고 기괴한 행적을 끌어들이면서 마치 라스푸틴 탓에 그런 일이 일어났다고 설명하려드는 사람이 많았습니다. 라스푸틴을 둘러싸고 사람들의 호기심을 자극하는 부풀리기와 거짓말, 과장과 허언이 넘쳐났죠. 하지만 라스푸틴의 전횡만으로 러시아 제국의 붕괴를 설명할 수는 없습니다. 라스푸틴이 설쳐서 러시아 제국이 망했다기보다는 러시아 제국이 망해가니까 라스푸틴이 설쳤다고 보아야 맞습니다.

역사에 만약이라는 가정은 없습니다. 하지만 우리는 이 시점에서 몇 가지를 가정할 수 있습니다. 만약 니콜라이 2세가 황태자의 혈우병을 비밀로 하지 않았다면 어땠을까요? 만약 니콜라이 2세가 라스푸틴에게 의지하지 않았다면 어땠을까요? 만약 민주주의를 요구하는 목소리에 러시아 황실이 조금 더 귀를 기울였다면 어땠을까요? 하지만 니콜라이 2세는 자기주장을 굽히려 들지 않았습니다. 시대가 바뀌고 있는데도 전제정이 옳다는 낡은 믿음을 버리지 않았기 때문입니다. 그 결과로 어리석은 결정을 잇달아 내렸고, 그 폐해가 차곡차곡 쌓여서 마침내 거대한 제국이 허물어지는 지경에 이르렀습니다.

역사의 흐름을 읽지 못하는 체제는 언제나 비참한 최후를 맞이했습니다. 그래서 역사를 공부하고 이해하는 것이 중요합니다. 넓고 깊은 맥락에서 세상을 읽어야 올바른 판단을 할 수 있기 때문이죠. 오늘날을 살아가는 우리에게도 마찬가지입니다. 러시아 제국이 몰락한 지 100여 년이 지난 지금 우리가 러시아 제국 몰락의 역사를 알아야 할 까닭이 여기에 있습니다.

벌거벗은 도쿄재판

일본의 전쟁 학살자들은 왜 풀려났나?

박삼헌

● 지금부터 제2차 세계대전의 마침표를 찍은 사건이자 70여 년이 흐른 지금까지 논란인 '문제적 역사'에 관해 이야기하겠습니다. 20세기 초, 제국주의의 야심이 폭발한 일본은 아시아와 태평양 일대를 참혹하게 짓밟았습니다. 중일전쟁부터 제2차 세계대전의 전선 중 하나인 태평양 전쟁이 끝날 때까지 약 9년간 중국, 호주, 베트남, 라오스, 필리핀 등 약 10개국이 침략당했습니다. 그 과정에서 엄청난 학살을 일삼았죠. 포로수용소의 사망자 54만여 명을 비롯해 무려 596만여 명의 민간인이 일본의 전쟁 학살로 목숨을 잃었습니다. 여기에 전쟁 군인과 그 외 희생자까지 더하면 일본군에 의해 1,000만 명 이상이 희생된 것으로 추산합니다.

나치 전범의 만행으로 국제사회가 충격에 휩싸여 있던 이 시기에 일본군이 잔인하게 민간인과 포로를 학살한 사실이 알려지면서 세계는 또다시 분노했습니다. 특히 미국과 연합국의 포로가 많이 잡혔는데, 이들이 구타당하면서 강제 노동을 하고 식량 대신 벌레를 먹으며 고통스럽게 견디다가 죽어갔다는 소식은 충격을 넘어 공포에 가까웠습니다. 이처럼 일본군은 20세기 초에 약소국과 강대국을 가리지 않고 수많은 사람을 학살했습니다. 그리하여 제2차 세계대전이 끝나고 전쟁에서 승리한 연합국은 일본에 그 책임을 묻기 위해 전쟁범죄자, 즉 전범에 대한 국제군사재판을 실시하기로 합의했습니다. 이 재판이 바로 1946년부터 1948년까지 일본 도쿄에서 열린 극동국제군사재판, 일명 도쿄재판입니다.

그런데 이 재판에서 이해할 수 없는 일들이 벌어졌습니다. 다수의 전범 용의자가 풀려나는가 하면, 무기징역을 선고받은 전범들까지 석방된 것입니다. 심지어 전쟁을 일으킨 일본의 실질적 책임자였던 쇼와 천황은 재판에 출석조차 하지 않았죠. 법의 심판대에 오른 일본 전범 중 제대로 된 처벌을 받은 이는 소수에 불과했습니다. 이 때문에 도쿄재판은 국제적인 논란에 휩싸였고 "도쿄재판은 역사상 최악의 위선이다"라는 말까지 나왔습니다. 대체 일본의 전쟁 학살자들은 어떻게 법망을 피해 빠져나갈 수 있었던 걸까요? 그리고 도쿄재판은 왜 제대로 판결을 내리지 않았을까요? 지금부터 일본의 전쟁 학살자를 풀어준 위선의 도쿄재판에 관해 알아보려 합니다. 일본 전범들이 저지른 만행과 그 배후에 숨겨진 이야기를 벌거벗겨 보겠습니다.

도쿄재판은 언제·어떻게·왜 열리게 되었나?

인류 역사상 가장 큰 피해를 남긴 전쟁인 제2차 세계대전이 마무리되던 1945년 7월, 연합국의 지도자들이 독일 동부의 작은 도시인 포츠담에 모였습니다. 사진 속 인물은 영국의 총리인 윈스턴 처칠Winston Churchill과 미국 대통령인 해리 S.트루먼Harry S. Truman, 그리고 소련의 지도자 이오시프 스탈린Iosif Stalin의 모습입니다. 이 자리에는 중국 대표인 장제스蔣介石도 함께 하기로 했으나 중일전쟁이 한창이었기 때문에 서명으로만 참가했죠.

연합국의 주축이었던 이들은 제2차 세계대전을 일으킨 독일의 전후 처리를 논의하고, 아시아·태평양 전쟁의 주모자인 일본에 항복을 권유하는 포츠담 협정을 맺었습니다. 며칠 뒤인 7월 26일에는 포츠담 선언으로 일본에 대한 전쟁 이후의 처리 방침을 알렸습니다. 이때 일본의 전쟁범죄자인 전범에 대한 재판이 열릴 것임을 예고했죠. 다음은 포츠담 선언 제10항의 내용입니다.

포츠담 회담 중인 윈스턴 처칠, 해리 S. 트루먼, 이오시프 스탈린

'우리는 일본인을 인종적으로 노예화하려거나 국가적으로 멸망시
키려는 의도는 없으나, 우리 포로를 학대하는 자를 포함한 일체
전쟁범죄인에 대해서는 엄중한 처벌을 할 것이다.'

　포츠담 선언에서 연합국은 '포로 학대'를 정확히 명시하고 있습니다. 전
쟁범죄는 포로 학대 외에도 주민 학살, 성폭력, 도시 파괴 등 다양합니다.
그런데 연합국은 유독 일본군에 의한 '연합군 포로 학대'를 언급하고, 이
에 대해 강한 분노를 드러냈습니다. 전쟁 중 일본군에 사로잡힌 연합군 포
로의 사망률은 23%였습니다. 이는 제2차 세계대전 중 벌어진 포로 사망률
중 가장 높은 수치였죠. 즉 재판의 주축이 되는 연합군은 가장 큰 피해를

본 포로 학대를 재판의 핵심 쟁점으로 여긴 것입니다.

그렇다면 일본의 침략으로 피해가 극심했던 아시아 국가들은 '포로 학대' 처벌에 초점을 맞춘 재판을 어떻게 받아들였을까요? 가장 먼저 중국이 목소리를 냈습니다. 일본이 중국 영토에서 저지른 무차별한 학살로 피해가 크다며 그에 관한 처벌을 요구한 것입니다. 중국은 연합국의 일원이었으므로 미국을 주축으로 한 연합국은 중국인 학살 문제를 심각하게 받아들이고 전범 처벌에 적용하기로 했습니다. 하지만 상대적으로 약소국인 다른 아시아 국가들의 목소리는 무시했습니다. 이는 일본 전범 재판이 시작하기도 전부터 강대국의 논리로 기준을 정했음을 의미합니다.

이때 일본과 중국의 전쟁으로 큰 피해를 본 우리나라에 대한 전쟁범죄 처벌은 어떻게 됐을까요? 일본의 식민지 지배로 나라가 피폐해지고, 중국에서도 많은 한국인이 희생되었지만 우리나라의 피해 문제는 전범 재판에서 완전히 제외됐습니다. 당시 도쿄재판을 주도한 미국이 우리나라를 일본의 피해국으로 인정하지 않았기 때문입니다. 연합국은 특히 일본의 식민지 통치에 관해서는 전쟁범죄로 추궁하지 않았습니다. 영국과 프랑스 등 연합국 일부가 식민지를 보유했다는 이유에서였죠. 자기들이 식민지를 지배하고 있으니 일본에 이를 문제 삼을 수 없었던 것입니다. 따라서 연합국은 식민지 지배를 당한 한국을 일본 소유라고 판단했고, 우리는 일본에 전쟁 피해를 추궁할 기회조차 얻지 못했습니다. 이렇게 식민지 지배를 당했던 아시아 국가들의 피해를 무시한 채 포츠담 회담이 개최되었습니다.

회담을 마친 연합국은 일본에 무조건 항복을 권유했으나 현실 파악을 못한 일본이 거부했습니다. 그 결과 1945년 8월 6일과 9일에 각각 히로시마와 나가사키에 원자폭탄이 떨어졌고 일본은 끝내 포츠담 선언을 수용했습니다. 이는 곧 일본 정부가 전범을 재판에 세우겠다는 의지를 보여준 것이었죠. 일본이 전쟁에 항복하자 연합국은 미국의 주도하에 전쟁 영웅 더글러스 맥아더Douglas MacArthur를 일본으로 보냈습니다. 연합군총사령부, 일명 GHQ의 총사령관으로 임명된 그는 얼마 후 일본을 통치하는 실질적 지도자로 일본 땅을 밟았습니다. 그리고 미국의 주도 아래 일본의 무조건 항복 조인식을 거행했습니다.

맥아더의 등장은 이후 열리는 도쿄재판의 판도를 뒤흔드는 결정적인 계기가 되었습니다. 1946년 1월, 맥아더는 가장 먼저 도쿄재판에 대한 법안을 마련했습니다. 이는 전쟁범죄의 범위와 그에 따른 전범을 구분하는 일이었죠. 다음은 도쿄재판에서 전쟁범죄자를 분류한 기준입니다.

전범 명칭	의의
A급 전범	평화를 파괴한 죄 (침략 전쟁의 계획·준비·개시·수행·공동 모의한 평화 파괴자)
B급 전범	통례적인 전쟁범죄 (전쟁에 관한 법규와 관습을 위반한 자)
C급 전범	인도에 반하는 죄 (통례적인 전쟁범죄를 현장에서 실행한 자)

제1차 세계대전까지만 해도 전범에 대한 규정은 B급이 전부였습니다. 그런데 제2차 세계대전 이후 나치 독일 전범에 대한 처벌을 결정한 뉘른베르크 재판과 일본 전범을 심판한 도쿄재판에서 A급과 C급이 처음 적용되었습니다. A급 전범은 침략 전쟁을 모의한 평화 파괴자로, 전쟁을 지휘한 지도자들을 의미합니다. 모든 전쟁의 책임은 전쟁을 계획하고 실행을 명령한 자들에게 있기에 이들을 전범의 대표 격인 A급 전범으로 규정한 것입니다.

B급 전범은 전쟁 포로를 관리한 전시 현장의 장교나 부대장을, C급 전범은 포로나 민간인에게 비인도적 행위를 한 부사관이나 병사로 규정했습니다. B급과 C급은 실제로는 구별이 어렵기 때문에 B·C급 전범으로 통칭해서 불렀으며, A급 전범은 B·C급까지 모두 해당하는 이들로 분류했습니다. 등급에 따라 재판받는 장소도 달랐습니다. B·C급 전범은 체포된 현지에서 즉결 심판을 했고, A급 전범은 전쟁을 일으킨 원흉이므로 도쿄로 송치해 도쿄 재판의 심판대에 올랐습니다.

도쿄재판에 대한 법안을 마련하자, 1946년 2월에는 맥아더의 지휘 아래 A급 전범의 범죄 여부를 결정할 국제 판사들과 전범들의 죄를 파헤칠 검사들이 정해졌습니다. 이들은 일본에 침략당하거나 피해를 본 나라에서 왔는데, 미국, 영국, 소련, 중국, 호주, 캐나다, 프랑스, 네덜란드, 뉴질랜드, 인도, 필리핀까지 총 11개국에서 선발됐죠. 그다음에는 A급 전범이 범죄를 저지른 시기를 명확하게 규정했습니다. 그 기간은 일본이 중국 만주를 장악하려고 했던 1928년부터 제2차 세계대전이 막을 내린 1945년까지로 결정되었습니다.

일본 A급 전범은 누구인가?

판사와 검사들이 소속되어 있는 재판소는 도쿄재판을 시작할 준비를 끝내자마자 A급 전범 용의자 목록을 만들었습니다. A급 전범 용의자는 총 118명이었습니다. 맥아더 총사령관은 네 차례에 걸쳐 이들에게 체포령을 내렸죠. 그런데 이들 가운데 기소되어 재판정에 선 A급 전범은 28명에 불과했습니다. 대부분 증거불충분으로 풀려났고 책임이 큰 28명만 피고인으로 선정한 것입니다. 사진은 A급 전범으로 재판을 받은 28인입니다.

핵심 인물은 태평양 전쟁 당시 일본 총리 겸 육군 대신으로 전쟁을 총지휘한 도조 히데키東條英機입니다. 그와 함께 필리핀과 미얀마 등에서 잔혹한 만행을 저지른 주범들과 만주사변을 주도한 육군 고위직, 그리고 중일 전쟁에서 난징 대학살을 자행한 최고 지휘관들과 적극적으로 침략을 선동한 군국주의의 대표 인물들도 함께였죠. 이들은 모두 침략 전쟁을 계획하고 전쟁 포로를 학대한 죄, 민간인을 학살한 이유로 1946년 5월 3일에 도쿄재판에 섰습니다.

A급 전범 28인의 얼굴과 직위

재판장에 출석한 28명의 A급 전범들은 하나 같이 죄를 인정하지 않았습니다. 그뿐 아니라 피고인석에 있다고 느껴지지 않을 만큼 태연했죠. 이들은 자기들이 일으킨 전쟁은 죄가 아니라는 논리로 무죄를 주장했습니다. 대체 이게 무슨 말일까요? 이들이 도쿄재판에 A급 전범으로 기소된 이유는 전쟁을 일으킨 평화 파괴자이기 때문입니다. 그런데 이들이 전쟁을 일으킬 당시에는 'A급 전범의 기준인 평화를 파괴한 죄'와 'C급 전범의 기준인 인도에 반하는 죄'를 국제법상 범죄로 인식하지 않았습니다. 즉 A급과 C급이 전쟁범죄라는 개념은 일본이 항복하기 직전에 이루어진 '런던 협정'에서 처음 추가되었으므로 사후법이며, 이에 따라 도쿄재판에서는 무죄를 주장한 것입니다.

당시 도쿄재판을 담당한 판사 11명 중 유일한 인도 출신 판사는 같은 이유로 전범으로 기소된 피고인들을 무죄로 석방해야 한다고 주장했습니다. 반면 미국과 영국 등에서 파견한 검사들은 A급 전범의 무죄 논리를 완전히 배척했습니다. 그 근거로 도쿄재판보다 먼저 시행해 판결이 난 나치 독일 전범에 대한 뉘른베르크 재판을 내세웠습니다. 이 재판 결과에 따라 A급과 C급은 이미 국제법적으로 범죄 행위임을 인정받았으며, 이는 가장 큰 국제적 범죄라고 주장했죠. 앞서 전범을 분류할 때 침략 전쟁을 모의한 것 자체가 평화를 파괴하는 행위로 보았기 때문입니다. A급 전범들은 침략 전쟁을 계획했고, 그로 인해 국제 전쟁이 발생하고 전쟁범죄가 일어났으므로 A급 전범들의 죄가 성립된다는 논리였습니다.

그런데 이때 A급 전범 측 변호사가 "전쟁을 일으킨 게 죄라면 미국도 전범 재판을 받아야 한다"라고 주장했습니다. 일본의 진주만 공격이 살인죄라면 미국이 일본에 원자폭탄을 투하한 것은 인류사상 최대의 살인 행위이며, 미국은 국제법을 위반한 전범국이라는 것입니다. 또한 변호인은 연합국의 범죄는 묻지 않고, 일본의 범죄만 추궁하는 도쿄재판은 불공정한 재판이라고 항의했죠. 이 같은 주장에 재판장은 원폭 투하는 전쟁을 끝내기 위해 숙고 끝에 어쩔 수 없이 선택한 방법이라며 일본의 이의 제기를 기각했습니다.

사실 미국 같은 강대국은 전쟁을 이유로 재판을 받은 적이 없습니다. 특히 미국은 전쟁에서 진 적이 거의 없기 때문에 재판을 받지 않았죠. 국제적으로 이뤄지는 전범 재판은 전쟁에서 승리한 나라가 패배한 나라를 심판하는 것입니다. 영국과 프랑스도 과거에 식민지 갈등으로 재판을 벌인 적은 있으나 전쟁을 했다는 이유로 재판을 받은 적은 없었죠. 뉘른베르크 재판과 도쿄재판이 열리기 전까지는 '전쟁은 범죄이므로 재판을 받아야 한다'라는 인식이 없었던 것입니다.

이런 논란 속에 재판은 시작되었고, 검사들은 무죄를 주장하는 전범들이 얼마나 극악무도한 전쟁을 일으켰는지를 낱낱이 고발하기 위해 증인과 증거를 제시했습니다. 일본의 A급 전범 재판이 본격적으로 점화된 것입니다.

교활한 만주 침략자, 이타가키 세이시로

검사 측은 일본이 침략 전쟁을 시작한 시기에 주목했습니다. 그리고 침략 전쟁의 시작을 알린 인물로 A급 전범인 이타가키 세이시로板垣征四郎를 지목했습니다. '교활한 만주 침략자'라는 별명을 가진, 만주 지역의 일본 관동군 참모장이었죠. 그는 일본을 대제국으로 만들려면 먼저 중국 만주 지

역을 차지해야 한다는 신념을 가지고 있
었습니다.

도쿄재판 A급 전범 이타가키 세이시로

이 사람의 만행을 설명하려면 먼저 당
시 일본의 상황을 파악해야 합니다. 청
일전쟁과 러일전쟁에서 연달아 승리한
일본은 중국 진출에 대한 야심을 키워
나갔습니다. 그리하여 식민지 조선을 교
두보 삼아 만주를 장악하고 중국 내륙
을 침략할 기회를 호시탐탐 노렸죠. 이
처럼 점차 세력을 뻗어나가던 일본과 달
리 중국의 상황은 위태로웠습니다. 1912년에 청나라가 멸망하고 중화민국
이 성립되었지만, 군사력을 기반으로 한 군벌들이 권력을 잡고 각 지역에
파벌을 형성했습니다.

그런데 1928년에 만주를 차지한 군벌의 수장인 장쭤린張作霖이 탄 열차
가 폭발하면서 그가 사망하는 사건이 벌어졌습니다. 3년 뒤인 1931년 9월
18일에는 일본이 러일전쟁에서 차지한 남만주철도 선로가 폭파하기도 했
죠. 그러자 일본은 선로 폭발이 중국의 공격이라고 주장하며 이를 빌미로
삽시간에 만주를 장악했습니다. 만주에 '만주국'이라는 괴뢰정부를 세워
일종의 식민지를 만든 것입니다. 남만주철도 선로 폭파 사건부터 만주국
건설까지를 '만주사변'이라고 하는데, 이는 일본이 중국 본토를 침략하는
중일전쟁을 일으키는 데 결정적 역할을 했습니다.

사실 두 번의 폭발 사건의 배후에는 일본이 있었습니다. 도쿄재판에 내
부고발자가 등장하면서 일본의 음모가 밝혀진 것입니다. 육군성 병무국장

장쭤린이 탄 열차의 폭발

이었던 다나카 류키치田中隆吉는 먼저 남만주철도 선로 폭파 사건은 A급 전범인 이타가키 세이시로가 만주를 점령하려고 자행한 계략이었다고 증언했습니다. 당시 만주 침략을 엿보고 있던 일본군 참모장 이타가키는 일본 소유였던 철도 선로를 폭파한 뒤 중국이 공격했다고 덮어씌웠습니다. 그리고 계획대로 일본군을 내세워 만주를 점령했죠. 내부고발자는 장쭤린 폭발 사건의 주동자 역시 이타가키라고 증언했습니다. 일본이 중국 침략을 위해 계획적으로 사건을 일으킨 사실이 만천하에 드러난 것입니다. 결국 도쿄재판에서 일본이 만주를 침략한 시작점을 장쭤린 폭발 사건이 일어난 1928년으로 잡은 것은 정확한 예측이었습니다.

음모를 꾸민 이타가키가 차지한 만주의 각 지역에는 일본 경찰과 군인들이 포진되었습니다. 이들은 만주를 철저히 통제하기 위해 일본에 반대하는 정적들을 숙청했습니다. 이 과정에서 항일운동을 벌이는 중국 민간인 3,000여 명이 일본군의 총검에 사망했습니다. 이후 일본은 경제 수탈에 적극적으로 나섰습니다. 일본의 주목적은 만주를 주변국과의 전쟁에 대비한 병참기지로 삼는 동시에 일본의 이익을 위한 수탈 장소로 활용하는 것이었습니다. 이를 위해 만주에 항공과 탄광, 중공업 등 여러 분야의 회사를 세워 마치 합법적으로 산업화를 추진하는 것처럼 계획해 황금과 석탄, 목재, 광석 등을 약탈했습니다.

이 시기 일본 전범들은 만주에서 만행을 벌이기도 했습니다. 1934년 만주국에 자원한 한 일본군이 중국인 두 명을 참살한 뒤 이들의 뇌를 갈아약으로 만들어 먹었다고 자백한 것입니다. 그는 중국인에게 반일 사상이있어서 이 같은 행동을 했다고 말했습니다. 이런 만행을 눈감아준 인물 역시 그들의 우두머리였던 이타가키입니다.

도쿄재판은 내부고발자의 증언을 근거로 일본이 중국을 침략한 배후에이타가키의 계략이 있다는 사실을 밝혀냈습니다. 이를 시작으로 무고한 민간인들이 만주사변에서 희생당했던 참상을 파헤쳤습니다. 이 모든 죄를 물어 '교활한 만주 침략자' 이타가키 세이시로는 사형을 선고받았습니다.

잔혹한 난징의 도살자, 마쓰이 이와네

도쿄재판의 검사들은 만주사변 이후 일어난 중일전쟁에도 집중했습니다. 이 시기 가장 많은 희생자를 낳은 사건이자 세계사에서도 참혹한 사건으로 알려진 난징 대학살이 그 대상이었죠. 만주를 점령한 일본은 중국 본토를 차지하기 위해 중국 내륙으로 진격했습니다. 상하이 침략 후 난징까지 점령한 다음에는 중국인을 무차별 학살하고 강간했습니다. 민족 우월주의에 빠져 있던 일본이 난징 함락 과정에서 예상치 못한 피해를 입자 그에 대한 보복으로 대학살을 벌인 것입니다. 불과 6주 사이에 약 30만 명이 희생되었습니다. 12초에 한 명씩 목숨을 잃은 셈입니다. 학살 규모에 대한 일본과 중국의 주장이 다르긴 하지만 분명한 사실은 수많은 중국인이 잔인하게 죽었다는 것입니다.

사진은 중국인을 생매장하는 일본군과 그 모습을 지켜보는 부대의 모습입니다. 일본군은 중국인을 가슴이나 목까지만 내놓고 생매장한 다음 밖으로 드러난 부분을 칼로 자르거나 그 위로 탱크를 몰고 지나갔습니다. 때로는 셰퍼드를 풀어 몸을 물어뜯게도 했죠. 이 외에도 무고한 시민들의 눈을

난징의 참혹한 상황

파내거나 눈과 귀를 자르고 구덩이에 던진 다음 휘발유를 뿌려 불태우는 등 인간으로서는 할 수 없는 행동도 서슴지 않았습니다. 또 얼어붙은 연못에 사람들을 밀어 넣고 추워서 나오려고 하면 총알 세례를 퍼부었죠. 이는 일본군이 난징 시민과 중국군을 괴롭힌 여러 방법 중 일부에 지나지 않습니다.

난징 대학살을 주도한 A급 전범으로 지목된 인물 역시 도쿄재판의 피고석에 있었습니다. 그는 일본군이 난징에 입성할 당시 최고 지휘관이자 '난징 도살장의 원흉'으로 꼽힌 마쓰이 이와네松井石根입니다. 검사 측이 주장한 마쓰이의 죄는 육군 중국 중부 방면 사령관으로서 부하들의 잔혹 행위를 막지 않았다는 것입니다. 그의 방관적 태도가 난징 대학살의 참상을 불러왔다는 것이죠. 그러자 마쓰이는 검사의 주장에 반박하기 위해 스스로 증인으로 나섰습니다. 다음은 그가 한 발언입니다.

"난징에서 약간의 불상사가 있었다는 소문만 들었을 뿐 이러한 사실에 대해 공적 보고를 받은 적이 없으며, 법정에서 검찰 측이 주장하는 바와 같은 대규모 학살 사건에 관해서는 1945년 종전 후 도쿄에서 미군 방송을 통해 처음 들은 것이다."

마쓰이는 난징 대학살에 대해 전혀 몰랐기 때문에 자기는 죄가 없다고 주장했습니다. 그러자 검사 측은 학살의 규모가 엄청나고 상황을 보고 겪은 사람이 많았으므로 몰랐다는 주장은 말도 안 된다고 반박했습니다.

당시 재판은 참상을 보거나 겪은 증인들의

A급 전범 마쓰이 이와네

진술로 진행됐는데, 먼저 증인으로 나온 사람은 난징에서 외과의로 근무하는 미국인 의사 로버트 윌슨Robert Wilson이었습니다. 그는 일본군이 난징을 점령한 후의 상황을 증언했습니다. 군인이 아이에게 거침없이 총을 쏘았고, 여성을 강간한다는 말에 급히 쫓아가서 일본군을 가로막았다고 말했죠. 그리고 그가 있던 병원에는 일본군의 대검에 찔리거나 총을 맞은 중국인들이 셀 수도 없이 찾아왔다고 증언했습니다. 로버트는 하버드 대학을 졸업한 의사로 당시 미국으로 돌아갈 수 있었음에도 난징에 남아 총에 맞은 어린아이부터 총검에 찔린 노인까지 많은 민간인을 치료했습니다. 그 과정에서 일본군의 야만적인 행동을 목격했으며 이를 도쿄재판에서 폭로한 것입니다. 난징 대학살 시기의 난징에는 처참한 상황 속에서도 시민을 보살핀 외국인들이 종종 있었다고 합니다. 다음은 난징 대학살의 목격자들이 남긴 증언입니다.

"나는 일본군이 중국군 400여 명을 포박해 울부짖는 그들을 억지로 땅에 무릎을 꿇리고 기관총으로 전부 사살하는 모습을 직접 목격했다."

"당시 마을은 전부 시체로 뒤덮여 있었고, 행인들은 시체를 밟고 지나가야 했다."

"신환원에서는 대낮에 17명의 일본군 병사들이 한 여성을 윤간한 사건도 발생했다."

"일본군이 양쯔강의 둑으로 나를 비롯해 천여 명의 중국 남자들을 끌고 갔고 사람들에게 기관총을 발사했다. 나는 총에 맞아 쓰러진 사람들의 틈에 뒤엉켜서 둑 아래로 떨어졌고 그 덕분에 살아남을 수 있었다."

308쪽의 사진은 난징 대학살 당시 일본군에 의해 양쯔강에 버려진 중국인들의 시체입니다. 일본군은 중국인들을 양쯔강으로 끌고 가서 집단 총살하거나 시체를 양쯔강에 내던졌습니다.
당시 난징은 거대한 인간 도살장과 같았
다고 합니다.

최고 지휘관인 마쓰이를 비롯해 누구
도 학살을 제어하지 않자 일본군의 광기
는 더욱 거세졌습니다. 그런 가운데 난징
에서는 일본군들의 '목 베기 시합'까지 벌
어졌습니다. 일본의 〈도쿄니치니치 신문〉
은 1937년 12월 13일 자 신문에 이 시합
에 관한 기사를 실었습니다. 사건은 두
명의 일본 장교가 사무라이 검을 이용해
난징에 도착할 때까지 누가 먼저 중국인

양쯔강에 버려진 중국인 시체들

100명의 목을 벨지 시합을 벌이면서 시작됐다고 합니다. 처음에는 두 사람
모두 100명이 넘는 사람의 목을 베는 바람에 무승부로 결론이 났지만, 다
음번에는 누가 먼저 150명을 벨지를 두고 재시합을 하기로 했다는 내용입
니다.

사진 속 당당한 두 사람의 모습이 믿기지 않습니다. 이 무렵 일본에서는
이러한 참수 경쟁을 전쟁 용사의 무용담으로 여겼습니다. 어느 장교의 고
향 소학교에서는 이 기사를 부교재로 다루면서 "핏발이 서고, 살이 떨리면
서도, 유쾌한 이야기입니다"라며 칭송했다고 합니다. 일본에서 중국인 학
살이 영웅담처럼 전해진 것이죠. 심지어 두 장교를 취재하던 기자는 이들
에게 "참수 경쟁 이야기가 기사로 나가면 신부 후보들이 많이 오겠네요"라
는 말까지 했다고 합니다. 전쟁의 승리를 자랑스럽게 여겼던 일본의 분위기

목 베기 시합 기사

를 짐작해 볼 수 있습니다.

　당시 일본 정부는 이런 기사보다는 오히려 일본군의 전쟁을 정당화하기 위해서 중국인을 도와주는 활동을 주로 선전하도록 했습니다. 때문에 일본인은 난징에서 실제 무슨 일이 벌어지고 있는지 알기 어려웠다고 합니다. 310쪽의 사진은 〈아사히 신문〉에서 발행한 사진 잡지에 실린 일본군의 모습입니다. 일본의 위생병이 난징의 난민 지역에서 역병 방지를 위해 중국인들에게 예방 조치를 하는 상황을 보도하는 기사였죠. 이는 훗날 연출된 장면으로 밝혀졌습니다.

　증언에 신문 기사까지 더해지며 난징 대학살을 일으킨 일본군의 잔혹 행위가 명명백백히 드러났습니다. 무죄라고 발 뺄 수 없던 A급 전범 마쓰이 이와네는 난징 대학살의 지휘관으로서 사형을 선고받았습니다.

일본이 난징에서 연출한 사진(역병 방지를 위해 난징 시민을 진찰하는 일본병)

아시아의 히틀러 도조 히데키와 전쟁범죄

1946년 5월에 시작한 재판도 어느덧 1년 7개월이 지났습니다. 이 무렵 전 세계의 이목이 한 인물에게 집중됐습니다. 그는 일본의 모든 권력을 움켜쥔 채 아시아를 정복하고 대규모 학살을 자행하는 등 잔혹한 행동을 서슴지 않았습니다. 이런 모습 때문에 '아시아의 히틀러', '전쟁 독재자'라고 불린 A급 전범 도조 히데키가 재판정에 선 것입니다.

그는 포로 학대 문제가 심각했던 태평양 전쟁의 총책임자로 도쿄재판에서 A급 선범으로 기소됐습니다. 태평양 전쟁은 미국 본토가 최초로 공습당하면서 발발한 전쟁으로, 일본의 제국주의 야심이 폭발한 사건이었죠. 이 전쟁의 주범으로 지목된 도조 히데키는 막강한 권력을 가지고 전쟁을 주도한 독재자였습니다. 그래서 태평양 전쟁을 '도조의 전쟁'이라고 부르기도 합니다.

도조 히데키

태평양 전쟁을 일으킨 도조는 A급 전범 중에서도 핵심이었습니다. 일본 내에서도 그의 재판에 큰 관심을 보였죠. 그런데 사실 도조를 향한 관심은 이미 예전부터 시작되었습니다. 맥아더가 일본을 통치한다는 소식이 알려지면서 그의 집에 일본인들의 투서가 쌓인 것입니다. 투서는 대부분 '할복하여 국민에게 사죄하라', '빨리 자결하라'라는 내용이었습니다. 이런 투서를 받게 된 데는 육군 대신 시절 그가 군인들에게 내린 명령과 관련이 있습니다. 다음은 도조가 병사들에게 군인의 자세를 강조하며 명령한 '전진훈'의 내용 중 일부입니다.

"부끄러움을 아는 자는 강하다. 항상 고향과 가문의 명예를 생각해서 더더욱 분발하여 기대에 답할 것이며, 살아서 포로가 되는 치욕을 당하지 말고 죽어서 죄과의 오명을 남기는 짓을 하지 말라!"

그의 명령은 살아서 적의 포로가 되는 치욕을 당하지 말고, 포로가 될바에는 자살하라는 것입니다. 실제 일본의 무수한 젊은 군인이 이 명령을 지키기 위해 패전과 동시에 자결을 선택했습니다. 이를 겪었던 일본 국민은 태평양 전쟁에서 패하자 이번에는 전쟁을 지휘한 도조가 책임을 질 차례라며 자결을 요구하는 투서를 보낸 것입니다. 그는 이런 투서를 받고 굉장히 두려워했다고 합니다. 자결을 할 것인지, 아니면 연합국의 재판을 받을 것인지를 두고 갈등하던 도조는 결국 몰래 유서를 쓰고 이웃집의 의사를 찾아갔습니다. 그는 의사에게 심장의 위치를 물어본 후 목욕탕에 들어갈 때마다 왼쪽 가슴에 동그라미를 그리며 심장의 위치를 확인했다고 합니다.

이렇게 불안한 나날을 보내고 있던 그때 맥아더가 도쿄재판을 앞두고 전범들의 체포령을 내렸습니다. 미국은 핵심 전범으로 도조를 지목했고, 그는 체포 명단 1호에 올랐습니다. 체포령이 떨어지자 미군들은 도조를 체포하기 위해 그의 집으로 향했습니다. 미군들이 탄 지프차가 집을 포위하자 그는 사살당하느니 먼저 자결하겠다고 결심하고 유언장과 권총 두 자루, 단검을 꺼내놓고 군복까지 접어놨습니다. 그리고 현관문을 두드리는 소리에 창문을 열고 미군에게 체포영장을 가지고 왔느냐고 물었습니다. 미군이 보여준 영장을 확인한 도조는 시간이 촉박하다고 생각했습니다. 그는 군복을 갈아입는 것을 포기하고 곧바로 권총을 들어서 늘 확인했던 심장의 위치를 향해 방아쇠를 당겼습니다. 총성이 들리자 미군은 현관문을 부수고 도조가 있던 응접실로 들어갔습니다.

사진은 미군과 함께 도조의 집으로 갔던 기자들이 찍은 것입니다. 도조는 응급처치를 받던 중 무언가를 계속 중얼거렸습니다. 당시 그가 한 말이 어느 기자에 의해 공개되었습니다.

"한 방에 죽고 싶었다. 시간이 걸린 것이 유감이다. (중략) 대동아 전쟁은 정당한 싸움이었다. 국민과 대동아 민족에게는 정말로 안타까운 일이다.

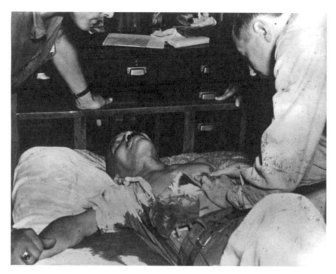
도조 히데키의 극단적 시도 후 모습

법정에 선 전승자 앞에서 재판받기를 바라지 않는다. 오히려 역사의 정당한 비판을 기다리겠다. 할복을 생각하긴 했지만 자칫하면 실수할 수도 있다. 천황폐하 만세. 몸은 비록 죽더라도 호국의 귀신이 되어 최후를 마치고 싶다. 시체는 유족에게 인도하지 않아도 좋다. 그러나 구경거리로 만들어서는 안 된다고 맥아더에게 전해달라."

그는 총상을 입은 상황에서도 일본이 일으킨 전쟁이 정당하다고 주장했습니다. 그는 유언과 같은 말을 남겼지만 사실 총상은 치명적이지 않았습니다. 그는 연습했던 대로 오발을 막기 위해 자기 가슴에 동그라미를 그려놨는데 발사 순간 총이 들리는 바람에 총알이 심장을 비껴간 것입니다. 이후 도조는 미군병원에서 의식을 회복했습니다. 건강을 회복한 그는 한 달 뒤에 A급 전범으로 도쿄재판에 섰습니다.

도조는 과거 일본 병사들에게 "살아서 포로가 되는 치욕을 당하지 말라"라고 자주 말했습니다. 그래서 그가 극단적인 선택에 실패하자 일본인들은 40년이나 장군으로 살아온 사람이 적을 죽이지는 못할망정 자기 자신도 죽일 재주가 없느냐고 비난했다고 합니다. 미국에서는 도조가 자살 쇼를 벌인 것은 아닌지 의심하기도 했죠. 이미 체포되기 전에 자살한 다른 전범이 있었는데 도조는 멀쩡히 지내다가 미군이 들이닥치자 그제야 총을 쐈기 때문입니다. 그가 의도적으로 심장을 조준하지 않았다는 설도 있었습니다.

도쿄재판의 검사 측은 도조가 태평양 전쟁 당시 일본군에게 목숨을 잃은 포로들을 묵인했다고 주장했습니다. 실제로 태평양 전쟁에서 약 13만 명의 미군 포로 중 2만 7,000명 이상이 일본군에게 잡혔습니다. 그중 약 40%가 목숨을 잃었죠. 포로 학대 문제는 포츠담 선언부터 미국을 비롯한 연합국이 가장 우선시한 쟁점이었습니다. 따라서 도쿄재판의 검사 측은 이 문제를 집요하게 파고들었습니다. 1864년, 스위스 제네바에서는 전쟁 중이어도 인명을 구하기 위한 인도적 활동은 보장하는 국제적 협약, 일명 '제네바 협약'이 체결됐습니다. 그리고 제1차 세계대전이 끝나자 1929년에 협약의 내용을 추가했죠.

'전쟁 포로에게 가능한 구호와 보호 조치를 취하고, 비인도적 대우를 하지 않으며, 적대 행위가 끝나는 즉시 본국으로 송환한다.'

제네바 협약에 따르면 이 협약을 지키지 않을 경우, 전범 재판의 처벌 대상이 될 수 있었습니다. 도쿄재판의 검사 측은 태평양 전쟁에서 유독 포로 희생자가 많았던 이유는 도조가 전쟁을 일으키고 포로 학대를 묵인했기 때문이라고 주장했습니다.

도쿄재판이 포로 학대 처벌에 민감한 데는 연합국의 포로 희생자가 많았기 때문이기도 하지만 미군을 대상으로 한 엽기적인 전쟁범죄가 밝혀진 것도 한몫했습니다. 사건이 발생한 곳은 일본 본토에서 남쪽으로 1,000km 떨어진 곳에 있는 '지치지마섬'입니다. 이곳은 일본 본토를 연결해 주는 중간 보급로이자 전략적 요충지로 일본군이 주둔해 있었습니다. 그러던 어느날 지치지마섬이 미군의 공격을 받자 이에 대항하던 일본군이 미군을 향해 폭격을 퍼부었습니다. 이때 미군의 폭격기가 격추되면서 비행하던 미군들이 죽거나 바다에 빠졌습니다. 이 중 한 미군 중위가 간신히 탈출해 미군에게 구조되는데, 그가 바로 미국의 제41대 대통령인 조지 부시George Bush입니다. 하지만 포로가 된 미 해군 조종사 8명은 끝내 처형당했습니다.

충격적인 상황은 이때부터 시작됐습니다. 포로를 잡은 일본군의 공로를 인정해 연회를 열었는데 일본군 중장이 부하에게 끔찍한 명령을 내린 것입니다. 그는 "안주가 부족하니 처형한 미군의 내장을 가져와라!"라고 말했습니다. 말도 안 되는 명령이지만 상명하복을 절대적으로 여기는 일본군은 상사가 전쟁 의식에 고취되어 내린 명령에 동조했고, 죽은 미군 포로들의 몸에서 손발과 내장을 적출해 인육을 먹었습니다. 훗날 명령을 내렸던 다치바나 요시오立花芳夫 중장은 '포로 살해'와 '사체 유기' 죄로 사형당했다고 합니다.

이런 잔인한 포로 학대가 가장 심했던 곳은 필리핀이었습니다. 1941년 12월, 도조 히데키의 야욕으로 침략 전쟁을 일으킨 일본은 진주만 공습 후 불과 6개월 만에 동남아시아와 태평양 일대를 거의 점령했습니다. 그리고 일본의 해상자원을 수송하는 길목인 필리핀에서 7만여 명의 군인을 포로

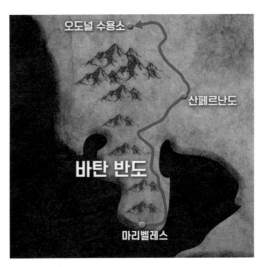

바탄 죽음의 행진 경로

로 잡았습니다. 일본군은 필리핀군과 미군 포로를 사로잡은 1942년 4월부터 '바탄 죽음의 행진'이라고 불리는 잔혹 행위를 벌였습니다. 7만여 명의 포로들을 바탄섬 남쪽 끝에 있는 마리벨레스로부터 120km나 떨어진 오도널 포로수용소까지 물과 식량도 없이 강제로 행군시킨 것입니다.

그런데 과연 행진만 했을까요? 사진은 행군 중 찍힌 포로들의 모습입니다. 이들은 아무런 저항도 할 수 없도록 손이 등 뒤로 묶인 채 어떤 음식도 받지 못했습니다. 그래서 길가에 있는 사탕수수 줄기를 입으로 뜯어먹곤 했죠. 게다가 일본군은 신체적 학대도 서슴지 않았습니다. 제대로 씻지도 못해 면역력이 약해진 포로들은 말라리아 같은 각종 질병에 걸리기 시작했습니다. 그러자 일본군은 병에 걸린 포로들에게 '태양 치료'를 강행했습니다. 사실 이는 치료가 아닌 고문의 일종으로, 열대지역인 필리핀의 뜨거운 햇빛을 오랫동안 그늘도 없이 쐬게 한 것입니다. 일본군은 목이 마르다

바탄 죽음의 행진 당시 미군 포로들

며 물을 달라고 호소하는 포로들에게 물 대신 총을 쏴서 죽였습니다. 일본
군 중에는 일명 '청소 담당 군인'도 있었는데, 이들은 지친 포로들이 부상
을 입거나 낙오자가 발생하면 살해하는 역할을 맡았습니다. 이토록 가혹했
던 죽음의 행진이 끝나자 7만여 명의 포로 중 1만 6,000여 명이 사망하고
5만 4,000여 명만이 수용소에 도착했다고 합니다.

수용소에 도착한 포로들의 모습은 해골 같았습니다. 대나무로 바닥을
만들어 생활한 이들은 먹을 게 너무 부족해서 수시로 병에 걸렸습니다. 주
로 비타민 B1이 부족해서 생기는 '각기병'에 걸리면서 다리 힘이 약해져 제
대로 걷지 못하는 포로들이 많았다고 합니다. 게다가 일본군의 구타와 채
찍질로 몸이 성할 날이 없었죠.

미국이 이러한 사실을 알게 된 것은 약 2년이 지난 1944년 10월이었습니
다. 맥아더 장군이 필리핀을 재탈환하기 위해 돌아왔을 때였죠. 미군 포로

필리핀 포로수용소에 있던 미군 포로들

를 학대한 사실이 알려지자 미국 정부와 여론은 분노로 들끓었습니다. 그런데 아이러니하게도 태평양 전쟁 때 필리핀에서 수많은 부하를 잃었던 맥아더가 연합군총사령부의 총사령관으로 일본에 가게 된 것입니다. 그 때문에 맥아더는 도쿄재판의 '포로 학대' 문제에 더욱 촉각을 세웠습니다. 이때 재판정에는 '바탄 죽음의 행진'에서 살아남은 미군이 증인으로 출석해 인간 이하로 대우받은 사실을 밝히고 죽어간 포로들의 참상을 알렸습니다. 미군의 증언을 들은 도조는 "포로 관리는 필리핀 담당 총사령관에게 있소. 모든 것은 담당 사령관의 재량에서 벌어진 일이오. 나의 명령으로 이루어진 일이 결코 아니오!"라고 소리쳤습니다. 부하에게 책임을 떠넘기고 자기는 죄가 없다고 주장한 것이죠.

일본군은 필리핀에서 또 다른 전쟁범죄를 저질렀습니다. 미군이 일본군이 점령한 마닐라를 탈환하려고 하자, 당시 필리핀에 있던 일본군 참모는 마닐라 민간인을 죽이라고 명령했습니다. 그들이 미군을 도울 거라고 생각한 것입니다. '마닐라 대학살'이라 불리는 이 사건에서 일본군은 미국이 총격을 가하면 필리핀 시민들을 인간 방패로 삼기도 했습니다. 그리고 건물에 아이들 800명을 모아놓고 천장 중앙에 매달린 샹들리에에 숨겨둔 수류탄을 터뜨려서 끔찍하게 학살하기도 했죠.

이런 가혹한 일을 저지른 전범은 '전쟁광'으로 알려진 무토 아키라武藤章 육군 준장입니다. 그는 일본·독일·이탈리아의 삼국동맹 체결에 찬성하며 태평양 전쟁을 시작하는 데 적극적으로 관여했습니다. 또 일본이 전쟁을 시작하기 전에 영국과 미국에 선전포고를 해야 한다고 강하게 주장하기도 했죠. 그 역시 도쿄재판에 A급 전범으로 섰습니다.

그런데 태평양 전쟁 시기에 일본군의 포로 학대는 필리핀에서만 일어난 것이 아닙니다. 이들이 점령한 동남아시아와 태평양 전선 일대에서 동시다발적으로 일어났습니다. 가장 많은 포로 희생자가 발생한 곳은 현재 미얀마라고 불리는 버마 지역입니다. 당시 일본은 버마를 포함해서 동남아시아 전체를 점령하려는 야심이 있었습니다. 그래서 전쟁 물자를 운송하기 위해 버마에서 태국 시암을 잇는 철도 건설에 전쟁 포로를 투입했습니다.

1942년 12월, 일본은 동남아 지역에서 전쟁 포로가 된 약 5만 명의 연합군 포로와 약 20만 명의 아시아 포로를 철도 건설에 투입했습니다. 그런데 고된 강제

동남아시아 지도

철도 건설에 동원된 포로들

노동과 부족한 식량, 그리고 일본군의 횡포로 인해 철도를 건설한 약 16개월간 무려 10만여 명의 포로가 사망했습니다. 이후 이 구간은 '버마 죽음의 철도'라고 불렸습니다. 당시 일본군은 포로들에게 하루 12시간에서 20시간 동안 강제 노동을 시켰고, 병에 걸리면 식사량을 3분의 1로 줄이는 벌을 내렸습니다. 포로들 사이에 콜레라가 번지자 콜레라로 죽은 사람과 함께 살았던 사람도 화형시키는 비인도적인 행위도 일삼았죠. 이렇게 잔인하고 비인간적인 강제 노동에 포로들을 투입하라고 명령한 인물 역시 도조 히데키였습니다.

도조는 도쿄재판에서 죽음의 철도 건설 당시 포로들의 강제 노역을 지시한 사실을 인정했습니다. 그가 이렇게 순순히 인정한 이유는 강제 노역을 전쟁범죄라고 생각하지 않았기 때문입니다. 이후 도조는 무려 190장에 이르는 최후 변론을 했습니다. 다음은 그 내용의 일부입니다.

"나는 아직도 일본이 이 전쟁을 한 것을 두고 국제범죄라고 하여 승자에게서 소추당하고, 패전국의 합법적인 관리였던 자가 개인적으로 국제법의 범죄인 또는 조약의 위반자로서 규탄되리라고는 생각조차 한 일이 없다."

그는 변론에서 일본이 개전을 결정한 것은 서구 세력으로부터 자기 나라를 지키기 위한 선택이었으며, 살기 위해 벌인 전쟁이었다고 강력하게 주장했습니다. 한마디로 자기는 무죄라는 내용입니다. 판사들은 A급 전범 도조 히데키에게 태평양 전쟁의 총책임자로서 포로 학대와 강제 노역, 민간인 학살에 대한 모든 책임이 있다고 판단했습니다. 그리고 그에게 사형 선고를 내렸습니다.

도쿄재판은 일본이 10여 개국에서 일으킨 침략 전쟁과 그 과정에서 발생한 1,000만 명 이상의 희생자에 대한 책임을 묻고, 합당한 처벌을 내리기 위해 시작됐습니다. 하지만 2년 6개월에 걸쳐 진행된 재판의 결과는 매우 초라했습니다. 100여 명의 전범 용의자 중 28명이 기소됐을 뿐이며, 그중에서도 도조 히데키를 포함한 7명만이 사형 선고를 받았습니다. 대체 왜 또다른 전범 학살자들에 대한 처벌은 이뤄지지 않았을까요? 그리고 이 사실을 묵인하고 덮은 것은 누구일까요?

도쿄재판의 모순, 쇼와 천황의 면죄

도쿄재판에서 전쟁범죄자들이 제대로 처벌받지 않은 배후에는 미국 정부가 존재합니다. 미국 정부가 재판에 개입하면서 생긴 가장 큰 변수는 일본의 쇼와 천황에 대한 처벌이 언급조차 되지 않았다는 것입니다. 육·해군

통수권, 즉 한 나라의 병력을 지휘할 수 있
는 권한을 가진 일본의 유일한 최고 통치
자인 그는 대체 어떻게 전쟁 책임에서 완전
하게 벗어났을까요?

쇼와 천황

쇼와 천황의 처리 문제는 도쿄재판에서
가장 중대한 사안이었습니다. 재판을 앞둔
맥아더의 참모진들은 쇼와 천황을 재판해
야 할지, 아니면 일본을 안정적으로 점령하
기 위해 쇼와 천황을 활용하는 것이 더 나
은지를 두고 의견이 나뉘었습니다. 한편 당
시 미국 정부는 "일본의 제국주의 침략의
원인은 쇼와 천황에게 있다"라고 주장하며
천황제를 폐지하려는 움직임을 보였죠. 동시에 쇼와 천황을 전쟁범죄자로
기소해 도쿄재판에 세우려고 했습니다.

그런데 이때 쇼와 천황의 전쟁 책임 문제의 흐름을 바꾼 인물이 나타나는
데, 그가 바로 맥아더입니다. 맥아더는 쇼와 천황이 전쟁의 책임에서 완전
하게 벗어날 수 있도록 계획했습니다. 그의 계획은 쇼와 천황과의 만남으
로 시작됐습니다. 323쪽의 그림은 도쿄재판이 시작되기 전인 1946년 1월에
미국의 한 신문에 실린 만평입니다. 의자에 앉은 맥아더가 "말하라!"라고
하자 쇼와 천황은 "사실 저는 신이 아닙니다!"라고 대답합니다. 이 만화는
쇼와 천황이 하는 말을 맥아더가 시킨 것이라는 암시를 하고 있죠.

쇼와 천황은 맥아더가 연합군총사령부 총사령관으로 일본에 도착한 직
후 그를 찾아가 긴밀한 만남을 가졌습니다. 이때 맥아더는 일본을 원활하

쇼와 천황과 맥아더의 만평

게 통치하기 위해 정치적 거래를 했습니다. 쇼와 천황을 전범으로 법정에
세우지 않는 대신 천황이 신격화된 권위를 내려놓고 일본 국민의 형식적인
우두머리 역할만 한다는 것이었죠. 현재 일본의 근간인 상징천황제를 제
시한 것입니다. 그러자 쇼와 천황은 만평과 같이 자신의 신성성을 포기하
는 '인간 선언'을 했습니다. 천황을 꼭두각시로 만드는 것이 일본 통치에 유
리하다고 판단한 맥아더는 미국 정부를 설득했고, 미국 정부도 이를 받아
들였습니다. 결국 일본을 안정적으로 통치하려는 미국의 이익 앞에 천황은
전쟁의 책임과 A급 전범에서 벗어났습니다.

그런데 쇼와 천황뿐 아니라 전범으로 지명될 가능성이 높았던 아사카노미야 야스히코朝香宮鳩彦도 전범에서 면책되었습니다. 쇼와 천황의 고모부라는 이유에서였죠. 그는 난징 대학살 직전 "모든 군인 포로를 사살하라!"라는 비밀 명령서를 부하들에게 하달한 인물입니다. 사진은 1937년 난징에서 찍은 것으로 오른쪽이 포로 사살을 명한 아사카노미야이고, 왼쪽은 앞서 언급했던 난징 도살장의 원흉 마쓰이입니다. 당시 마쓰이가 난징에 있던 모든 일본군을 완벽하게 통제할 수는 없었기 때문에 황족 출신의 육군대장 아사카노미야에게도 지휘권을 주었습니다. 이때 그는 일본군이 사로잡은 중국군을 처리할 방법을 부하들에게 전달했습니다. 처형 방법부터 처

난징에서의 마쓰이와 아사카노미야

형 장소, 처형 시간까지 자세하게 기록했죠.

> 명령서: 개봉 후 즉시 파기할 것
> • 모든 전쟁 포로들을 처형한다.
> • 포로들을 12명씩 나눠 총살한다.
> • 1중대는 요새 남쪽 밭에서, 2중대는 요새 남서쪽 저지대에서, 4중대는 요새 남동쪽 밭에서 집행할 것.
> • 모든 중대는 5시 이전까지 작전을 개시하여 7시 30분에 완료한다.

　잔혹한 명령서를 받은 일본군은 중국군을 사살했습니다. 난징의 시민을 보호해 줄 자국 군인이 사라지면서 단 6주 사이에 약 30만 명의 중국인이 희생당하는 난징 대학살까지 벌어졌던 것입니다. 그럼에도 아사카노미야는 천황의 친족이라는 이유로 도쿄재판에 기소조차 되지 않았고, 난징 대학살의 모든 책임은 모두 마쓰이에게 넘어갔습니다.

　도쿄재판에서 천황의 친족 중 전쟁 책임에 대해 처벌받은 사람은 아무도 없습니다. 중국군을 처형하라는 비밀 명령서를 하달한 아사카노미야의 동생이자 쇼와 천황의 고모부인 육군 대장 히가시쿠니노미야 나루히코東久邇宮稔彦도 본토 방위 총사령관이었기 때문에 검사 측의 주목을 받았지만 체포조차 되지 않았습니다. 전쟁 당시 일본 공습으로 격추된 미군 파일럿들을 처형한 사건의 최고 책임자였음에도 천황의 친족이기 때문에 처벌받지 않은 것입니다. 오히려 그는 패전 직후 맥아더가 이끄는 연합군총사령부의 대일점령정책에 따라 약 두 달간 전후 첫 총리를 역임하기도 했습니다. 일본의 황족 남자 중에는 중요 요직에 있는 이들이 많았지만 대부분 체포를 면하거나 체포를 당해도 기소되는 일이 없었는데, 이는 모두 맥아더의 뜻이었습니다.

도쿄재판의 모순, 731부대의 면책

도쿄재판의 두 번째 모순은 생체 실험을 주도한 731부대가 전범에서 제외됐다는 사실입니다. 중국 하얼빈에서 민간인 생체 실험을 주도하며 인간의 탈을 쓴 악마로 불리는 731부대의 부대장 이시이 시로石井四郎는 상당히 알려진 인물입니다. 의학 박사이자 미생물학자인 이시이는 세균전 마니아였습니다. 그는 1936년 중국 하얼빈 등지에서 731부대를 지휘하면서 중국인, 조선인, 러시아인 등을 대상으로 인체실험을 지휘해 각종 전염병을 감염시키거나 강제 임신, 생체 해부, 동상 등 극악한 실험을 자행했습니다. 일본은 특히 생화학과 세균병기를 사용한 연구에 큰 집착을 드러냈습니다. 백신을 가지고 있을 때 전염병을 퍼뜨리면 아군의 피해 없이 적의 전투력을 무력화시킬 수 있다고 생각했기 때문이었죠.

이시이는 우리가 '마루타'라고 알고 있는 인체실험을 한 인물이기도 합니다. 마루타丸太는 통나무라는 뜻으로, 인체실험을 용이하게 하려고 사람들의 머리를 깎은 모습이 마치 통나무처럼 보인다고 해서 불린 말입니다. 이처럼 이시이에게 인

이시이 시로

간은 그저 실험도구일 뿐이었죠.

731부대는 산채로 사람을 부검했는데, 이때 적출한 인체 장기를 쇠고리에 걸어놓은 모습은 정육점과 다를 게 없었다고 합니다. 731부대가 퇴각한후 발굴된 부검기구 중에는 머리뼈를 자르는 쇠톱이나 인체를 베고 장기를자른 크고 작은 가위들이 있었죠. 이후 일본의 한 대학 교수에 의해 밝혀진 731부대의 인체실험 방법은 당시의 상황을 적나라하게 보여주기도 했습니다.

> '건강한 인간에게 병원체를 보유한 진드기를 빻아 넣어 만든 식염
> 수유제를 주사해 유행성출혈열에 감염시킨다. 발병으로부터 5일
> 이내에 산 사람으로부터 내장을 적출, (중략) 병원체가 남아있는
> 지를 조사하기 위해 결국은 산 채로 해부한다. (중략) 패전 직전에
> 는 증거 인멸을 위해 이 실험에 이용한 포로들에게 밥에 청산가리
> 를 타 죽이거나 권총으로 모두 사살했다.'

731부대는 아이들을 이용한 실험도 서슴지 않았습니다. 콜레라균이 묻은 사탕을 나눠주고 병에 대해 관찰하곤 했죠. 특히 태어난 지 며칠 안 된갓난아기의 손을 얼음물에 담근 채 얼마나 괴로워하는지를 관찰하는 것은731부대가 심혈을 기울여 연구했던 동상 실험이었습니다. 당시 군인들이동상에 걸려 전력 소모가 커지자, 이시이와 부대원들은 동상 실험으로 동상에 걸린 일본군 병사를 치료하는 데 필요한 최적의 해동 온도를 알아내려고 했습니다. 신생아까지 이용하면서 말이죠. 그의 동상 실험은 수많은신생아의 목숨을 앗아갔습니다.

탄저균 폭탄 실험은 이시이의 또 다른 만행입니다. 탄저균의 전파 속도와 파급력을 조사하기 위해 사람들을 말뚝에 묶어서 고정한 후 탄저균 폭탄을 터트리는 실험을 했죠. 이 실험의 대상이었던 사람들은 탄저균에 감염되어 모두 세상을 떠났다고 합니다. 또 1945년에 소련이 만주로 침공하자 731부대의 비밀을 숨기려고 수용하고 있던 인체실험 대상자 전원을 가스로 살해했다고도 합니다.

이렇게 명백한 전범이었던 그는 어째서 도쿄재판에 서지 않았을까요? 그 이유는 미국이 인체실험 정보를 얻기 위해 이시이를 처벌하지 않았기 때문입니다. 사실 이시이는 731부대 간부들과 함께 인체실험을 한 죄로 체포된 적이 있습니다. 그런데 이때 미군사령부는 731부대원의 행동과 우편물을 살피다가 그들이 소장한 정보가 세균전 연구에 매우 중요한 정보라는 사실을 파악했습니다. 그리고 맥아더는 미국 정부로부터 한 통의 전화를 받았습니다. 전화를 건 미국 정부의 고위관계자는 이렇게 말했습니다.

"이시이 시로와 731부대 관계자들을 전범으로 재판에 나오게 하지는 않을 겁니다. 하지만 그 사실을 미리 얘기하지 말고 모든 정보를 남김없이 입수하세요!"

미국이 이런 요구를 한 이유는 731부대의 연구 자료가 미국의 의학 발전에 큰 도움이 될 거라 판단했기 때문입니다. 결국 맥아더는 미국에 연구 자료를 넘기는 조건으로 이시이를 전범 재판에서 제외했습니다. 그리고 미국은 연구 자료를 넘기기로 한 이시이에게 약 25만 엔을 대가로 지불했습니다. 당시 공무원의 4년 치 연봉이 넘는 큰 금액이었죠. 그리고 731부대의 악랄한 죄상을 감춰 주고, 이시이를 미국으로 데려가 첨단 시설을 갖춘 육군기지 포트 데트릭에서 세균 무기 개발을 하는 실험소의 고문으로 삼았습니다. 이후 그의 자취는 공개되지 않았으나 일부 알려진 사실에 따르면 일본으로 돌아와 병원까지 개업하고 자유롭게 살았다고 합니다.

그렇다면 다른 731부대원들은 어떻게 됐을까요? 놀랍게도 이들 역시 정보를 넘기는 대가로 전범 처벌에서 제외되었습니다. 심지어 731부대에서 신생아를 이용해 적극적으로 동상 실험을 했던 요시무라吉村라는 인물은 동상 실험으로 국제 논문을 발표하는 등 활발한 학술 활동을 하다가 교토 부립 의과대학의 총장까지 올랐습니다. 그뿐만 아니라 세균 무기를 개발하기 위해 중국인과 조선인에게 인체실험을 강행한 다른 부대원은 일본 최초의 혈액은행장이 되었고, 그 외에도 일본 국립암센터 총장, 의학부 학장, 대학 교수 등 의학 관련 분야에서 굵직한 자리를 차지했죠. 결국 인체실험 정보를 얻기 위한 미국의 이익 앞에 731부대원들은 전범으로 처벌받지 않았고, 오히려 그 대가로 편안한 삶을 산 것입니다.

도쿄재판의 모순, 기시 노부스케의 면책

이렇게 이해관계에 따라 전쟁범죄 혐의를 벗은 인물 중에는 훗날 일본 정계에서 거물로 성장한 정치인도 있습니다. 일본의 전 총리 아베 신조安倍晋三의 외할아버지인 기시 노부스케岸信介입니다. 도쿄재판을 앞두고 A급 전범 용의자로 체포된 그가 아무런 처벌도 받지 않은 것은 도쿄재판의 세 번째 모순입니다.

일본이 만주를 침략한 이후 기시 노부스케는 만주국의 인사와 재정을 총괄했습니다. 그는 당시 731부대장 이시이의 직속상관이자 후원자였죠.

기시 노부스케 A급 전범 용의자 체포 당시 머그샷

사실 731부대의 인체실험이나 생물학 개발은 당시 만주국 산업부 차장으로서 경제정책의 총책임자였던 기시 노부스케의 지시와 허가 없이는 존재할 수 없었습니다. 하지만 도쿄재판이 진행되는 2년 6개월간 형무소에 체포되어 있었던 기시의 조사는 웬일인지 제대로 이루어지지 않았습니다. 그리고 그는 도조 히데키를 비롯한 전범 7명이 처형된 다음 날, 자유의 몸으로 풀려나와 다시 정계에 진출했습니다.

일본 침략 전쟁에 영향을 미친 기시 노부스케의 표면적인 석방 이유는 그가 전쟁을 주도한 일본 지도자의 회의, 즉 '대본영 정부 연락회의'에 참석하지 않았다는 것입니다. 731부대에 대한 언급은 하나도 없었죠. 그리고 전쟁 중 패전을 예감하고 도조 히데키에게 전쟁 종결을 주장했던 것도 정상 참작되었습니다. 하지만 그가 석방된 진짜 이유는 미국의 입김 때문이라는 주장도 있습니다. 당시는 일본 총리가 바뀌는 시기로, 주일미국대사는 기시 노부스케를 친미적으로 활용할 만한 인물이라고 윗선에 보고했습니다.

미국 정부도 같은 판단을 내렸다는 주장이 있으나 정확한 사실은 알 수 없습니다. 하지만 결국 기시 노부스케는 1957년에 제56대 일본 총리에 올라 미국과 동맹 관계를 견고히 하며 국제사회에서 일본의 입지를 다져나갔습니다. 이처럼 기시 노부스케의 석방에는 석연치 않은 부분이 존재합니다.

이 외에도 전범 처벌을 면제받은 인물이 있습니다. 극우파 지식인으로 활동했던 오카와 슈메이大川周明는 침략 전쟁을 주장하면서 선동적인 서적을 출판했습니다. 또한 만주국을 세우기 위한 음모를 추진하기도 했죠. 그래서 유일한 민간인 A급 전범으로 기소되었으나 재판 초기에 기소 면제를 받았습니다. 재판 중에 도조 히데키의 뒤통수를 때리는 돌발 행동을 했다는 이유로 정신 이상이라 판단한 것입니다. 재판을 할 수 없는 상태라며 정신병원으로 이송되어 치료를 받은 그는 사형을 면했습니다. 이렇듯 미국의 개입으로 전쟁 학살자들은 재판정에 서지도 않습니다.

도쿄재판의 또 다른 모순은 기소된 A급 전범들조차 제대로 된 처벌을 받지 않았다는 것입니다. 1948년 11월, 도쿄재판에서는 A급 전범으로 기소된 28명 중 병사한 두 명과 정신이상으로 기소가 취소된 오카와 슈메이를 제외한 25명의 A급 전범에 대한 판결을 진행했습니다. 이 가운데 16명은 종신형을 받았고, 두 명은 각각 20년 형과 7년 형을 받았죠. 사형 선고를 받은 건 단 7명뿐이었습니다. 그런데 놀랍게도 판결을 받은 지 10년도 채 지나지 않은 1956년에 A급 전범이었던 한 인물이 마지막으로 가석방되면서 종신형으로 복역 중이었던 A급 전범이 모두 가석방되었습니다.

그런데 기시 노부스케가 총리직에 오른 지 1년이 지난 1958년 4월에 종신형을 선고받은 A급 전범 전원이 감형되는 충격적인 사건이 발생했습니다. 도쿄재판 전후 동아시아 지역에 찾아온 냉전 때문이었죠. 제2차 세계대전이 끝나고 서로 다른 이념으로 대립하게 된 미국과 소련은 각자의 동맹을 구축해서 세력을 넓혀 나갔습니다. 이때 미국은 소련에 대항해서 사회주의 국가를 견제하는 전략적 요충지로 일본을 선택했습니다.

그런데 일본을 동맹국으로 정한 미국은 한 가지 고민에 빠졌습니다. 일본이 국제적인 전범국가라는 사실이었죠. 미국은 일본이 국제무대에 당당하게 서서 힘을 보태려면 경제를 부흥시키고 주권을 회복시켜야 한다고 판단했습니다. 그래서 배상액도 부담하지 않고 전쟁 책임도 묻지 않기로 한 것입니다. 이후 일본에 주둔하던 연합군총사령부는 점령 통치를 끝내고 일본에 주권을 돌려주었습니다. 형을 받고 수감 중인 전범들도 이때 모두 사면받은 것입니다. 약 2년 반 동안 이어진 도쿄재판은 주요 인물들의 잇따른 면책과 극소수 A급 전범들만 처벌받으며 '역사상 최악의 위선'이라는 오명을 남겼습니다.

제2차 세계대전의 전범국가인 일본과 독일은 같은 전범재판을 치렀으나 전범에 대한 책임에 대해서는 완전히 상반된 자세를 취해 왔습니다. 독일은 전범들의 잔혹함을 드러내며 전쟁에 대한 책임을 다하려는 반면, 일본은 B·C급 전범은 물론이고 A급 전범도 합사된 야스쿠니 신사를 참배하고, A급 전범으로 사형당한 7인을 기리는 순국칠사묘를 세워 전쟁의 책임을 부정하고 있습니다. 심지어 A급 전범 용의자였던 기시 노부스케는 순국칠사묘를 조성하는 과정에서 비문까지 작성하는 기만을 부렸습니다. 제대로 된 처벌을 받지 않은 전쟁 학살자들은 버젓이 정치계에 진출해 지금의 일본을 만들었죠.

일부 역사가들은 일본의 이런 태도가 도쿄재판에서 전범들이 제대로 처벌받지 못했기 때문이라고 평가합니다. 침략 전쟁으로 제대로 된 책임을 지지 않은 일본이 죄의식이 무너져 도덕적 책임까지도 부정하고 있다는 것이죠. 이는 도쿄재판이 우리에게 남긴 역사 인식이기도 합니다. 역사를 있는 그대로 평가하고 이를 토대로 그 책임을 온전히 다할 때 바로 설 수 있다는 인식 말입니다.

벌거벗은 CIA

기밀해제 문서로 본 CIA와 라틴 아메리카

박구병

● 20세기의 라틴 아메리카 역사는 거대한 음모와 책략, 그리고 주목할 만한 사건들로 점철되어 있습니다. 특히 1930년대 이래 라틴 아메리카의 여러 나라에서 발생한 수많은 군부 쿠데타를 빼놓을 수 없습니다. 군대가 정국에 개입해 기존 정부를 무너뜨리고 정권을 장악하거나 내전을 초래하면서 주민들은 혼란과 불안에 시달릴 수밖에 없었죠. 그런데 1945년 이래 라틴 아메리카에서 일어난 군부 쿠데타들에는 한 가지 공통점이 있습니다. 배후에 특정 세력이 존재한다는 것입니다. 바로 미국의 중앙정보국 CIA입니다. 영화나 드라마에서 CIA의 정예 요원이나 스파이들이 펼치는 비밀공작이 실제로 라틴 아메리카에서 벌어졌던 것입니다.

CIA는 미국의 안보를 위해서라면 수단과 방법을 가리지 않는 기관으로 알려져 있습니다. 하지만 그들의 활동은 철저히 비밀에 싸여 있었죠. 때문에 한때는 영화에나 등장하는 가공의 이야기나 음모론으로 취급받았습니다. 1960년대에 정보공개법이 마련되고 여러 시민단체가 끊임없이 요구한 덕분에 미국 정부가 드러내길 원치 않았던 CIA의 비밀문서에 걸린 기밀이 서서히 해제되었습니다.

CIA의 활동이 베일을 벗으면서 전 세계는 엄청난 충격에 휩싸였습니다. 세계 곳곳의 굵직한 사건에 CIA가 개입돼 있었기 때문입니다. 특히 라틴 아메리카 곳곳에서 수많은 비밀공작을 벌였고, CIA가 후원한 군부 쿠데타는 치열한 내전과 민간인 학살의 원인이 되는 등 비극의 씨앗으로 싹텄습니다. CIA는 무슨 이유로 라틴 아메리카를 비밀공작의 주된 대상지로 삼은 걸까요?

지금부터 라틴 아메리카의 현대사 속에 감춰진 비극적이고도 불행한 진실에 관해 이야기하려 합니다. CIA의 기밀해제 문서를 통해 라틴 아메리카의 여러 국가를 조종하려던 CIA의 작전을 벌거벗겨 보겠습니다.

제2차 세계대전 이후 시작된 냉전과 적색공포

미국의 중앙정보국 CIA가 최초로 비밀공작을 벌인 곳은 중앙아메리카의 작은 국가 과테말라입니다. 여기서 시작된 CIA의 비밀공작은 점차 라틴아메리카 곳곳으로 퍼져나갔습니다. 그런데 세계 최강대국인 미국은 왜 과테말라에 주목하게 되었을까요? 먼저 당시 시대 상황을 짚어 보겠습니다. 제2차 세계대전이 끝나고 1년 반쯤 지난 1947년 3월에 미국의 해리 트루먼 Harry Truman 대통령은 중대 선언을 공표했습니다. '트루먼 독트린'이라 불리는 이 연설에서 대통령은 공산주의가 세계에 확산되는 것을 막아야 한다고 주장했습니다. 그리고 공산주의에 저항하는 사람들을 돕기 위해 미국이 세계의 경찰 역할을 하겠다고 자처했죠. 그는 소련과 공산주의 체제를 최대

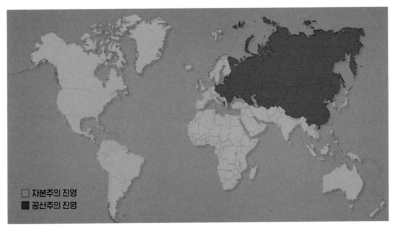

미국이 이끄는 자본주의 진영 vs 소련이 이끄는 공산주의 진영

의 적으로 지목했습니다. 그 결과 미국과 소련은 서로를 결코 양립할 수 없는 적으로 간주했고, 상대방의 진영이 확대되는 것을 극도로 견제했습니다. 그렇게 냉전이 시작된 것입니다.

지도에서 보는 것처럼 아메리카 대륙을 중심으로 자본주의 진영(초록색)이, 소련과 중국을 중심으로 공산주의 진영(빨간색)이 자리 잡았습니다. 소련이 지리적으로 가까운 동유럽의 여러 국가를 지원하면서 공산주의 진영을 넓혀나가자 미국은 극도로 긴장했습니다. 이때 미국의 공포심이 어떠했는지는 1950년에 작성한 냉전 정책에 관한 비밀문서 속 '미국이 소련에 패배하면 미국뿐 아니라 인류 문명 자체가 종말을 맞이한다'라는 표현에서 확인할 수 있습니다.

냉전 시대를 맞이한 미국에서는 반공주의 만화책이 출간되기도 했습니다. 338쪽의 만화책 표지를 보면 '미국이 공산주의 세력의 지배를 받고 있다'라는 글과 함께 소련군이 미국인을 죽이려는 모습이 그려져 있습니다. 배경에서는 미국 국기가 불타고 있죠. 이런 상황에서 미국의 연방 상원의원 조지프 매카시Joseph McCarthy가 소련이 미국 내부에 침투해서 미국을 지배하려 한다고 주장하면서 파장은 더욱 거세졌습니다. 어느새 서로를 공산주의자로 의심하며 색출하는 일까지 벌어지는 등 공산주의에 대한 공포가 미국 전역을 휩쓸었습니다. 이 시기 대다수 미국인들은 공산주의를 떠올리게 하는 것을 모두 없애려 했습니다. 이 같은 공산주의에 대한 과민반응을 가리켜 '레드 콤플렉스' 또는 '적색공포'라고 합니다.

공포에 질린 미국은 소련을 견제할 방법을 찾기 시작했습니다. 트루먼 대통령은 소련의 팽창을 막을 여러 방법 가운데 하나로 국가안보법을 구상했고, 1947년 7월에 미국 의회는 이 법을 통과시켰습니다. 그리고 이를 근

반공주의 만화

거로 중앙정보국인 CIA를 창설했죠. 냉전 시기에 창설된 CIA의 역할은 공산주의를 막는 것이었습니다. 이를 위해 국가 차원에서 전 세계를 대상으로 정보를 수집하고 특수공작 등을 수행하는 비밀정보기관으로 활동했습니다. 트루먼 대통령은 CIA가 원활히 활동할 수 있도록 창설 2년 만에 '중앙정보국법'을 채택해서 CIA가 비밀리에 예산을 집행하고 자유롭게 움직일 수 있게 했습니다. 이후에는 CIA의 손발이 되어줄 특수활동 부서인 SAD도 만들었죠. SAD는 준군사적인 비밀공작을 수행하는 부서로 일종의 특수부대라고 볼 수 있습니다.

그리고 또 한 가지, CIA 국장에게는 막강한 권한을 주었습니다. 339쪽의 조직도는 1950년대 초 미국 내 정보 조직을 개략적으로 정리한 것입니다. 미국의 주요 내각 부서는 자체적으로 정보기관을 갖추고 있었습니다. 그

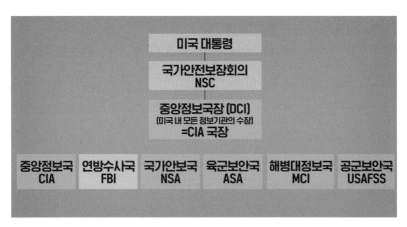

1950년대 미국 내 정보 조직

중에서도 CIA 국장은 미국 내 모든 정보기관의 수장인 중앙정보국장(DCI)으로서, 미국의 모든 정보를 수집하고 대통령에게 직접 보고할 수 있는 지위를 차지했던 것이죠. 세계 곳곳에 흩어진 CIA 요원들은 직접 정보를 수집했습니다. 이렇게 인적 네트워크를 활용해 정보를 얻는 방식을 휴민트(HUMINT)라고 합니다. 사람(human)과 정보(intelligence)의 합성어로 '인적 정보'라는 뜻입니다. CIA 요원들은 어느 조직에 누가 소속되어 있으며, 인원은 어느 정도인지 등을 철저히 비밀에 부치고 있습니다.

한편 소련도 CIA에 대항할 조직을 만들었습니다. 러시아 혁명 때부터 존재하던 비밀경찰을 발전시켜서 1950년대 초에 국가보안위원회, 즉 KGB를 창설한 것입니다. 미국과 소련의 두 정보기관은 냉전 시기에 자국의 이익을 위해 세계 곳곳에서 치열한 정보 수집 전쟁을 벌였습니다.

이 시기 CIA에는 특별한 임무가 주어졌습니다. 한 나라가 공산화되면 그 주변의 국가들도 도미노처럼 줄줄이 공산화될지도 모른다는 이른바 '도미노 가설'이 실현되는 것을 막는 일이었죠. CIA의 주요 활동 무대는 도미노

가설이 실현될 가능성이 높아 보여 미국이 극도로 경계했던 지역인 라틴 아메리카와 동남아시아였습니다. 미국은 오래전부터 지리적으로 가까운 라틴 아메리카를 '미국의 뒷마당'이라고 부르곤 했습니다. 만약 이 뒷마당에 소련의 영향으로 미국에 반기를 드는 공산주의 국가가 하나라도 들어서면 라틴 아메리카 전체에 공산주의가 퍼져나갈 수도 있었습니다. 이는 곧 미국의 안전을 보장할 수 없다는 위협 신호였죠. 따라서 미국은 자국의 '뒷마당'에 공산 진영이 침투할 수 없도록 1947년 9월에 라틴 아메리카 19개국과 조약을 맺었습니다. 리우 조약(협약)으로 알려진 '미주 상호 원조 협약' 제3조의 내용은 다음과 같습니다.

'어떤 아메리카 국가가 내부 또는 외부의 공격을 받을 경우, 아메리카 대륙 전체가 위협당한 것으로 간주해 반격할 수 있다.'

어떤 세력이든 라틴 아메리카 지역을 공격하면, 미국이 공격당한 국가의 허가 없이도 개입해서 외부 세력에 반격을 가할 수 있다는 것입니다. 이 조약에 따라 라틴 아메리카는 미국의 강력한 영향력 아래 놓였습니다.

과테말라를 잠식한 미국의 바나나 회사

미국이 라틴 아메리카에 반공 전선을 정비하고 있는 사이, 1950년대 초에 미국의 적색공포를 자극하는 사건이 발생했습니다. 문제가 발생한 첫 번째 국가는 멕시코 남쪽에 있는 과테말라였습니다. 16세기 초부터 약 300년

과테말라 위치

간 스페인의 식민 지배를 받았던 과테말라는 19세기 초에 독립했고, 그 뒤 100년이 넘는 기간 동안 4명의 지배자가 통치해 왔습니다. 그러던 중 1944년에 과테말라의 독재 정권에 맞서는 대중의 대규모 저항 운동이 일어나면서 상황이 달라졌습니다. 독립 후 처음으로 민주 선거를 통해 후안 호세 아레발로Juan José Arévalo 대통령을 선출한 것입니다. 1950년에 치른 선거에서는 하코보 아르벤스 구스만Jacobo Arbenz Guzmán이 65.4%의 높은 지지를 얻으며 평화롭게 권력을 계승했죠. 과테말라에서는 두 대통령이 통치한 이 시기를 두고 '민주주의의 봄'이라고 부릅니다.

독재 정권도 아닌데 미국과 CIA는 왜 아르벤스 정부를 주시했을까요? 아르벤스 정부의 정책 방향 때문이었습니다. 아르벤스 대통령은 가난에 처한 대다수 국민을 위해 나라의 부를 분배하려 했습니다. 취임 후 각종 개혁을 단행한 그가 가장 중점을 둔 분야는 토지 개혁이었습니다. 과테말라는 인구의 약 2%에 불과한 부유층이 전체 경작지의 70% 이상을 차지할 만큼 불평등 문제가 심각했습니다. 아르벤스 대통령은 지주들이 경작하지 않고 놀리는 땅을 정부가 수용해서 농민들에게 나눠주려 했죠. 그런데 그가 수용하려는 토지의 일부가 미국의 거대 기업 '유나이티드 프루트 컴퍼니United Fruit Company'의 소유였던 것입니다. 1952년 당시 이 기업이 과테말라에서 소유하거나 임대하고 있던 토지는 약 18만 헥타르로, 과테말라 전체 경작지의 무려 7분의 1 이상이었습니다.

유나이티드 프루트 컴퍼니는 과테말라를 포함한 라틴 아메리카의 여러 국가에서 거대한 농장을 운영하며 바나나를 생산했습니다. 이를 미국과 유럽 등지에 판매해 막대한 이윤을 얻었죠. 지금은 치키타Chiquita로 이름을 바꿨으며 돌Dole, 델몬트Del Monte와 함께 세계 3대 과일 판매 기업으로 손꼽힙니다. 유나이티드 프루트 컴퍼니는 라틴 아메리카 지역에서 노동 착취를 일삼았습니다. 1928년, 콜롬비아의 바나나 농장에서 노예처럼 일하던 사람들은 처우를 개선해 달라며 파업을 벌였습니다. 이때 유나이티드 프루트 컴퍼니의 요청으로 콜롬비아 정부군이 무력으로 파업을 진압하면서 1,000명이 넘는 사람이 목숨을 잃었습니다. 이를 '바나나 학살'이라고 합니다. 앞서 1924년에 과테말라의 농장에서도 파업이 벌어졌고, 과테말라 정부가 군대를 투입하면서 수많은 사망자와 부상자가 발생했습니다. 대체 얼마나 대단한 기업이길래 콜롬비아와 과테말라 정부군이 자국민까지 학살했던 것일까요?

그림은 유나이티드 프루트 컴퍼니의 위세를 보여주는 만평입니다. 당시 이 기업의 별명은 '문어'였습니다. 바나나를 팔아 번 돈을 과테말라의 철도,

항만, 유통, 전기 사업 등에 투자해 과테말라의 경제를 쥐락펴락했기 때문입니다. 상황이 이렇다 보니 미국에서는 과테말라를 두고 '바나나 공화국'이라고 부르기도 했습니다. 바나나 기업에 의해 경제가 좌우되는 나라라는 의미였겠죠. 유나이티드 프루트 컴퍼니의 영향력이 그토록 대단했기에 아르벤스 대통령의 토지 개혁은 실현되기 어려워 보였습니다. 그는 땅을 얻기 위해 회사가 소유한 토지를 사들이겠다고 제안했습니다. 하지만 유나이티드 프루트 컴퍼니는 보상금이 너무 적다는 이유로 단칼에 거절했습니다.

이때 미국 정부는 아르벤스 대통령과 유나이티드 프루트 컴퍼니의 줄다리기를 심상찮게 지켜보고 있었습니다. 아르벤스 대통령의 토지 개혁이 소련의 영향을 받은 위협적인 정책이라고 본 것입니다. 미국으로서는 가까운 지역에 공산주의에 우호적이고 그 정책에 동조하는 정권이 자리 잡게 될지 모르는 상황이었죠. 게다가 과테말라의 토지 개혁으로 미국 기업의 이익이 침해받는 상황도 묵과할 수 없었습니다. 미국인에게 재산과 소유권에 대한

문어발 기업 유나이티드 프루트 컴퍼니

보장은 미국 헌법에 명시된 가장 중요한 가치였기 때문입니다. 즉 미국 기업의 이익을 침해하는 일은 미국을 공격하는 것과 같았습니다. 이렇게 아르벤스 대통령은 미국 정부에 의해 공산주의자로 낙인찍혔습니다. 그리고 CIA는 과테말라에서 첫 번째 비밀공작을 벌였습니다.

과테말라 정부를 무너뜨려라!

1953년, 당시 미국 대통령 드와이트 아이젠하워Dwight Eisenhower는 라틴 아메리카에 공산주의 정권이 들어서는 것을 용납할 수 없다며 과테말라의 아르벤스 정부를 무너뜨리기로 결심했습니다. 하지만 한 나라가 다른 나라의 정부를 무너뜨리는 것은 어려운 일이었습니다. 전쟁을 일으켜 다른 나라를 침략하는 것은 불법인 데다 국제적으로도 큰 비난을 받을 수 있었기 때문입니다. 게다가 전쟁에는 엄청난 비용이 들고, 미군의 인명 피해도 감수해야 했죠.

그리하여 미국은 CIA를 통한 비밀공작을 활용하기로 했습니다. 과테말라의 합법적인 정부를 무너뜨리기 위한 CIA 비밀공작의 핵심 인물은 아이젠하워 대통령과 CIA 국장 앨런 덜레스Allen Dulles, 그리고 국무부 장관 존 포스터 덜레스John Foster Dulles였습니다. 앨런 덜레스는 최초의 민간인 출신 CIA 국장으로 아이젠하워의 엄청난 신임을 받았다고 합니다. 국무부 장관인 존 포스터 덜레스는 앨런 덜레스의 형으로, 형제가 나란히 아이젠하워 정부에서 외교와 정보기관의 수장으로 손발을 맞춘 것입니다. 두 형제는 모두 유나이티드 프루트 컴퍼니의 파트너 회사에서 이사직을 맡은 바

대통령	CIA 국장	국무부 장관
드와이트 아이젠하워	**앨런 덜레스**	**존 포스터 덜레스**

1954년 당시 미국 정부의 핵심 인물들

있습니다. 따라서 아르벤스 대통령의 토지 개혁으로 유나이티드 프루트 컴퍼니의 사업이 축소되는 것을 원치 않았을 듯합니다. CIA가 과테말라에서 비밀공작을 시행한 데는 이런 관계도 영향을 끼쳤을 것입니다.

당시에는 CIA가 과테말라에서 덜레스 형제를 주축으로 어떤 활동을 펼쳤는지 알 수 없었습니다. 하지만 시간이 흘러 기밀문서가 공개되면서 작전의 전모가 드러났죠. 346쪽의 사진은 2003년에 기밀이 해제된 CIA 문서로, 작전명은 '피비석세스(PBSuccess)'입니다. 기밀 해제된 문서에는 'sanitized'라는 단어가 찍혀져 있습니다. 소독, 멸균이라는 뜻으로 민감한 정보를 지웠다는 의미일 것입니다. 다음은 문서 내용의 일부입니다.

'과테말라의 육군과 정치 지도자들을 전복 또는 패배시키기 위한 시도, 광범위한 심리전과 준군사적 행동을 실행할 예정임. 1953년 8월부터 12월까지 CIA 요원들이 집결했고 작전 계획이 수립되었음.'

이렇듯 아르벤스 정부의 전복 작전을 세운 CIA가 가장 먼저 한 일은 아르벤스 대통령에 맞서 쿠데타를 일으킬 만한 인물을 물색하는 것이었죠. 그들이 찾아낸 적임자는 과테말라의 전직 군인인 카를로스 카스티요 아르마스Carlos Castillo Armas 대령이었습니다.

카스티요 아르마스는 아르벤스 정부에 강한 반감을 갖고 있던 인물이었습니다. 그는 이미 한 차례 쿠데타를 시도한 후, 투옥됐다가 탈출한 이력을 가지고 있었죠. CIA는 그 뒤 이웃 국가 온두라스의 미국 대사관에 자주 출

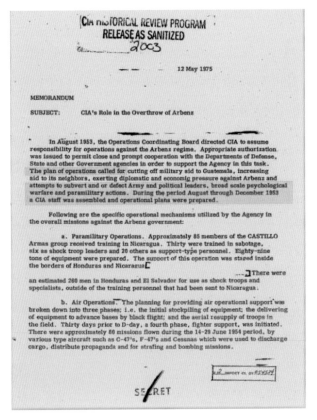

CIA의 '피비석세스' 작전

입했던 아르마스 대령을 적극적으로 지원하려 했습니다. 이는 그의 능력을 믿었다기보다 미국의 뜻대로 움직여 줄 인물로 여겼다는 의미입니다. 아르마스 대령을 선택한 CIA는 먼저 과테말라와 국경을 맞대고 있는 온두라스에 쿠데타를 일으키기 위한 작전기지를 설치했습니다. 앞서 공개한 기밀문서에 CIA가 그곳에서 한 일이 기록돼 있습니다.

> A. **준군사작전**: 89톤의 장비가 준비되었다. 작전 지원은 온두라스와 니카라과의 국경 안에서 이루어졌다. 온두라스와 엘살바도르에는 니카라과로 파견된 훈련 요원 중 돌격대와 전문 요원 260명이 배치되었다.
> B. **항공작전**: 전장에 있는 군대에 대한 공중 보급이 약 80회에 걸쳐 다양한 종류의 항공기로 수행되었다.

CIA의 작전은 아르마스가 쿠데타를 일으킬 수 있도록 돈과 무기, 군수품, 군사 훈련까지 전폭적으로 지원한 것입니다. 아르마스는 CIA의 도움으로 반군을 무장시켜서 훈련했고, 쿠데타를 성공시킬 전략을 세웠습니다. 하지만 아르마스의 반군은 500여 명 남짓이었고, 과테말라 정부군은 10배 많은 5,000명에 달했죠. 그리하여 CIA는 라디오를 활용한 심리전을 계획했습니다. 미국 국무부가 공개한 기밀해제 문서에는 1954년 5월 2일에 CIA가 과테말라 작전본부에 보낸 명령이 담겨있습니다.

> 늦어도 5월 둘째 주부터 몇 주 동안 우리는 과테말라인들에게 불신을 자극하고 군대가 현 정권에 대한 불만을 표출하도록 하는 것

을 목표로 해야 한다. 이를 위해 우리는 이용 가능한 모든 수단을 써야 한다. 그것은 (a)라디오 (b)해방의 소리 (c)루머다. 특히 루머는 라디오로 시작해 입소문을 통해 퍼져나가도록 한다. 아르벤스 정권에 대한 선전 주제에는 '과테말라가 공산주의의 교두보로 변하고 있다'라는 내용을 포함한다.

CIA는 과테말라를 내부에서부터 무너뜨리기 위해 '해방의 소리'라는 라디오 방송을 만들었습니다. 그리고 쿠데타를 약 50일 앞둔 1954년 5월 초부터 라디오를 통해 기획된 메시지를 퍼트렸습니다. 주요 내용은 CIA가 지원하는 아르마스의 반군을 민주주의와 정의의 편으로 포장하고 아르벤스 대통령을 공산주의자로 몰아가는 것이었죠. 작전명 '셔우드(Sherwood)'는 한마디로 라디오를 이용한 심리전 활동이었습니다.

'해방의 소리'는 이 외에도 아르벤스 대통령이 국민의 세금으로 비싼 모

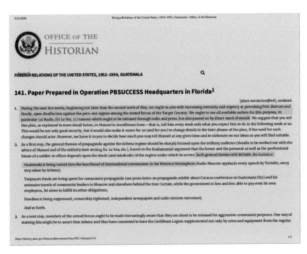

CIA의 라디오 활용 심리전 작전 '셔우드'

피 코트를 사 입고 캐딜락을 타고 다니며, 온갖 사치를 한다고 방송했습니다. 소련에 망명할 준비를 마쳤다는 주장도 했죠. 모두 CIA가 꾸며낸 거짓 소문이었습니다. 처음에 과테말라인들은 악의적인 소문을 믿지 않았습니다. 그런데 방송이 시작되고 3주가 지나면서 상황은 완전히 달라졌습니다. 5월 24일에 CIA가 과테말라 정부군에 의해 방송국이 습격당한 것처럼 꾸민 거짓 방송을 벌이면서 과테말라인들을 크게 흔들어 놓은 것입니다.

이때 방송국의 요원들은 냄비와 프라이팬을 두드려서 음향효과를 내고 비명을 지르며 연기를 펼쳤습니다. 철저히 각본에 따른 것이었지만 비명과 함께 끝난 방송을 들은 과테말라인들 사이에서는 온갖 추측이 난무했습니다. 이틀 뒤 재개된 방송에서 진행자는 "아르벤스가 우리를 공격했지만, 조국을 지키기 위해 피를 흘릴 준비가 돼 있었기에 공격 계획을 무산시켰다"라고 이야기했죠. 라디오 심리 작전을 거듭할수록 방송 내용이 진짜라고 믿는 과테말라인이 증가했습니다.

CIA는 여기서 멈추지 않고 흔들리는 민심에 쐐기를 박는 비밀공작을 하나 더 펼쳤습니다. 과테말라의 대주교에게 접근해서 그가 '공산주의를 반대하고, 타락한 대통령을 반대한다'라는 편지를 쓰도록 한 것입니다. CIA는 이 글을 과테말라의 교회에 널리 배포했습니다. 가톨릭 신자가 많은 과테말라에서 대주교의 편지는 엄청난 영향력을 발휘했습니다.

상황이 심각해지자 아르벤스 대통령은 쿠데타가 일어날 가능성에 대비해 과테말라 정부군의 군사력을 보강하려 했습니다. 그러자 미국은 과테말라가 무기를 살 수 없도록 금수(禁輸) 조치를 취했습니다. 과테말라 정부는 하는 수 없이 미국의 힘이 미치지 않는 곳, 즉 공산주의 국가인 동유럽의 체코로부터 비밀리에 무기를 사들였습니다. 그런데 하필 CIA가 이 사실을 포착하고 말았습니다. 아르벤스가 공산주의 진영과 교류한다는 점을 부각할 더없이 좋은 기회를 얻은 것이죠. CIA는 즉시 미국의 언론사에 이 사실을 뿌렸고, 아이젠하워 대통령 역시 백악관 기자 회견에서 "과테말라의 무기 수입은 공산주의의 침투를 의미한다"라고 강조했습니다.

이렇게 아르벤스에게 불리한 국내외 여론이 조성된 가운데 1954년 6월 18일에 CIA의 지원을 받은 아르마스의 군대가 국경을 넘어서 동시다발적으로 과테말라를 침공했습니다. 드디어 쿠데타가 발생한 것입니다. 정부군은 밀려 들어오는 아르마스의 군대에 맞서기에는 너무도 위태로웠습니다. 심리전에 흔들려 대통령을 신뢰하지 못한 그들은 끝내 싸울 의지를 잃고 말았습니다. 심지어 과테말라 정부군의 참모총장은 아르벤스 대통령을 찾아가서 사태가 더 나빠지기 전에 대통령직에서 내려가라고 권유하기까지 했죠. 결국 버티다 못한 아르벤스 대통령은 1954년 6월 27일에 대통령직에서 사임할 것을 발표하고 멕시코로 망명했습니다.

과테말라에서 공산주의자들을 색출하라!

쿠데타 이후 아르마스는 군사 평의회에서 대통령으로 추대됐습니다. 그는 자신의 정권을 강화하고 반대파를 제거하기 위해 대대적인 숙청을 계획했습니다. 이때 그는 공산주의를 색출한다는 명분을 내세웠습니다. 사실 과테말라에는 공산주의자가 거의 없었지만, 냉전 시기에 공산주의자란 악당의 동의어와 같았기에 가능한 일이었죠. 아르마스는 '반공 국방위원회'를 세우고 과테말라 인구의 10%를 공산주의자로 규정했습니다. 그는 자기를 대통령으로 만들어준 미국에 보답하는 것도 잊지 않았습니다. 미국의 뜻에 따라 이전 대통령이 추진하던 모든 개혁 정책을 폐기했습니다. 그 결과 유나이티드 프루트 컴퍼니는 토지와 자산을 유지하게 됐죠.

그림은 멕시코의 화가 디에고 리베라Diego Rivera의 작품으로, 당시 과테말라의 상황을 풍자한 것입니다. 거리에 죽은 아이들의 시체가 여기저기 널려 있는 가운데 몇몇 사람들은 승리를 자축하고 있습니다. 중심에서 허리 숙여 악수하고 있는 남자는 아르마스입니다. 마치 감사 인사를 하는 것 같습니다. 그의 손을 잡은 남자는 과테말라 작전을 후원한 미국 국무부 장관 존 포스터 덜레스입니다. 그의 왼쪽에서 귓속말을 건네는 듯한 인물은 그의 동생이자 과테말라 작전의 지휘자였던 CIA 국장 앨런 덜레스죠. 존 포스터 덜레스의 오른쪽에 서 있는 사람은 과테말라 비밀공작을 함께 수행한 과테말라 주재 미국대사 존 퓨리포이John Peurifoy입니다.

〈영광스러운 승리〉

그림에서 존 포스터 덜레스가 왼손을 올리고 있는 것은 대형 폭탄입니다. 폭탄에 새겨진 얼굴은 모든 작전의 최종 결정권자인 미국의 아이젠하워 대통령이죠. 이는 미국 정부의 승인 아래 무력으로 과테말라의 쿠데타를 성공시켰음을 풍자하는 것입니다. 훗날 쿠데타가 미국 정부의 공작이라는 사실이 밝혀지자 과테말라인들은 크게 분노하고 실망했습니다. 지금도 과테말라인들은 아르벤스 대통령을 최고의 대통령이라고 부르며 그리워합니다.

당시 UN 사무총장이었던 다그 함마르셀드Dag Hammarskjöld는 "과테말라에 대한 미국의 태도는 UN 헌장과 완전히 배치된다"라며 미국을 크게 비난했습니다. 반면 CIA의 국장 앨런 덜레스는 "과테말라 쿠데타는 민주주의의 영광스러운 승리"라고 표현했죠. 이처럼 대치되는 상황을 지켜본 화가 디에고 리베라는 이 작품에 〈영광스러운 승리〉라는 반어(反語)적인 제목을 붙였습니다.

CIA의 지원으로 대통령이 된 아르마스는 3년 뒤인 1957년에 경호원에게 암살당했습니다. 그가 죽은 뒤에도 과테말라는 오랜 시간 큰 희생을 치렀습니다. 여러 군부 독재 정권이 들어서면서 나라를 장악했기 때문입니다. 이에 대항하는 세력들이 거세게 맞서면서 과테말라인들은 참혹한 내전을 겪어야 했습니다. 그동안 미국은 그린베레라는 특공대까지 파견하며 과테말라의 군부 세력을 도왔습니다. 혹시라도 저항 세력이 승리해서 공산주의 성향의 정부를 만들지 못하도록 경계한 것입니다. 그렇게 과테말라를 피로 물들인 내전은 무려 36년이나 지속됐습니다. 이 기간에 최소 20만 명에 달하는 과테말라 국민이 살해되거나 실종됐고, 약 150만 명이 삶의 터전을 잃었습니다.

내전 중 독재 정권은 저항 세력을 진압하는 과정에서 원주민을 저항 세력의 지지자들로 몰아서 무참히 학살했습니다. 특히 1978년에 일어난 판소스 학살 당시 마을에 들이닥친 군대가 무작위로 총을 쏴 사람들을 죽이고, 시체를 트럭에 싣고 가서 집단으로 매장했다고 합니다. 1982년 12월에는 도스 에레스라는 마을에서 과테말라 정부군이 남녀노소를 가리지 않고 마을 사람들을 죽이고 성폭행하는 일이 벌어지기도 했죠. 2011년 8월에야 과테말라 법원은 학살에 가담한 군인 네 명에게 각각 징역 6,000년을 선고했습니다.

과테말라 쿠데타 이후 라틴 아메리카에서는 반미 감정이 크게 고조됐습니다. 그 여파로 1958년 5월 베네수엘라를 방문 중이던 당시 미국의 부통령 리처드 닉슨Richard Nixon이 습격당하는 일까지 벌어졌습니다. 이때 닉슨은 무사했지만 그를 보호하던 보좌관 두 명이 부상을 입었습니다. 라틴 아메리카 사람들은 미국이 쿠데타를 지원했다는 사실까지는 몰랐지만, 미국

판소스 민간인 학살

이 자국의 이익을 위해 라틴 아메리카 곳곳에 여러 차례 개입했다는 사실에 분노하며 이런 사건을 벌였던 것입니다.

자파타 작전이 CIA의 흑역사가 된 이유

과테말라 쿠데타 이후 기세가 오른 미국 CIA는 카리브해의 섬나라 쿠바에서 반란을 시도하려는 새로운 비밀공작에 나섰습니다. 쿠바는 19세기 말이래 미국의 영향력이 강하게 작용했던 나라였습니다. 1933년에 풀헨시오 바티스타Fulgencio Batista라는 군인이 쿠데타를 일으켜 정권을 잡았는데, 이때 미국이 그를 지원하면서 많은 이권을 챙겼습니다. 그 결과 쿠바의 수

쿠바 위치

도 아바나는 마피아의 활동지이자 카지노, 매춘업소가 즐비한 미국의 환락가처럼 변했죠. 이 시기를 거치면서 쿠바는 정치적으로도 미국에 종속되었습니다.

하지만 1950년대 중반에 피델 카스트로Fidel Castro와 에르네스토 체 게바라Ernesto Che Guevara라는 두 명의 혁명가가 활동하면서 쿠바의 상황이 완전히 뒤바뀌기 시작했습니다. 이들은 바티스타 독재 정권을 겨냥해서 게릴라 전투를 벌였고, 1959년 1월에 독재 정권을 무너뜨리고 권력을 잡는 데 성공했습니다.

권좌에 오른 카스트로는 쿠바의 민주주의를 회복하고 외세로부터 경제적인 독립을 이루겠다는 목표 아래 각종 개혁을 단행했습니다. 당시 쿠바의 석유, 전기, 전화, 설탕 산업 등 많은 경제 부문은 사실상 미국 기업에 장악된 상태였습니다. 카스트로는 이런 기업들의 재산을 수용하고, 토지를 몰수해 국민에게 분배하는 개혁도 추진했습니다. 이런 정책은 미국인 투자자들과 큰 충돌을 빚었습니다. 미국 정부는 미국인들의 경제적 이익에 반하는 정책을 추진하는 카스트로를 강력한 반미주의자로, 쿠바를 공산주의 국가로 낙인찍었습니다.

당시 미국은 쿠바 경제에 타격을 주려

피델 카스트로와
에르네스토 체 게바라

고 쿠바의 설탕 수입량을 5분의 1로 줄이겠다는 정책을 발표했습니다. 그러자 곧바로 소련이 쿠바의 남는 설탕을 모조리 수입하겠다고 선언했죠. 실제로 피델 카스트로의 동생 라울 카스트로Raúl Castro는 1960년 7월에 소련의 권력자 니키타 흐루쇼프Nikita Khrushchev를 만나서 지원을 약속받기도 했습니다.

소련이 쿠바를 지원하려는 움직임을 보이자, 미국은 엄청난 불안을 느꼈습니다. 두 나라가 손을 잡는 것은 미국이 가장 두려워하는 상황이었습니다. 미국 정부 내에서 위기감이 커지자 CIA 국장 앨런 덜레스는 곧장 카스트로 정부를 무너뜨릴 계획을 수립했습니다. 그는 대통령 취임식도 치르지 않은 당선인 존 F. 케네디John F. Kennedy를 찾아가서 CIA가 쿠바에 대해 비밀공작을 수행해야 한다고 강변했습니다. 서두르지 않으면 소련과 쿠바가 라틴 아메리카에 공산주의를 확산시킬 거라는 말도 덧붙였죠. 케네디는 고심 끝에 대통령 취임 3개월 후 쿠바 침투 작전을 승인했습니다.

쿠바의 카스트로 정부를 무너뜨리기 위한 CIA의 작전명은 '자파타(Zapata)'였습니다. 이 작전을 기록한 미국 정부의 기밀문서 표지에는 '1960년부터 1961년까지 피그스만 작전에 대한 공식 역사'라는 제목이 쓰여 있습니다. 피그스만은 미국이 쿠바의 카스트로 정부를 무너뜨리기 위해 반(反)카스트로 세력을 투입하기로 계획한 지점으로, 쿠바섬의 서남부 카리브해에 있습니다. 이는 미국인들이 번역해서 부르는 이름이며, 쿠바인들은 그 지점을 히론 해안이라고 지칭합니다. 그리고 이 문서에는 '카스트로 체제에 대한 비밀 행동 계획은 아이젠하워 대통령에게 승인받았다'라는 내용도 기록되어 있습니다.

CIA는 히론 해안을 통해 반카스트로 세력을 쿠바에 침투시키려 했습니

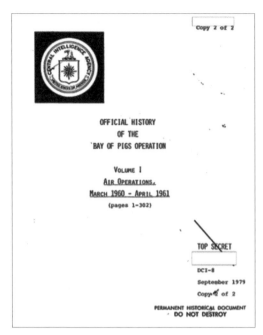

OFFICIAL HISTORY
OF THE
BAY OF PIGS OPERATION

VOLUME I
AIR OPERATIONS,
MARCH 1960 - APRIL 1961

(pages 1-302)

TOP SECRET

DCI-8

September 1979
Copy 4 of 2

PERMANENT HISTORICAL DOCUMENT
DO NOT DESTROY

자파타 작전 기록의 표지

다. 이를 위해 미국 플로리다에 있는 반카스트로 성향의 쿠바 망명인들을 모아 자금을 지원하고 훈련시켰습니다. 1961년 4월 17일 새벽 1시, 미국이 지원한 네 척의 수송선이 약 1,400명의 반카스트로 무장 세력을 태우고 히론 해안에 접근했습니다. 쿠바로 들어가 쿠데타를 일으키겠다는 계획이었죠. 그런데 카스트로는 이미 쿠바 정보부의 첩보를 통해 CIA의 비밀작전을 간파하고 있습니다. 그는 반군의 10배가 넘는 병력을 동원해 해안으로 진격했습니다. 쿠바군은 반카스트로 무장 세력이 히론 해안에 상륙하자마자 맹공을 퍼부었습니다. 하늘에서는 쿠바 공군이 CIA의 후원을 받은 반군의 수송기를 격추시켰죠. 반군의 수송선까지 격침하면서 반군은 3일 만에 완패했습니다.

자파타 작전의 결과 약 90여 명의 반카스트로 세력이 사망하고, 나머지 1,300여 명의 생존자는 생포됐습니다. 카스트로 정부를 몰아내려던 비밀 공작이 처참히 실패한 것입니다. 이는 엄청난 파장을 몰고 왔습니다. 이 사건을 계기로 쿠바와 소련이 더욱 가까워졌고, 1961년 7월에는 쿠바가 소련과의 동맹 관계를 공식 선언했습니다. 4개월 후 케네디 대통령은 쿠바 작전을 제안했던 앨런 덜레스 CIA 국장을 해임했습니다. 동시에 미국 정부는 라틴 아메리카에 '제2의 쿠바'를 절대로 허락하지 않겠다는 결의를 다졌습니다.

흑역사로 남게 된 쿠바 침투 작전의 실패 이후 미국은 만반의 준비를 하고 여러 나라에서 CIA 비밀공작을 펼쳤습니다. 1963년에는 도미니카 공화

1960년대~1970년대 라틴 아메리카

국의 후안 보쉬Juan Bosch 대통령을 사회주의자로 의심하며 군부 쿠데타를 지원해서 내쫓았습니다. 이듬해에는 브라질의 주앙 굴라르João Goulart 대통령에 대한 군부 쿠데타를 지지했죠. 그가 과테말라의 아르벤스 대통령처럼 토지 개혁을 추진했기 때문입니다. 같은 해 12월에는 당시 영국령이던 가이아나의 체디 제이건Cheddi Jagan 총리 역시 CIA 비밀공작으로 축출됐습니다. 미국 정부가 그를 사회주의자로 봤기 때문이죠. 지도에서 보는 것처럼 1960년대~1970년대의 라틴 아메리카에는 미국의 개입과 지원으로 수많은 군부 독재 정권이 들어섰습니다. 한마디로 사회주의 척결이 최우선 목표였던 미국은 독재 정권을 지지해서라도 반미 좌파 국가의 출현을 막으려 한 것입니다. 이처럼 1960년대는 CIA 공작의 전성기라고 해도 과언이 아니었습니다.

칠레의 대통령 선거에 개입하는 CIA

1970년대 초, 미국 정부의 핵심 인물들은 칠레가 공산화될 위험에 처했다고 판단했습니다. 이 시기 칠레는 오랫동안 라틴 아메리카에서 민주주의 전통을 가장 안정적으로 유지해 온 국가였습니다. 대체 왜 미국은 이런 칠레의 공산화를 걱정한 걸까요? 당시 백악관 국가안보보좌관이던 헨리 키신저Henry Kissinger는 대통령 선거를 앞둔 칠레의 한 정치인을 경계해야 한다고 생각했습니다.

"우리는 라틴 아메리카의 모든 지도자 가운데 아옌데를 가장 미국에 적대적인 인물로 간주했다. 그는 공공연한 카스트로의 지지자이며 반미주의

자였다. 또 그의 국내 정책은 칠레의 자유와 인권을 위협하는 것이었다."

키신저가 칠레의 반미주의자이자 미국의 안보를 위협한다고 지목한 인물은 경력 40여 년의 정치인이자 칠레 사회당의 수장이었던 살바도르 아옌데Salvador Allende였습니다. 그는 과거 세 차례의 대통령 선거에 출마했으나 줄줄이 낙선했습니다. 하지만 점차 칠레 국민의 신뢰를 얻어 나갔죠. 미국 정부와 CIA는 사회주의 성향이 강한 아옌데의 약진이 못마땅했습니다. 그가 칠레 대통령이 되면 미국의 이해관계와 충돌하리라 예상됐기 때문입니다. 이에 CIA는 1964년의 칠레 대통령 선거에 적극 개입해서 친미 성향의 후보들이 당선될 수 있도록 비밀공작을 벌였습니다. 이때 아옌데는 대통령 당선에 실패했죠.

CIA는 6년 뒤인 1970년 9월에 치러진 대통령 선거에도 개입했습니다. 우파 성향의 국민당 후보 호르헤 알레산드리Jorge Alessandri를 적극 지원하며 아옌데의 당선을 막으려 한 것입니다. 선거 결과 아옌데는 박빙의 삼파전에서 승리하며 대통령에 당선됐습니다. 1위인 아옌데와 2위인 알레산드리의 득표 차는 고작 4만 표였죠.

1위 36.3%
살바도르 아옌데

2위 35.27%
호르헤 알레산드리

3위 27.8%
라도미로 토미치

1970년에 치른 칠레 대통령 선거 결과

아옌데의 대통령 당선은 세계사에서 중요한 의미를 갖는 대사건입니다. 사회주의자 대통령이 세계 최초로 '선거'를 통해 집권했기 때문이죠. 카스트로와 같은 쿠바의 혁명가들이 무장 항쟁으로 집권한 것과 달리 칠레에서는 사상 최초로 선거라는 제도를 통해 사회주의 성향의 정부가 등장한 것입니다. 미국은 이 같은 상황에 엄청난 위협을 느꼈습니다. 게다가 아옌데의 정책 노선은 명확했습니다. 의대를 다니다가 가난한 칠레 사람들의 비참한 생활을 보고, 세상을 바꾸겠다며 사회주의자가 된 그의 생각은 정치인이 돼서도 변하지 않았습니다. 그는 착취와 불평등을 척결하겠다는 강한 의지를 보였습니다.

"우리가 모두 알고 있는 진실은 우리 국민과 제3세계 모든 주민의 낙후, 무지, 굶주림이 소수의 특권층에게 이익이 집중되는 구조 때문이라는 것입니다. 마침내 그만하라고 말할 날이 왔습니다. 경제적 착취는 이제 그만! 사회적 불평등은 이제 그만!"

그는 대통령에 취임한 뒤 먼저 칠레의 불평등을 해소하겠다며 구리, 석탄, 철강, 민간 은행 등 주요 산업의 국유화를 추진했습니다. 문제는 아옌데의 정책이 미국 기업과 투자자들의 이해관계와 크게 충돌했다는 것입니다. 1950년대 초 과테말라, 1960년대 초 쿠바와 같은 상황이었죠. 칠레는 지금도 세계 생산량의 3분의 1을 차지할 정도로 구리가 많이 나는 나라입니다. 당시 칠레의 구리 수출은 전체 수출의 80%를 차지할 만큼 큰 수입원이었습니다. 그런데 구리 채굴 분야에 미국 기업들이 진출해 자리 잡고 있었던 것입니다. 그뿐 아니라 미국의 통신 기업인 ITT도 칠레 경제에서 큰 지분을 차지하고 있었죠. 한마디로 아옌데의 국유화 정책은 칠레에 진출한 미국 기업에 치명적이었습니다.

칠레의 국유화 조치를 원치 않던 미국은 쿠바에서의 실패를 거울삼아 아옌데 정부를 무너뜨릴 계획을 면밀히 세웠습니다. CIA의 비밀공작은 '프로젝트 퓨벨트(Project FUBELT)'입니다. 왼쪽 사진은 퓨벨트 작전의 핵심을 담은 기밀해제 문서로, 1970년 9월 15일에 당시 CIA 국장 리처드 헬름스 Richard Helms가 리처드 닉슨Richard Nixon 대통령의 지시를 받아 적은 메모입니다. 이때는 아옌데가 대통령으로 취임하기 50여 일 전이었습니다. 아래에서 두 번째 줄에는 '칠레의 경제가 비명을 지르게 하라!'라고 쓰여 있죠. 경제적 압박으로 아옌데 정부의 입지를 약화시키려는 비밀공작의 핵심 문구입니다. 오른쪽 사진은 아옌데 대통령이 취임한 직후인 1970년 11월 9일에 열린 미국 국가안보위원회 회의 관련 문서입니다. 칠레 경제를 압박할 구체적인 비밀공작을 다루고 있습니다. 이 문서의 핵심 내용은 '칠레에 대한 미국의 민간 투자 자금 지원과 보증을 제외한다', '칠레에 대한 금융 지원

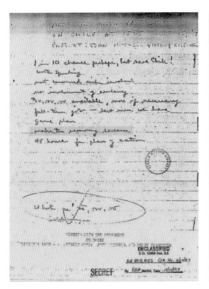
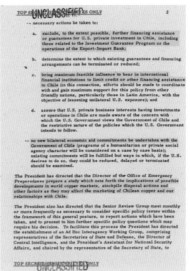

칠레 경제를 압박할 계획을 담은 기밀문서

을 제한하기 위해 국제금융기관에 가능한 압력을 행사한다', '칠레 정부와
는 새로운 경제 원조를 약속하지 않는다', '칠레의 구리 판매 마케팅에 부정
적인 영향을 미칠 방법을 강구한다' 등입니다.

미국의 조치는 곧바로 칠레 경제를 압박했습니다. 미국의 영향력이 큰
국제부흥개발은행(IBRD)과 미국 수출입은행, 미국의 기업들이 칠레에 대
한 투자를 끊어버린 것입니다. 여기에 더해 칠레의 국제 대출도 차단됐죠.
그 결과 칠레는 외환보유고가 떨어지고, 물가상승률이 무려 140%에 달하
면서 국민의 생활이 힘들어졌습니다. 이때 CIA는 칠레 경제에 치명타를 줄
만한 또 하나의 작전을 준비했습니다. 트럭 노조를 매수해서 파업을 일으
킨 것입니다.

세계에서 가장 긴 나라 중 하나인 칠레는 남북으로 길게 뻗은 지리적 특
성 때문에 생필품을 비롯한 물류 수송을
대부분 트럭에 의존했습니다. 이런 상황
에 트럭 노조의 파업은 매우 치명적이었
습니다. 트럭 노조가 일으킨 '1972년 10월
대파업'은 칠레 경제를 마비시켰습니다. 급
기야는 택시와 버스 기사들에 이어 상인
들과 변호사, 의사 같은 전문직까지 파업
에 동참했죠. 파업의 배후에는 미국 정부
와 CIA가 있었습니다. CIA는 1972년과
1973년에 800만 달러가 넘는 돈을 투입해
칠레의 파업 규모를 키웠습니다.

그뿐 아니라 칠레의 신문사를 매수해서

칠레의 생필품 대란을 경고한 신문 기사

곧 칠레에 생필품이 부족해질 거라는 기사도 내보냈습니다. 신문 1면에 '빵을 만들 밀가루가 부족하다'라는 기사를 실었고, 그 아래에는 '아옌데는 이 재난이 얼마나 심각한지 들여다보지 않으려 한다'라며 아옌데 정부를 비난하는 또 다른 기사를 실었습니다. 이런 자극적인 기사들로 혼란에 빠진 국민들은 서둘러 생필품을 사재기했습니다. CIA는 '자유와 조국'이라는 극우 단체를 조직하고 자금을 지원하기도 했습니다. 아옌데 정부에 반대하는 이 철저한 반공주의 단체는 쌍절곤과 화염병, 다이너마이트를 활용해 민간인을 대상으로 테러를 자행했습니다.

워터게이트 사건으로 조롱거리가 된 CIA

CIA의 교묘한 비밀공작으로 칠레의 혼란이 거세지면서 아옌데 정부에 반대하는 세력이 늘어나기 시작했습니다. 이런 위기 상황 속에서 아옌데 대통령은 군 내부의 평판이 나쁘지 않았던 아우구스토 피노체트Augusto Pinochet를 육군 참모총장으로 임명했습니다. 하지만 직무를 잘 수행할 것이라는 대통령의 믿음은 2주 만에 철저히 짓밟혔습니다. CIA의 지원을 받은 피노체트가 군부 쿠데타를 일으킨 것입니다.

1973년 9월 11일, 피노체트는 군대를 동원해서 대통령이 있는 모네다궁을 둘러쌌습니다. 이때 한 라디오 방송에서는 연이어 "산티아고에 비가 내립니다"라는 말이 흘러나왔습니다. 이는 쿠데타 세력의 작전 개시 암호명이었죠. 곧이어 하늘에 공군 전투기가 보였고 모네다궁에 폭격이 시작됐습니다. 겁에 질린 시민들로 시내는 아수라장이 되었고, 반란군의 총구는 민간인에게도 겨눠졌습니다. 쿠데타 세력이 쳐들어오고 있을 때 대통령 집무실에 있던 아옌데는 그들에게 점령되지 않은 유일한 국영 라디오 방송과 전화를 연결해서 마지막이 될지 모르는 대국민 성명을 발표했습니다.

"이것이 내가 여러분에게 말할 수 있는 마지막 기회가 될 것입니다. 저들은 힘이 있고 우리를 굴복시킬 수 있지만, 어떤 범죄 행위와 무력으로도 사회의 진보를 막을 수는 없습니다. 역사는 우리의 것이고, 그 역사는 국민이 만들어갑니다. 저는 칠레와 칠레의 운명을 믿습니다. 머지않아 더 나은 사회를 건설하기 위해 자유롭고 위대한 길이 다시 열릴 것임을 잊지 마십시오. 칠레여 영원하라! 국민이여 영원하라! 노동자들이여 영원하라!"

비장한 연설을 끝낸 아옌데 대통령은 반란군에 맞서 최후까지 저항하다가 죽음을 맞이했습니다. 칠레의 첫 사회주의 정부는 CIA의 지원과 칠레 군부의 쿠데타에 의해 3년 만에 무너지고 말았습니다.

모네다궁에서 나오는 살바도르 아옌데 대통령의 시신

쿠데타를 주도한 피노체트는 칠레의 대통령이 되어 1990년까지, 17년간이나 철권통치를 펼치며 독재자로 군림했습니다. 칠레를 장악한 그가 가장 먼저 한 일은 반대파 숙청이었습니다. 2개월간 2만여 명의 시민을 국립경기장으로 잡아들인 다음 고문하고 반대파로 지목되면 살해했습니다. 이후에도 전국 각지에 수용소를 만들어 시민들을 고문하고 살해했죠. 권력을 유지하기 위해 살육을 서슴지 않은 것입니다. 이때 악명을 떨친 것이 칠레의 국가정보국 DINA입니다. 히틀러에게 비밀경찰 게슈타포가 있었다면, 피노체트에게는 DINA가 있었다고 말할 만큼 피노체트 독재에서 중요한 역할을 수행했죠.

DINA는 무소불위의 권력을 휘두르며 피노체트 반대자와 노동운동가, 사회주의자들을 색출해서 살해했습니다. 쥐도 새도 모르게 사람들을 잡아가서 당시 칠레에서는 DINA를 저승사자처럼 여겼다고 합니다. 가령 어느 마을에서 '호세가 사라졌다!'라는 소식이 들려오면, 다음날 고문받은 흔적이 역력한 호세의 시신이 바다에 떠밀려오는 경우가 흔했죠. DINA는 수많은 사람들을 잡아다가 수용소에 가두고 고문했는데, 희생자들의 비명을 감추기 위해 음악을 크게 틀어서 수용소를 '디스코텍'이라고 부를 정도였다고 합니다.

피노체트는 DINA 외에도 '죽음의 순례단'이라는 특수부대를 만들어서 정치적 반대자들을 살해하기도 했습니다. 이 부대는 1973년 9월 말부터 약 한 달간 헬리콥터를 타고 다니며 반체제 인사들을 죽인 뒤, 시신을 헬기에 실어서 산이나 호수, 바다에 떨어뜨려 버리기도 했죠. 17년에 걸친 피노체트 독재 시기에 3,200여 명이 살해됐고, 수만 명이 고문당했습니다. 이 같은 비극은 CIA가 독재자를 지지하면서 시작된 것입니다. 그렇다면 미국은 어떤 태도를 보였을까요? 다음은 칠레 군부의 쿠데타 이후 미국의 닉슨 대통령과 헨리 키신저 백악관 국가안보보좌관이 나눈 통화 내용입니다. 이 역시 기밀이 해제되어 공개됐습니다.

> 대통령: 그쪽에는 뭐 중요한 사항 없나요?
>
> 키신저: 별다른 건수는 없습니다. 공산주의 정부가 전복되었으니 피를 좀 보고 있죠.
>
> 대통령: 별일 아닌 게 아닌데요.
>
> 키신저: 제 말은 축하해야 한다는 소리죠.
>
> 대통령: 음, 당신도 알다시피 우리는 이 일에 손을 대지 않았어요.
>
> 키신저: 그렇죠, 우리는 그저 도와준 것뿐이에요.
>
> 대통령: 공산주의자들은 잊어버립시다. 미국 정부에 반대하는 이상한 정부였어요.

닉슨 대통령과 키신저는 칠레의 비극적 상황 따위는 신경조차 쓰지 않았습니다. 그저 쿠데타 성공을 자축할 뿐이었죠. 하지만 두 사람이 통화를 나눌 무렵 닉슨 대통령은 엄청난 추문에 휩싸여 추락하고 있었습니다. 그의 정치 인생 최대의 위기였던 워터게이트 사건이 터진 것입니다. 이는 닉슨 대통령이 재선에 도전하던 1972년 6월에 워싱턴 D.C.의 워터게이트 호텔에 차린 민주당 선거본부를 불법으로 도청하려고 시도한 사건입니다. 이때 전직 CIA 요원이 동원되기도 했죠. 이 사실이 드러나면서 미국은 발칵 뒤집혔고, 사건의 여파는 CIA에도 미쳤습니다. 닉슨 대통령이 CIA를 통해 불법적으로 국내 첩보활동을 벌이지 않았느냐는 의혹이 불거진 것입니다.

결국 당시 CIA 국장이던 제임스 슐레진저James Schlesinger는 CIA의 불법 행위를 내사해서 기밀보고서를 작성했습니다. 이를 가리켜 집안의 수치스러운 비밀이라는 뜻의 '패밀리 주얼스(Family Jewels)' 보고서라고 합니다. 〈뉴욕타임스〉가 이 보고서를 입수하면서 CIA가 닉슨의 재선을 위해 저지른 일들은 물론, 그동안 여러 나라에서 벌인 각종 불법행위가 만천하에 공개됐습니다.

보도를 접한 미국인들은 엄청난 충격을 받았습니다. CIA가 수천 명의 미국인을 대상으로 첩보활동을 해왔을 뿐 아니라, 외국 주요 인사의 암살을 기획해 온 사실을 알게 됐기 때문입니다. 이때부터 CIA에 대한 부정적인 이미지가 많이 덧붙여졌습니다. CIA를 '권력의 개' 또는 '범죄기관'으로 취급한 것이죠.

추문의 주인공인 닉슨 대통령은 1974년 8월에 스스로 대통령직에서 물러났습니다. 역사상 최초의 사례였습니다. 그가 사임한 후에도 미국 연방 의회는 특별위원회를 구성해서 CIA의 활동을 조사했죠. 이 과정에서 CIA가 라틴 아메리카에서 벌어온 여러 비밀공작의 실체가 일부나마 드러났습니다. 전 세계는 큰 충격을 받았고, 미국과 CIA를 비난했습니다. 이 사건을 계기로 CIA의 활동은 상당히 위축됐죠. 닉슨에 이어 대통령이 된 제럴드 포드Gerald Ford는 미국 정보기관의 외국 요인 암살을 금지한다는 행정 명령을 내렸고, 그 뒤를 이은 민주당의 지미 카터Jimmy Carter 대통령은 CIA를 활용한 미국 외교 관행을 비판하고 '도덕-인권외교'를 표방했습니다. 그리고 라틴 아메리카의 친미 독재 국가들에 제공했던 원조를 끊어버리기도 했습니다.

니카라과는 왜 CIA의 표적이 되었나?

하지만 CIA의 기세가 꺾인 것은 잠시뿐이었습니다. 1981년에 로널드 레이건Ronald Reagan이 집권하면서 CIA는 세력을 회복했습니다. "힘 없이는 평화도 없다"라고 주장한 레이건 대통령은 철저한 보수주의자이자 반공주의자였습니다. 그는 냉전에서 승리하기 위해서는 소련 공산주의 세력에 적극적으로 맞서 싸워야 한다고 역설했습니다. 그림은 이 같은 레이건의 태도를 풍자한 만평입니다. 레이건이 꿈꾸는 세계 지도를 나타낸 것으로, 우리가 알고 있는 세계 지도와 많이 다릅니다. 먼저 공산주의 진영의 소련을 '악의 제국'이라고 표현했으며, 캘리포니아 출신의 레이건 대통령은 카우보이 복장을 한 채 당장이라도 적을 향해 총을 빼 들 것 같은 모습입니다. 남

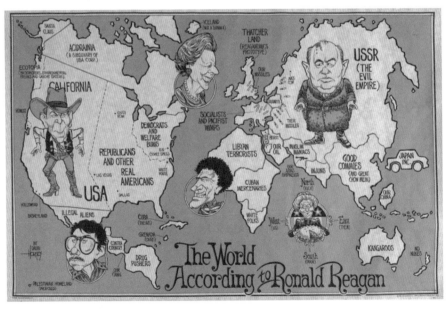

레이건의 머릿속 세계 지도

아메리카는 'Drug Pushers', 즉 마약 밀매자들로 인식되고 있죠. 그리고 중앙아메리카에는 안경을 쓴 한 남자의 모습이 새겨져 있습니다. 이 인물은 중앙아메리카 중부에 있는 작은 나라 니카라과의 다니엘 오르테가Daniel Ortega 대통령입니다. 당시 레이건 대통령은 다니엘 오르테가의 행보 때문에 니카라과에 큰 관심을 보였습니다.

니카라과는 1930년대 중반부터 1970년대 말까지 무려 43년간 소모사 Somoza 가문이 좌지우지한 나라였습니다. 그런데 지도에 그려진 다니엘 오르테가를 중심으로 한 세력이 민중 혁명을 주도해 독재 정권을 무너뜨린 것입니다. 이 세력을 가리켜 '산디니스타sandinista'라고 합니다. 1979년 7월, 소모사 가문을 몰아내는 데 성공한 산디니스타는 니카라과의 혁명 정부를 수립하고 이전과 다른 사회경제 정책을 추진하려 했습니다. 이때 산디니스타의 활동을 보며 쿠바 혁명을 떠올린 레이건 정부는 니카라과가 미국의 안보에 심각한 위협이 될 수 있다고 판단했습니다. 하지만 라틴 아메리카를 바라보는 소련의 시각은 미국과 완전히 달랐습니다. 다음은 한 전직 소련 외교관의 발언입니다.

"조금이라도 이성적인 판단 능력을 할 수 있는 사람이라면 소련이 라틴 아메리카에 거점을 마련할 수 있다고 생각하지 않을 것이다. 소련이 이 지역에서 반미운동을 조장할 능력과 의사가 있으리라고도 생각하지 않을 것이다."

소련은 1961년에 쿠바와 동맹 관계를 맺었지만, 사실상 미국의 뒷마당인 라틴 아메리카에 거점을 마련하는 게 어렵다고 판단하고 있었다는 것이죠. 게다가 산디니스타는 소련과의 두드러진 접점이 없었습니다. 산디니스타의 혁명은 오랜 독재 정권을 향한 대중의 저항일 뿐이었죠. 그럼에도 레이건 대통령은 니카라과의 산디니스타 정권을 중앙아메리카에 새롭게 수립된 공산주의의 근거지라고 굳게 믿었습니다.

레이건 대통령은 니카라과의 산디니스타 정부를 무너뜨리기 위해 전쟁을 벌이려 했으나 여론의 큰 반대에 부딪혔습니다. 1980년대 초는 베트남 전쟁이 끝난 지 얼마 되지 않은 시기였고, 전쟁의 피해와 상흔이 워낙 커서 미국인들은 전쟁을 기피하고 있었죠. 국민의 강력한 반전 여론에 밀린 레이건 정부는 전쟁 대신 CIA를 통한 비밀공작을 계획했습니다. 1981년 12월, 백악관에서 니카라과 사태를 안건으로 한 외교안보회의가 열렸습니다. 여기에는 레이건 대통령을 비롯해 당시 CIA 국장인 윌리엄 케이시William Casey, 국무부 장관 알렉산더 헤이그Alexander Haig 등이 참석했습니다. 미국의 최고 정책결정권자들이 참석한 이 회의에서 레이건은 산디니스타 정부를 무너뜨리기 위한 비밀전쟁 계획을 승인했습니다.

당시 작성한 기밀문서에는 '니카라과에 대한 지원과 준군사 작전 수행'이라는 대목이 있습니다. 문서 아래에 있는 로널드 레이건의 서명은 그가 니카라과에 대한 CIA의 비밀공작을 공식 승인했다는 사실을 확인해 주고 있습니다. CIA는 니카라과에서 산디니스타 정부에 저항할 만한 반대파로 산디니스타에 의해 쫓겨난 소모사 독재 정권의 추종 세력을 물색했습니다. CIA로부터 자금과 물자

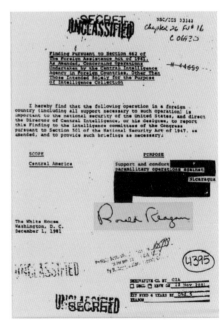

니카라과 비밀공작을 승인한 레이건의 서명

를 전폭적으로 지원받은 이들은 '콘트라'라는 반군 단체로 재탄생했습니다.

콘트라가 니카라과에서 펼친 활동에 관한 CIA의 기밀문서도 공개됐습니다. 여기에 기록된 주요 작전 내용은 다음과 같습니다.

- 전기망, 수도, 교통, 통신 체계 등 니카라과의 경제 기반 시설을 반복적으로 일시 붕괴시킨다.
- 정규 산디니스타군을 공격해 방어 태세로 몰아넣는다.
- 산디니스타의 주요 무기를 파괴하기 위해 헬리콥터, 항공기, 탱크, 장갑 병력 수송차 등에 집중한다.

콘트라는 온두라스에 작전기지를 두고 CIA의 지시에 따라 치고 빠지는 게릴라 전술을 구사했습니다. 수시로 니카라과에 들어가서 마을을 무차별 공격하고 불태우는 등 산디니스타 정부를 혼란에 빠뜨리는 각종 테러 행위를 벌였죠. 이들은 1985년에 니카라과의 쿠아파 마을을 점령한 뒤 주민들을 광장에 모아놓고, 정부에 동조했다고 의심되는 시민들을 선별해 본보기를 보여주겠다며 총살하기도 했습니다. 당시 미국은 콘트라가 잔혹한 불법 행위를 저지르는 사실을 알면서도 묵인했죠. 심지어 활동 자금을 마련하기 위해 마약 밀거래에 손을 댄 것까지 눈감아주었습니다. 콘트라는 라틴 아메리카에서 마약 네트워크를 만든 다음 미국으로 코카인을 밀반입시켰습니다. 비행기를 통해 마약을 운송하기도 했는데, 판매 수익의 대부분은 콘트라의 활동 자금으로 사용했습니다. 이를 알고 있었던 CIA는 심지어 마약 판매 수익을 콘트라 지원 자금으로 활용하겠다는 계획을 세우고 실행에 옮기기까지 했습니다.

이 대목에서 레이건 정부가 '마약과의 전쟁'을 벌였다는 역설적인 상황을 떠올릴 필요가 있겠습니다. 레이건 정부는 공산주의 퇴치를 마약 퇴치보다 더 중요한 문제로 여겼기에, 콘트라가 마약 밀거래로 돈을 버는 일을 눈감아준 것이죠. 1982년 말, 레이건 정부의 이중적인 행보가 폭로되었습니다. 레이건 대통령이 몰래 니카라과 문제에 개입하고 있다는 언론매체의 보도기사가 난 것입니다. 깜짝 놀란 미국 연방 의회는 하원에서 콘트라에 자금 지원을 금지하는 법안을 통과시키며 레이건의 니카라과 개입에 제동을 걸었습니다. 무려 411 대 0이라는 압도적인 표 차이였죠. 미국 연방 하원이 '콘트라 지원을 금지한다'라는 강력한 메시지를 표명한 것입니다. 그러자 레이건은 의회 몰래 콘트라를 지원했습니다.

콘트라에 자금 지원을 금지하는 법안이 통과된 지 한 달이 지난 1983년 1월에 레이건이 니카라과를 향한 비밀전쟁을 계속하고 있다는 사실이 발각되고 말았습니다. 니카라과 동부 해안의 5개 항구에서 폭발이 일어났는데, CIA의 비밀 요원이 설치한 폭탄 때문이라는 사실이 드러난 것입니다. 이 사건으로 레이건 정부는 전 세계에서 비난받았습니다. 니카라과의 오르테가 대통령은 "레이건이 니카라과에서 추악한 전쟁을 벌이고 있다"라며 미국을 국제사법재판소에 제소했습니다. 국제사법재판소는 엄연한 국제법 위반이자 전쟁 행위라고 판결하며 니카라과의 손을 들어주었습니다. UN 총회 역시 이 판결을 지지하는 결의안을 채택했습니다. 그리고 미국 의회에서는 또다시 니카라과에 대한 미국의 개입을 금지하는 법안을 통과시키기에 이르렀죠. 이렇게 미국의 니카라과 개입이 국내외에서 모두 불법으로 규정되면서 레이건의 콘트라 지원 정책은 궁지에 몰렸습니다.

나라 안팎에서 압박을 받으며 니카라과 비밀공작에 제동이 걸리자, 레이건 대통령은 직접 TV와 라디오에 출연해 콘트라에 대한 미국인들의 지지를 호소했습니다. 그는 1985년 3월에 있었던 연설에서 이렇게 말했습니다.

"콘트라는 자유의 전사들입니다. 이들은 우리의 형제와 같은 사람들이죠. 우리는 이들에게 많은 빚을 지고 있습니다. 그래서 이들을 도와줘야 합니다. 이들이 왜 니카라과에서 투쟁하는지, 누구에 맞서 항전하는지 잘 아시죠? 콘트라는 미국 건국의 아버지들과 같은 존재입니다."

콘트라 반군을 민주주의의 투사로 포장한 것입니다. 그뿐 아니라 콘트라에 대한 대국민 모금 운동을 벌였습니다. 당시 백악관 홍보팀, 국무부, 국방부, CIA까지 총동원해 캠페인에 나섰으며 백악관과 행정부에는 특별 선전 부서까지 신설됐다고 합니다. 캠페인 이후 레이건 대통령은 의회에 국방부 기금 중 1억 달러를 콘트라 지원에 사용하는 것을 승인해 달라고 요청했습니다. 상·하원을 거치며 논란이 있었으나 의회는 1986년 6월에 관련 법률을 통과시켰습니다. 끊임없이 반대에 부딪혔던 레이건 대통령에게 공식적으로 콘트라를 지원하는 길이 열린 것입니다.

미국을 발칵 뒤집은 이란-콘트라 게이트

1986년 11월 초, 레바논의 한 신문이 '미국이 이란에 몰래 무기를 팔고, 그 돈으로 니카라과의 반군 단체를 지원했다'라고 폭로하면서 상황은 다시 반전됐습니다. 대체 어떻게 된 일일까요? 당시 레바논의 이슬람 무장 단체인 헤즈볼라가 미국인 6명을 포함한 30명을 인질로 잡는 사건이 발생했습니다. 레이건 정부는 비밀리에 헤즈볼라에 영향력을 행사할 수 있는 이란에 접근했고, 무기를 판매할 테니 인질들이 석방되도록 주선해 달라고 제안했습니다. 당시 이라크와 전쟁 중이던 이란은 레이건 정부의 제안을 받아들였죠. 이에 따라 미국이 친미 국가인 이스라엘을 거쳐서 이란에 무기를 팔고, 대금을 받았던 것입니다. 그런데 이는 정말 심각한 일이었습니다. 미국이 직접 테러국가로 규정한 이란에 무기를 지원한 셈이기 때문입니다. 세계의 경찰을 자처하며 "테러국가와의 대화는 없다"라고 선언했던 미국의 처지는 크게 곤란해졌죠. 게다가 미국은 이란-이라크 전쟁에서 이라크를 지원하고 있는 상황이었습니다.

여론이 들끓는 가운데, 1987년 5월 초부터 약 3개월간 '이란-콘트라 청문회'가 TV로 생중계됐습니다. 레이건 정부의 조직적인 사건 은폐 속에서 특별 검사가 끈질기게 파고든 끝에 무기 거래의 규모가 드러나기 시작했습니다. 그리고 여기에 이란-콘트라 작전에 투입돼서 직접 이란에 무기를 판매하고 무기 대금 4,800만 달러 중 일부를 콘트라에 전달한 국가안전보장회의의 올리버 노스Oliver North 중령이 청문회에 소환된 것이 결정타를 날렸습니다. 하지만 레이건 대통령은 다음과 같은 성명서를 발표하며 끝까지 부인했습니다.

"몇 달 전에 저는 미국인들에게 인질과 무기를 교환하지 않았다고 말했습니다. 제 마음과 최선의 의도는 여전히 그것이 사실이라고 말합니다. 하지만 사실과 증거가 그렇지 않다고 말합니다. 제가 모르게 수행된 활동에 대해 화가 날 수 있는 만큼 저는 여전히 그 활동에 대해 책임을 지고 있습니다."

비교적 정직한 이미지를 유지해 온 레이건 대통령은 조롱의 대상이 됐습니다. 그림은 이란-콘트라 게이트에 대한 레이건의 태도를 비판한 만평입니

해 뜨기 전과 후의 말이 다른 거짓말쟁이 레이건

다. 해가 뜨기 전에 "그런 일은 없었다"라고 말한 레이건은 해가 뜨자 "그런 일이 있긴 했지만, 나는 몰랐다"라고 말하고 있습니다. 아침저녁으로 말이 달라지는 레이건을 비꼬는 것이었죠.

결국 이 사건으로 레이건은 탄핵 위기에까지 몰렸습니다. 하지만 레이건 대통령이 국가안보위원회가 은밀하게 주도한 불법행위, 즉 무기 판매를 계획하거나 직접 승인했다는 결정적인 증거가 밝혀지지 않으면서 간신히 위기를 모면했습니다. 이후 레이건은 더 이상 콘트라를 지원하지 않았지만, 니카라과의 산디니스타 정권을 반대하는 정당이나 시민단체 등을 지원하며 정치 공세를 펼쳤습니다. 심지어는 의심을 피하려 CIA의 공작 대신 '민주주의를 위한 국가원조기금'으로 간접 지원에 나섰죠. 여기에만 450만 달러가 넘는 돈이 투입됐습니다.

레이건의 정치 공세는 1990년 2월에 니카라과 대통령 선거에서 산디니스타의 반대편인 보수 야당의 후보가 당선되면서 마침내 결실을 맺었습니다. 이듬해에 소련이 해체되면서 냉전이 끝나자, 라틴 아메리카에서 CIA가 수십 년간 벌인 비밀공작의 규모도 상당히 줄어들었죠.

냉전은 라틴 아메리카의 많은 것을 바꿔놓았습니다. 라틴 아메리카는 공산주의의 확대를 경계했던 미국의 개입으로 오랜 독재와 내전, 정치적 불안정을 겪어야 했습니다. 냉전 시기, 미국의 지도자들은 CIA가 라틴 아메리카 여러 나라의 독재자들로부터 민주주의 체제와 질서를 보호하기 위해 활동한 것이라 주장했습니다. 하지만 미국이 민주주의와 자유를 명분으로 삼아서 라틴 아메리카에 악영향을 미친 것은 너무도 분명한 사실입니다.

그간 CIA를 활용한 미국의 비밀공작은 라틴 아메리카 국가들의 선택지를 줄이는 압력으로 작용해 왔습니다. 각국의 민족주의자들이 경제적 주권을 회복하겠다고 선언하며 조금이라도 미국인들의 이익과 부딪히면, 미국은 이들을 소련의 대리인으로 취급하며 적대시했습니다. 독자 노선을 추구하려는 민족주의적인 정치 세력을 미국이 있는 그대로 바라보지 않았기 때문입니다. 다시 말해 과테말라, 쿠바, 칠레, 니카라과의 맥락에서 그런 정치·경제적 변화를 이해하려 하지 않고, 그것을 공산주의자들의 국제적 활동의 일부이자 소련에 조종당한 결과로 간주한 것입니다. 20세기 냉전의 극단적 대립이 라틴 아메리카의 여러 저발전 국가에 끼친 악영향을 살펴보면서 여전히 냉전의 대립을 크게 벗어나지 못한 한반도의 상황도 진지하게 돌아보는 계기가 됐기를 바랍니다.

벌거벗은 테러의 시대

뮌헨 올림픽 참사와 비행기 납치 사건

박현도

● 공항은 우리나라에서 가장 삼엄하게 경계를 서는 곳 중 하나입니다. 곳곳에 무장한 경찰이 있고, 비행기를 타려면 금속 탐지기와 엑스레이 검색대 등 공항 보안 검색 시스템을 통과해야 합니다. 버스나 여객선 터미널과 달리 유독 공항의 보안이 삼엄한 데는 이유가 있습니다. 사실 과거에는 비행기를 타기 전에 공항에서 짐 검사도 제대로 하지 않았습니다. 그 시절에는 신분증만 있으면 입국 심사가 끝났죠. 그런데 1968년부터 1972년 사이에 비행기 납치와 공항 이용객을 대상으로 한 무차별 공격 등 항공 테러가 연이어 발생했습니다. 1969년에만 80여 건의 항공 테러가 이어져 전 세계가 공포에 떨었습니다.

그러던 중 비행기 납치, 공항 시설 공격, 인질 납치 및 살인 등 최악의 국제 테러가 일어났습니다. 1972년 뮌헨 올림픽 테러입니다. 올림픽 역사상 최초로 벌어진 테러이자, 인질로 잡힌 이스라엘 선수단 11명이 모두 사망한 최악의 사건이었죠. 참혹한 테러를 일으킨 주범은 팔레스타인 출신의 게릴라 조직 '검은 9월단'입니다. 이들은 목적을 달성하기 위해 항공기 납치를 시작으로 세계적 스포츠 행사인 올림픽에서 테러를 저질렀습니다. 이들 때문에 중동 지역에 국한된 테러가 세계 곳곳에서 무차별하게 벌어졌으며, 언제 어디에서 테러가 발생할지 모른다는 공포가 국제사회를 휩쓸었습니다.

이렇게 예측이 불가능한 국제 테러는 어떻게 시작되었을까요? 그리고 무고한 희생을 담보로 한 잔인한 비극은 왜 아직도 계속되는 걸까요? 지금부터

복면을 쓴 뮌헨 올림픽 테러 사건 범인

1972년에 일어난 뮌헨 올림픽 테러와 비행기 납치 사건을 살펴보려 합니다. 전 세계를 테러의 시대로 물들인 결정적인 사건과 이에 대처하고자 만든 대테러 부대를 벌거벗겨 보겠습니다.

테러리즘의 시작, 이스라엘-팔레스타인 분쟁

갈수록 빈번한 항공 테러로 전 세계가 두려움에 휩싸였던 1970년, 한 날 여러 대의 비행기가 동시다발적으로 납치되는 사상 초유의 사태가 발생했습니다. 미국과 영국, 스위스, 이스라엘의 비행기가 중동의 요르단으로 끌려간 것입니다. 범인은 요르단을 거점으로 삼은 팔레스타인 무장단체였죠. 이들은 1972년에 뮌헨 테러를 일으킨 검은 9월단과 밀접한 관계를 맺고 있었습니다.

중동의 테러가 유럽과 미국 등 전 세계로 확산한 결정적인 계기는 한 사건에서 시작됐습니다. 1947년 11월에 이스라엘-팔레스타인 분할안이 UN 총회를 통과하면서 이에 따라 이스라엘이 팔레스타인 땅의 일부를 받고 1948년 5월 14일에 건국을 선포한 것입니다. 이와 동시에 그곳에 살던 힘없는 팔레스타인 아랍 사람들은 살던 땅에서 쫓겨날 위기에 처했습니다. 그래도 이들에게는 희망이 있었습니다. 형제의 나라인 주변 아랍국들이 도와주리라 생각한 것이죠. 이스라엘이 건국을 선포한 다음 날인 1948년 5월 15일, 이집트를 필두로 요르단, 시리아 등 5개국은 아랍 연합군을 만들어 이스라엘의 수도인 텔아비브를 공격했습니다. 제1차 중동전쟁은 이렇게 시작됐습니다.

이 전쟁에서 아랍 연합군이 패배를 거듭하면서 팔레스타인의 땅은 점차 줄어들었습니다. 어느새 이스라엘은 78%에 육박하는 땅을 차지했죠. 게다가 이스라엘이 귀향을 허용하지 않아 갈 곳을 잃은 70만 명에 달하는 팔레스타인 사람들은 이집트, 요르단, 시리아, 이라크 등 주변 국가에서 난민으로 머물거나 인근 아랍 국가를 떠도는 신세가 됐습니다. 아래 지도는 제1차 중동전쟁 전과 후의 팔레스타인 지역을 비교한 것입니다. 분홍색이 팔레스타인 영토이고 초록색이 이스라엘 영토입니다. 제1차 중동전쟁 이후의 오른쪽 지도를 보면 1949년에는 팔레스타인 영토가 거의 남지 않은 것을 확인할 수 있습니다.

사실 아랍 국가들이 이스라엘과 전쟁을 벌인 이유는 팔레스타인 땅을 차지하고 싶어서였습니다. 하지만 전쟁에서 패하며 영토를 얻지도 못한 채 팔레스타인 난민만 받아들여야 했죠. 어느새 난민은 아랍 국가에서 새로운 문제로 떠올랐습니다. 시간이 흘러도 난민 문제를 해결할 기미가 보이지 않자, 아랍 민족주의의 대표이자 이집트 대통령인 가말 압델 나세르 Gamal Abdel Nasser는 1964년 1월에 13개 아랍 국가 정상을 카이로로 불러들여 정상회담을 열었습니다. 여기서 팔레스타인 해방을 위한 조직인 팔레스타인 해방기구(PLO:

이스라엘과 팔레스타인의 영토 변화

The Palestine Liberation Organization)가 탄생했습니다. PLO는 팔레스타인의 독립과 해방을 이루려는 여러 조직이 아랍 민족주의를 기반으로 창립한 기구로, 아랍 국가들의 도움을 받았습니다.

앞서 요르단에 거점을 둔 팔레스타인 무장단체가 있다고 이야기했습니다. 이들이 바로 PLO입니다. 팔레스타인과 요르단은 원래 구분이 없는 지역이었지만, 영국이 이곳의 유대민족과 아랍민족 모두에게 이중으로 민족국가 건설을 약속했다가 제대로 지키지 않으면서 두 지역으로 갈라졌습니다. 땅을 잃은 팔레스타인 사람 중 다수가 요르단으로 건너갔고 요르단도 난민들에게 국적을 내주었죠. 수차례 중동전쟁을 치르는 사이 요르단 내 팔레스타인 인구가 증가하자 PLO도 자연스럽게 요르단을 본거지로 삼게 된 것입니다.

이때 PLO는 커다란 한계에 부딪혔습니다. 아랍 국가들로부터 도움을 받아 PLO가 팔레스타인 해방을 도모해야 하는데, 1959년에 발족해 1964년 PLO 조직 중 하나가 된 '파타FATAH(팔레스타인민족해방운동)'는 아랍 국가에 의존해서는 해방운동이 성공할 수 없다고 생각한 것입니다. 파타는 팔레스타인 사람들의 의지에 따라 오직 무력으로만 팔레스타인을 해방할 수 있다고 믿으며 PLO가 아랍 국가의 입김에 흔들려서는 안 된다고 주장했습니다. 이 조직의 대표가 야세르 아라파트Yasser Arafat라는 인물입니다.

아랍 국가들은 파타를 경계했습니다. 팔

야세르 아라파트

레스타인과 아랍을 분열시키려 미국 CIA가 만든 조직이라고 비난하기까지 했죠. 그러나 1967년 6월에 제3차 중동전쟁이 벌어졌고, 아랍 연합국이 단 6일 만에 이스라엘에 크게 패하면서 아랍 세계는 엄청난 충격에 빠졌습니다. 그러면서 파타에 대한 아랍 국가의 여론이 서서히 바뀌기 시작했습니다. 특히 아랍 세계를 대표하는 지도자이자 이집트 대통령인 가말 압델 나세르는 무력투쟁을 강력히 주장하는 파타를 지원하기로 마음을 바꿨습니다.

1968년, 파타의 지속적인 게릴라 공격을 참다못한 이스라엘군은 파타를 소탕하고자 그들의 근거지인 요르단의 카라메로 진격했습니다. 파타는 전력이 열세함에도 이스라엘군에 맞서 싸웠습니다. 15시간 동안 이어진 전투에서 이스라엘은 승리했지만 동시에 많은 것을 잃었습니다. 이때 이스라엘 무적 신화가 깨지면서 팔레스타인의 사기는 하늘을 찔렀습니다. 도망가기 바빴던 아랍 연합국의 정규군과 달리 비정규군인 파타가 끝까지 버텨내는 것을 본 사람들도 팔레스타인 해방을 위해 파타를 지원했습니다.

이를 계기로 파타의 지도자인 아라파트는 1969년에 PLO의 대표가 되었습니다. 그가 이끌던 파타는 PLO 내 유력한 정파로 자리 잡았죠. 이제 이스라엘로부터 팔레스타인을 되찾을 방법은 오로지 무력뿐이라는 결의를 더욱 굳힌 것입니다. 그러다 보니 PLO 내에서도 여러 조직이 서로의 방법으로 투쟁을 이끌었고, 자연스럽게 온건파와 강경파가 형성됐습니다. 384쪽의 조직도는 1970년대의 PLO 산하 세력을 정리한 것입니다. 가장 큰 분파는 아라파트가 이끌던 파타였고, 팔레스타인 해방대중전선인 PFLP가 뒤를 이었습니다. 앞서 이야기한 비행기 납치사건을 일으킨 주범이자 뮌헨 테러의 범인들과 밀접한 관계를 맺고 있는 조직이죠.

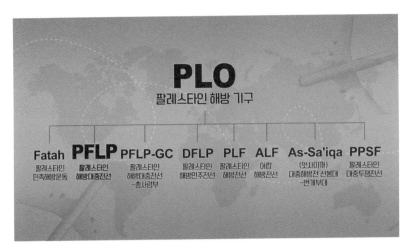

1970년대 PLO 조직도

  PFLP는 제3차 중동전쟁에서 참패한 뒤, 기독교인 의사인 조지 하바시 Georges Habash가 이끌던 '아랍 민족주의운동(ANM)'이 다른 정파와 연합해 만든 조직입니다. 마르크스-레닌주의를 따르며 사회주의 혁명을 꿈꾸는 PFLP는 팔레스타인 문제는 평화적인 협상으로 해결할 수 없다며 납치, 테러 등 과격한 행동을 일삼는 단체로 유명합니다. PFLP가 우리나라에 처음 이름을 알린 것은 2006년에 KBS 용태영 특파원과 외국인을 납치한 사건입니다. 이들은 이스라엘에 수감 중인 지도자의 석방을 요구하며 외국인 납치 등 각종 테러를 저질렀습니다. PFLP는 팔레스타인 해방 문제를 세계에 알리기 위해서는 전쟁터에서 테러를 벌이는 것보다, 전쟁터가 아닌 곳에서 한 사람의 민간인을 살해하는 것이 더욱 효과적이라는 논리를 내세웠습니다. 그래서 테러와 납치를 통해 전 세계에 공포감을 조성하면서 자신들의 목표를 달성하려고 했습니다.

  팔레스타인 무장단체들 때문에 중동에 위기감이 고조되었지만, 유럽은

별 관심이 없었습니다. 상황이 이러다 보니 팔레스타인 해방 문제는 의식조차 하지 않았습니다. 1968년부터 PFLP가 과격한 행동을 일삼았지만, 국제사회는 이들의 문제를 단순히 이스라엘과 팔레스타인, 그리고 아랍의 일이라고만 여겼습니다. 그런 가운데 PFLP가 전 세계를 공포로 몰아넣으며 그들의 이름을 각인시키는 사건이 발생했습니다.

20세기 최악의 항공기 테러, 스카이잭 선데이

1970년 9월 6일, 여느 때와 같이 유럽 각지에서 출발해 미국 뉴욕으로 향하던 여러 대의 항공기가 공중에서 납치된 것입니다. '스카이잭 선데이 Skyjack Sunday'라 불리는 이 사건은 PFLP가 탑승객이 많은 일요일에 비슷

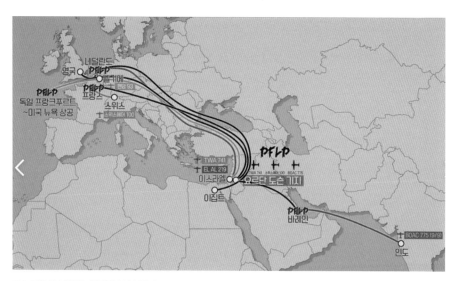

PFLP의 동시다발 항공기 납치 동선

한 노선의 비행기 4대를 납치하면서 시작됐습니다. 지도에서 보는 것처럼 PFLP가 납치한 4대의 비행기는 각각 이스라엘의 텔아비브, 벨기에의 브뤼셀에서 출발한 미국 항공기와 취리히에서 출발한 스위스 항공기, 텔아비브에서 출발한 이스라엘 항공기였습니다.

그런데 PFLP는 항공 테러 도중 예상치 못한 난관에 부딪혔습니다. 이스라엘 항공기에 타고 있던 사복경찰이 납치범을 제압하면서 런던 히드로 국제공항에 비상 착륙한 것입니다. 이때 테러범 한 명은 사살했고 나머지 한 명은 검거했습니다. 그리고 벨기에에서 출발한 미국 항공기는 카이로에서 폭파되었습니다. 승객을 모두 피신시켜 다행히 희생자는 없었습니다. PFLP의 납치범들은 남은 두 대의 비행기를 '혁명 공항'이라고 부른 요르단 자르카의 도슨 기지에 강제로 착륙시켰습니다. 요르단의 수도 암만에서 약 50km 떨어진 사막지대로, 후세인 1세Hussein I 국왕의 묵인 아래 PFLP가 독자적으로 군대를 두고 통치하던 곳이었습니다. 제2차 중동전쟁이 벌어졌을 때만 해도 요르단은 팔레스타인의 편이었습니다. 팔레스타인 난민을 적극적으로 받아들이다 보니 당시 요르단 국민의 60%가 팔레스타인 사람이었죠. 이런 상황이라 요르단 국왕도 PFLP가 요르단을 거점으로 활동하는 것을 암묵적으로 인정했습니다.

3일 뒤 PFLP는 승객 116명이 탑승한 영국 항공기를 추가로 납치했습니다. 이들이 영국 항공기를 특정해 범행을 저지른 데는 이유가 있습니다. 비행기를 풀어주는 조건으로 팔레스타인 무장세력인 게릴라 조직원들의 석방을 요구했기 때문입니다. 그중에는 PFLP의 주요 간부인 레일라 칼레드 Leila Khaled도 있었죠. 그녀는 비행기를 납치한 최초의 여성 게릴라이자 PFLP를 상징하는 인물입니다. 칼레드는 앞서 스카이잭 선데이 사건에서 이스라엘 항공기 납치를 주도하던 중 사복경찰에 잡혀 납치에 실패하고 영국 교도소에 수감된 상태였습니다. 즉 칼레드를 석방하려면 영국인 인질이 필요했던 것이죠. 추가로 납치한 영국 항공기까지 혁명 공항에 착륙시킨 PFLP는 협상 조건을 내걸었습니다.

> PFLP의 비행기 인질 석방 요구 조건
> 1. 스위스 인질을 대가로 스위스에 있는 세 명의 팔레스타인 죄수 석방
> 2. 영국 인질을 대가로 레일라 칼레드 동지 석방

요구 조건을 밝힌 PFLP는 9월 11일에 미국, 스위스, 독일, 영국, 이스라엘 국적의 인질만 남겨두고 다른 인질은 모두 풀어줬습니다. 조직원을 감옥에 가둔 국가의 인질만 남겨둔 것이죠. 56명의 인질은 요르단의 수도인 암만에 있는 비밀 장소로 옮겼습니다. 자국민의 납치 사실을 확인한 국가 중 영국과 스위스가 가장 먼저 협상에 나섰습니다. 반면 미국은 교도소에 팔레스타인 수감자가 없으며, 자국의 인질을 즉각 석방하지 않으면 군사적 대응에 나서겠다고 엄포를 놓았습니다. 영국과 스위스는 협상을 진행하고 싶었지만, 다른 국가와 협의가 필요한 만큼 속도를 내지 못하는 상황이었죠. 이에 PFLP는 협상

레일라 칼레드

PFLP의 납치 항공기 폭파

의 주도권을 명확히 하기 위해 공항에 기자들을 불러놓고 모두가 보는 앞에서 비행기 세 대를 동시에 폭파했습니다. 이 장면은 이후 팔레스파인 해방운동의 상징이 되었습니다.

그러자 영국은 폭파 다음 날인 9월 13일에 영국인 인질과 칼레드를 교환할 의지가 있음을 아랍어로 발표했습니다. 이때 석방된 칼레드는 2020년 영국 리즈 대학에서 한 연설을 통해 항공기 납치 사건을 언급하며, 팔레스타인인들은 투쟁을 두려워하지 않는다고 말했습니다. 당시에도, 지금도 이 사건은 PFLP의 성공적인 투쟁으로 남아있습니다.

그런데 다양한 테러 방법 중에서도 왜 하필 비행기 납치였을까요? 비행기에는 여러 국가의 승객들이 탑승하기 때문에 한 번의 범행으로 국제적인 이목을 끌 수 있고, TV 등에 납치 소식이 보도되면 팔레스타인 해방이나 게릴라 조직원 석방 등의 목적을 손쉽게 알릴 수 있었습니다. 그리고 당시에는 공항의 보안이 허술해서 무기를 숨기고 비행기에 타는 게 어렵지 않았죠. 게다가 테러범이 비행기에 타기만 하면 상공에 있는 동안에는 적의 공격을 받을 일이 없고, 인질이 도망갈 우려도 없어 비행기 납치는 적은 인원으로 최대 효과를 내는 테러였습니다.

어제의 친구에서 오늘의 적으로, 검은 9월 사건

아랍 국가 중에서도 유독 친밀했던 팔레스타인과 요르단의 관계는 서로 다른 속내를 숨긴 동상이몽에 가까웠습니다. 요르단은 팔레스타인을 안타깝게 여기면서도 빼앗긴 예루살렘 지역을 차지하고 싶은 욕심도 가졌습니다. 요르단 내에서 세력을 키우던 팔레스타인 또한 요르단을 형제의 나라라며 치켜세우는 동시에 요르단에 팔레스타인 자치국을 세우는 꿈을 꾸었습니다. 급기야는 팔레스타인 무장단체가 요르단의 국왕 후세인 1세를 눈엣가시로 여겨 암살할 계획까지 세웠죠. 앞서 이야기한 스카이잭 선데이 사건을 벌이기 5일 전, 딸을 만나기 위해 이동하는 국왕의 차량에 총격을 가한 것입니다. 하지만 암살은 실패로 끝났고 PFLP는 5일 뒤 예정대로 요르단에서 비행기 납치를 진행했습니다.

국왕 암살 시도로 요르단에는 긴장이 감돌았습니다. 이때 후세인 1세가 팔레스타인 무장단체에 완전히 등을 돌리는 사건이 벌어졌습니다. 요르단 국왕이 암묵적으로 PLO를 지지해서 비행기 납치가 일어났다며 전 세계가 후세인 1세를 비난한 것입니다. 이제껏 아랍 국가들의 공공의 적인 이스라엘을 타도하기 위해 PLO를 품어온 요르단 국왕은 자신에게 쏠린 국제사회의 비난을 거두고 스스로를 지키기 위해 돌이킬 수 없는 결단을 내렸습니다. PFLP가 소속된 팔레스타인 해방기구인 PLO를 대상으로 계엄령을 선포한 것입니다. 테러를 주도한 것은 PFLP지만, 자신의 목숨을 위협하고 국왕의 권좌에서 끌어내리려 한 PLO를 요르단에서 완전히 제거하겠다고 결심한 것이죠.

1970년 9월 17일, '검은 9월(Black September) 사건'이라 불리는 요르단과 PLO의 전면전이 시작됐습니다. 요르단의 수도 암만 곳곳에서 전투가 벌어졌고 도심은 폭격으로 무너졌습니다. 무고한 시민들은 두려움에 떨어야 했죠. 전쟁으로 폐허가 된 도시에는 상처만 가득 남았습니다. 열흘간 이어진 전투에서 4,000명~1만 5,000명에 달하는 사상자가 발생했습니다. 대다수가 무고한 시민이었죠. 전투가 갈수록 극심해지자 주변 아랍 국가들이 개입했습니다. 그 결과 PLO는 오랫동안 거점으로 삼았던 요르단에서 쫓겨나 레바논으로 본부를 옮겼습니다. 특히 목숨이 위험했던 PLO 대표 아라파트는 쿠웨이트의 도움으로 요르단을 빠져나와 이집트로 몰래 숨어들었죠.

PLO는 이스라엘도 아닌 같은 아랍인에게 배신당해 쫓겨났다는 사실을 도저히 받아들일 수 없었기에 검은 9월 사건에서 맛본 치욕을 반드시 갚겠다고 다짐했습니다. 약 1년 뒤인 1971년 11월, 이집트의 수도 카이로의 한 호텔 로비에서 요르단의 총리 와스피 앗탈Wasfi al-Tal이 암살당했습니다. 암살범들은 자신을 '검은 9월단'이라고 밝혔는데, PLO 조직원 중 일부 강경파가 만든 새로운 조직으로, 요르단에서 당한 검은 9월 사건을 보복한 것이었죠. 이들은 앞으로의 행보를 예고라도 하듯 총리의 피를 찍어 먹는 잔혹한 행동으로 요르단 사회를 경악하게 만들었습니다. 이처럼 '검은 9월단'이 배신자 아랍인을 처단하며 PLO의 1971년이 저물었습니다.

이스라엘 로드 국제공항 난사 사건

검은 9월 사건으로 요르단에서 쫓겨나 레바논으로 본거지를 옮긴 PLO 산하 PFLP의 지도부는 더 이상 항공기 테러를 저지르지 않겠다고 선언했습니다. 그러자 이번에는 1970년에 항공기 테러를 주도했던 와디 하다드 Wadie Haddad가 이를 거부하며 'PFLP-작전단'이라는 조직을 만들어 항공기 테러를 이어갔습니다.

1972년 5월 30일 이스라엘의 로드 국제공항에서는 세 명의 남자가 입국 심사를 기다리고 있었습니다. 이들은 입국 수속을 밟던 중 들고 있던 바이올린 케이스에서 갑자기 자동소총을 꺼내 들었습니다. 당시 공항 보안은 악기 가방에 자동소총이 들어있는 것을 알지 못할 만큼 허술했습니다. 테러범들은 수류탄까지 챙겨 왔지만 아무도 제지하지 않았습니다. 이 무렵 항공 테러가 잇따르면서 공항의 보안 대책이 절실했지만, 아직 적극적인 해결책을 제시하지는 못했습니다. 하지만 이 사건을 계기로 항공 보안규정이 강화되었습니다. 지금 공항에서 볼 수 있는 무장한 경찰과 엑스레이 수화

바이올린 케이스에 들어있던 자동소총

물 검사 시스템도 이때부터 도입한 것입니다.

테러범 중 한 명은 공항 경비대를 향해서 자동소총을 무차별하게 난사했고, 또 다른 한 명은 수화물 구역에 있던 승객들을 향해 수류탄을 던졌습니다. 나머지 한 명은 활주로로 달려가서 이제 막 도착한 이스라엘 항공기에서 내리는 승객들에게 총을 난사했죠. 범인들은 사진 왼쪽에 보이는 바이올린 케이스에 자동소총을 숨겼습니다. 눈치챌 새도 없이 벌어진 이 사건으로 공항 이용객 26명이 사망하고 80명이 다쳤습니다. 사망자 대부분은 성지 순례를 온 외국인으로, 모두 이스라엘이나 팔레스타인과 관련 없는 평범한 민간인이었죠. 우리가 이 사건을 눈여겨봐야 하는 이유는 PFLP가 어떠한 조건도 제시하지 않고 민간인을 무차별적으로 습격했기 때문입니다. 이 같은 테러는 전례 없는 방식으로 지금도 그렇지만 당시에도 상당히

이스라엘 로드 국제공항 난사 사건 현장

충격적이었습니다.

그런데 여기서 끝이 아니었습니다. 이스라엘 국제공항 테러범의 정체가 밝혀지자 국제사회는 또다시 경악을 금치 못했습니다. 사건 발생 직후 범인 중 한 명은 이스라엘 경비대에 의해 사살됐고, 다른 한 명은 수류탄으로 자살했습니다. 현행범으로 체포된 나머지 한 명은 24세의 일본인 오카모토 고조岡本公三였습니다. 대체 왜 아랍이나 팔레스타인 조직과 아무런 관련도 없는 일본인이 이스라엘을 공격하고, 이처럼 잔혹한 테러를 저지른 것일까요?

그간 벌인 항공 테러로 팔레스타인 테러단체 조직원들의 신분이 이미 이스라엘 정보기관에 노출된 데다 경계가 강화되면서 조직원을 대체할 인물이 필요했습니다. 이때 PFLP가 도움을 요청한 조직이 그동안 우호 관계를 맺어왔던 일본의 적군파였던 것입니다. 1969년에 결성된 일본의 좌파 테러단체인 적군파는 폭력 제일주의를 주장하는 과격파였습니다. 당시 기존 적군파의 계보를 이어받아 '적군파의 여왕벌'이라고 불리며 조직을 이끌었던 시게노부 후사코重信房子는 PFLP의 요청을 받아들였습니다.

사진은 후사코가 2012년에 옥중에서 출간한 에세이의 표지입니다. 왼쪽에는 그녀의 이름이 적혀있고, 오른쪽에는 '혁명의 계절, 팔레스타인 전장에서'라고 쓰여 있습니다. 후사코를 선봉으로 한 일본의 적군파는 해외에 운동 거점과 동맹군을 만들어야 한다는 사명감을 가지고

일본 적군파 지도자 시게노부 후사코

일본을 떠났습니다. 이후 레바논에 적
군파 아랍위원회를 만들어 각종 국제
테러에 가담했죠. 1972년 5월에 발생한
이스라엘 국제공항 난사 사건은 적군파
가 아랍과 동맹을 맺고 저지른 첫 번째
테러였습니다.

석방 후 영웅으로 떠오른 오카모토 고조

테러의 주범이자 유일하게 살아남
아 현행범으로 체포된 오카모토 고조
는 어떻게 되었을까요? 1985년 5월에
PFLP가 또 다른 테러를 일으켜 포로
교환을 요구함에 따라 석방되어 레바
논으로 넘어갔습니다. 사진은 레바논
에 도착한 오카모토가 팔레스타인 민족해방운동의 영웅으로 대접받는 모
습입니다. 그는 레바논에 정착한 후 아랍의 과격분자들과 계속해서 테러
활동을 벌였고, 아랍의 영웅으로 남았습니다. 2017년 일본의 〈마이니치신
문〉 기자가 레바논을 방문해 인터뷰할 때까지도 PFLP 조직원들은 오카모
토를 일본의 마지막 사무라이라고 치켜세웠다고 합니다.

이스라엘 국제공항 난사 테러로 팔레스타인 해방 문제는 전 세계의 주
목을 받았습니다. 이런 상황에서 무장단체들은 목적을 이루기 위해 더욱
강력한 한 방이 필요하다고 생각했습니다. 그리고 당시 동서로 분단된 독일
에서 36년 만에 올림픽을 개최한다는 사실에 주목했습니다.

뮌헨 올림픽과 세계 최초의 테러 생중계

1972년 8월 26일, 서독의 뮌헨에서 올림픽이 열렸습니다. '즐거운 경기 (Die heiteren Spiele)'를 구호로 내건 뮌헨 올림픽은 121개국에서 7,100여 명이 참가하며 당시 최대 규모의 대회를 자랑했습니다. 1936년에 히틀러가 이끄는 나치 독일의 선전장이었던 베를린 올림픽 이후 처음 맞는 세계 대회였기에 더욱 의미 깊었죠. 제2차 세계대전이 끝난 후 평화로운 독일, 안전한 독일, 달라진 독일을 보여주기 위해 심혈을 기울였습니다. 이렇듯 전 세계의 기대와 함께 뮌헨 올림픽이 시작했습니다. 우리나라도 46명의 선수가 참가했습니다.

누구도 예상하지 못했던 사건은 대회 분위기가 한창 고조되던 개막 열흘째인 9월 5일에 일어났습니다. 새벽 4시, 조용한 뮌헨 주경기장 인근 선수촌이 갑자기 들썩였습니다. 당시 캐나다와 소련의 아이스하키 경기를 관람하고 뒤늦게 귀가한 캐나다 워터폴로 팀 선수들이 먼 길을 돌아 정문으로 가는 대신 선수촌 담을 넘으려 한 것입니다. 그런데 그들 주위에는 어두워서 얼굴이나 생김새 등 인종을 구별하기는 힘들었지만 담을 넘으려던 청년들이 더 있었습니다. 어깨에 더플백을 메고 운동복 차림을 한 청년은 모두 8명이었습니다. 캐나다 선수들은 당연히 동료 선수라고 생각해 그들이 담을 넘을 수 있도록 도와주었습니다. 하지만 그들의 실체는 뮌헨 올림픽을 노린 테러범들이었습니다. 이때 베푼 친절 때문에 캐나다 선수들은 평생을 죄책감에 시달려야 했습니다.

아무리 도움을 받았다고는 해도 테러범들이 너무 쉽게 올림픽 선수촌에 들어온 것은 아닐까요? 당시 뮌헨 올림픽의 보안 기본 개념은 '무기 노출을 금한다'였습니다. 나치 독일과 학살의 이미지를 지우기 위해서 선수촌 근처나 경기장에 무장경찰이나 보안요원을 배치하지 않았죠. 대신 경찰은 민간인 복장을 하고 무기 없이 경비를 섰습니다. 선수촌 숙소의 담 높이도 2m밖에 되지 않았습니다. 평화의 독일을 보여주었으나 여러모로 보안이 허술했던 올림픽이었던 셈입니다.

새벽 4시에 캐나다 선수들의 도움을 받아 담을 넘은 8명의 테러범이 향한 곳은 '코놀리 슈트라세 31번' 건물이었습니다. 사진에서 붉은색으로 표시한 건물로 이스라엘 선수단 숙소입니다. 이곳에서 이스라엘 선수단장과 코치, 심판, 의사 및 사격, 펜싱, 역도, 레슬링 선수들이 모두 5개의 방에 나뉘어 지내고 있었습니다. 기밀보고서에 따르면 테러범 중 일부는 선수촌 건설 현장에서 인부로 일했다고 합니다. 덕분에 헤매지 않고 이스라엘 선수들의 숙소를 정확히 찾아갈 수 있었죠.

이스라엘 선수단 숙소

당시 아랍인이 유대인을 대상으로 한 테러 사건이 여러 차례 발생했기에, 이스라엘 선수단은 독일 측에 선수촌 보안 강화를 요청했습니다. 하지만 독일은 귀 기울이지 않았죠. 뮌헨 경찰의 심리학자 지버Sieber는 26가지 테러 시나리오를 작성했는데, 그중 21번째가 이 테러를 정확히 예견하고 있었습니다. 그래도 독일은 관심을 두지 않았습니다.

허술한 보안 때문에 쉽게 담을 넘은 테러범들은 가장 먼저 이스라엘 선수단의 코치와 심판이 자는 방으로 갔습니다. 이들은 미리 복제한 열쇠 뭉치를 꺼내서 문을 열려고 시도했으나 단번에 열지는 못했습니다. 다시 문을 열기 위해 열쇠를 짤랑거리던 사이 방 안에 있던 레슬링 심판이 잠에서 깼고, 그 순간 출입문이 열리면서 테러범들과 마주하게 됐습니다. 재빨리 상황을 판단한 심판은 도망치라고 소리쳤습니다. 동시에 100kg이 넘는 몸으로 문을 막으셨죠. 그 틈을 타서 방에 있던 역도 코치가 숙소의 뒷유리 창문을 깨고 도움을 요청하러 달리기 시작했습니다.

숙소를 탈출한 역도 코치가 가장 먼저 도움을 구한 곳은 바로 앞 건물인 우리나라 대표팀의 숙소였습니다. 다급히 뛰어 들어온 역도 코치는 우리나라 국가대표 배구팀의 최이식 감독과 전호관 코치를 만났고, 도움을 요청했습니다. 다음은 당시 상황이 담긴 기사 일부입니다.

새벽녘에 방문이 열리더니 "헬프 미!"라고 외치면서 침입하는 사람이 있어, 누구냐고 물었더니 영어를 못하는지 "이스라엘"만 외치고 총을 쏘는 흉내만 냈다. 안정을 시키고 보디랭귀지로 겨우 알아낸 것은 그가 역도 코치이며 괴한이 침입했다는 것이었다.

당시 급박했던 상황이 고스란히 드러납니다. 이스라엘 역도 코치로부터 숙소에 문제가 생겼다는 사실을 파악한 최이식 감독과 전호관 코치는 즉각 경찰에 신고했습니다. 역도 코치는 무사히 피했지만, 레슬링 심판이 홀로 테러범들을 막아서기에는 역부족이었습니다. 끝내 숙소의 문이 열리면서 나머지 코치진과 다른 방의 선수들까지 모두 11명이 인질로 잡히고 말았습니다. 테러범들은 인질을 한 방에 몰아넣기 위해 가장 먼저 습격했던 방으로 이들을 끌고 갔습니다. 이때 누군가가 빈틈을 놓치지 않고 테러범들에게 달려들었습니다. 레슬링 코치인 모셰 바인베르그Moshe Weinberg였죠. 하지만 그는 테러범의 총에 맞아 즉사했고, 테러범들은 시신을 경고용으로 인질들 앞에 내던졌습니다. 갑작스러운 동료의 죽음에 이스라엘 선수단은 공포에 빠졌습니다.

역도 선수 요세프 로마노Yossef Romano도 테러범의 총을 빼앗기 위해 달려들었습니다. 몸을 날려서 테러범의 총을 잡는 데는 성공했지만 다른 테러범이 쏜 총에 맞아 안타깝게도 그 자리에서 사망하고 말았습니다. 피습

피습당한 이스라엘 선수단 숙소

당한 이스라엘 선수단 숙소 벽면에는 총탄 자국이 가득했고, 바닥은 피로 홍건했습니다. 충격적인 사실은 테러범들이 인질들 앞에서 로마노의 성기를 거세해서 희롱한 다음 보란 듯이 시체를 숙소에 전시해 두었다는 것입니다. 이렇게 11명의 선수단 중에서 두 명이 사망하고 남은 9명이 인질로 잡혔습니다.

선수가 두 명이나 희생될 동안 선수촌 밖에서는 테러 상황을 전혀 알아채지 못했습니다. 안타깝게도 이 끔찍한 인질극이 외부에 알려진 것은 사건이 발생한 지 무려 1시간 30분이나 지난 오전 5시 30분이었습니다. 우리나라 선수단이 숙소에서 경찰에 신고했고 때마침 연이은 총격 소리가 들리자, 경찰이 첫 번째 희생자인 바인베르그의 시신을 발견한 것이죠. 시신을 수습하던 도중 건물 2층 발코니에서 선글라스를 쓰고 얼굴을 까맣게 칠한 남자를 발견했습니다. 그 남자는 경찰을 보자 2층에서 종이 두 장을 바닥으로 던졌습니다. 다음과 같은 메시지가 적혀있었습니다.

> 오전 9시까지 이스라엘에 구금된 234명의 팔레스타인 죄수들을 석방하라. 그렇지 않으면 인질 두 명을 추가로 살해하겠다.
>
> _검은 9월단

그렇습니다. 테러범들은 요르단에서 쫓겨난 후 보복을 위해 요르단 총리를 암살했던 PLO 산하 정파 무장단체 '검은 9월단'의 조직원이었습니다. 경찰에게 종이를 던진 남자는 뮌헨 테러를 이끈 리더 '이사Isa'였습니다. 아랍어로 예수라는 뜻입니다. 그리고 그의 옆에는 복면을 쓴 또 다른 단원인 '살라Salah'가 있었죠. 이들 이름은 모두 암호명입니다. 이사의 본명은 루티

| 리더 이사 | 루티프 아피프 |
| 살라 | 칼리드 자와드 |

뮌헨 올림픽 테러범 이사와 살라

프 아피프Rutif Afif였고, 살라의 본명은 칼리드 자와드Khalid Jawad였습니다. 이들은 외부 상황을 확인할 때는 사진처럼 반드시 복면을 쓴 채로 나왔습니다. '검은 9월단'이라는 것 외에 자신들이 몇 명이고, 또 누구인지 철저히 감췄습니다. 그래서 독일은 범인의 정체를 파악하는 데 애를 먹었죠.

사실 검은 9월단은 정확히 파악하기 어려운 조직입니다. 아부 이야드 Abu Iyad와 하산 살라메Hassan Salameh가 만들었다고 하는데, 뮌헨 테러의 기획자인 아부 다우드Abu Daoud는 검은 9월단이 그냥 붙인 이름이며 실체가 없는 조직이라고 했죠. 확실한 것은 PLO의 수장인 아라파트가 이들 배후에 있고, 검은 9월단의 작전을 다 알고 있었다는 사실입니다. 아라파트는 그런 말을 하지 않았지만, 아라파트가 죽은 후 PLO 내부에서 아라파트와 검은 9월단이 관련 있다는 증언이 나오기도 했습니다.

이제 테러범의 정체가 밝혀졌으니 경찰이 나설 차례입니다. 첫 번째 희생자의 시신을 발견한 경찰은 일사불란하게 움직였습니다. 올림픽 보안에 관한 전권을 쥐고 있던 만프레트 슈라이버Manfred Schreiber 경찰청장은 뮌헨이 속한 바이에른주의 내무부 장관과 연방 내무부 장관에게 차례로 소식을 전했습니다. 최종적으로 당시 서독의 총리였던 빌리 브란트Willy Brandt에게 전달되었죠. 그리고 검은 9월단이 이스라엘이 수감한 팔레스타인 게릴라를 석방해달라고 요청했기에, 이스라엘과 협의하기 위해 즉각 골다 메이어Golda Meir 총리에게 연락했습니다.

'중동의 철의 여인'이라 불리는 골다 메이어 총리는 제1차 중동전쟁 당시 속옷에 수류탄을 품고 다녔다는 말이 있을 만큼 산전수전을 겪고 이스라엘 총리가 된 인물입니다. 그런 골다 메이어조차 이번 사건에 대해서는 시간이 필요하다고 답했습니다. 골다 메이어가 고민하는 사이 아침이 밝았고, 사건은 전 세계에 알려졌습니다.

독일은 제2차 세계대전이 끝나고 완전히 달라진 평화로운 독일을 보여주기 위해 올림픽 최초로 TV 생중계를 준비했습니다. 전 세계에서 4,000여 명의 기자가 뮌헨에 모였으나, 결국 TV 생중계 준비는 뮌헨 테러를 알리는 데 활용되고 말았습니다. 사건이 알려지자 기자단은 선수촌 숙소로 몰려가 테러범을 찍기에 급급했고, 방송 때문에 논란은 더욱 커졌습니다. 테러 현장 통제가 원활하지 못했던 상황이었죠. 그래도 독일은 올림픽을 강행하려고 했습니다. 하지만 이스라엘을 비롯해 여러 국가가 항의하자 사건 발생 7시간 만인 오전 11시에 올림픽 사상 최초로 경기가 중단되는 초유의 사태가 일어났습니다.

이제 시간은 오후 1시가 됐습니다. 사건 발생 후 독일 정부는 검은 9월단과 협상을 하면서 시간을 끌었습니다. 협상의 열쇠를 쥔 이스라엘 정부로부터 답변이 올 때까지 시간을 벌어야 했기 때문이죠. 그리고 드디어 기다리던 답변이 왔습니다. 이스라엘 총리는 "테러범과 협상은 없다!"라고 대답했습니다. 잇따른 테러를 겪은 이스라엘은 테러범의 요구를 들어주면 테러가 계속 반복되리라 판단해 강경한 결정을 내린 것입니다. 올림픽을 주최한 독일의 입장은 매우 난처해졌습니다. 이미 두 명이나 희생당한 상황도 감당하기가 벅찬데 나머지 인질의 목숨마저 위험해졌기 때문입니다. 다급해진 슈라이버 경찰청장이 직접 나섰습니다. 슈라이버는 검은 9월단의 리더 이사에게 테러범의 자유로운 출국을 보장하고 원하는 만큼 협상금을 지급하겠다고 제안했습니다. 이뿐만 아니라 인질을 독일인으로 대체하자는 최후의 수단까지 내걸었습니다. 하지만 검은 9월단은 팔레스타인 수감자 석방만을 원한다며 독일의 제안을 모두 거절했습니다.

시간은 다시 흘러 오후 5시가 됐습니다. 이제 독일 정부에는 무력 진압이라는 선택지밖에 남지 않았습니다. 문제는 테러 발생 이후 테러범들이 정체를 철저히 숨겼기에 독일 경찰은 이때까지도 테러범의 수를 정확히 파악하지 못했다는 것입니다. 경찰은 고민 끝에 한 가지 묘안을 떠올렸습니다. 올림픽 위원회 임원 두 명이 이스라엘 선수단이 무사한지 확인하겠다고 설득하면서 숙소 안으로 들어가 테러범의 수를 파악하는 계획이었죠. 다행히 검은 9월단이 제안을 받아들여 독일 연방 내무장관과 바이에른주 내무장관이 숙소로 들어갔습니다. 그들은 인질들을 살펴보는 척하면서 곁눈질로 테러범 수를 파악하기 시작했습니다. 테러범이 5명이라는 사실을 확인한 뒤 곧장 이 사실을 경찰에 전했습니다. 이 일은 이후 뮌헨 테러에 너무도 큰 영향을 미쳤습니다.

테러범의 수를 파악한 슈라이버 경찰청장은 먼저 건물 설계도에서 배관의 위치를 파악하고 이스라엘 선수단의 숙소가 있는 건물 옥상에 경찰을 투입하기로 했습니다. 경찰이 배관을 타고 테러범이 머무는 2층에 잠입하는 계획이었죠. 그런데 이때 옥상에 투입된 경찰에게 갑작스러운 철수 명령이 떨어졌습니다. 올림픽을 중계하기 위해 세계 각국에서 모인 기자들이 테러범이 있는 선수촌으로 몰리면서 몰래 옥상으로 잠입하려던 경찰의 계획이 고스란히 TV에 생중계된 것입니다. 선수촌 숙소에는 TV가 있었고, 검은 9월단도 TV를 보면서 이 모든 상황을 알게 되었죠. 검은 9월단은 당장 경찰을 철수하지 않으면 인질 두 명을 죽이겠다고 협박했습니다. 결국 구출 작전은 성과도 없이 허무하게 끝났습니다.

작전을 수행하면서 현장 통제도 하지 못한 독일 경찰의 미흡한 대응은 지금까지도 논란이 되고 있습니다. 이해할 수 없을 만큼 엉성한 작전이었다는 평가를 받았죠. 다만 이때까지 대테러 부대라는 게 없었기에 별다른 훈련을 받지 못한 일반 경찰이 우왕좌왕할 수밖에 없었다는 의견도 있습니다.

좀처럼 끝나지 않을 것 같던 검은 9월단과 독일 경찰의 대치는 이제 새로운 국면을 맞이했습니다. 테러범 리더인 이사가 이스라엘 선수단 인질과 팔레스타인 수감자를 맞교환하자고 제안한 것입니다. 교환 장소는 이집트의 카이로이며, 즉시 자신과 인질이 이곳으로 이동할 수 있도록 비행기를 구해달라는 요청이 뒤따랐습니다. 이제껏 협상을 거부하던 검은 9월단이 갑자기 태도를 바꾼 이유는 이스라엘이 팔레스타인 수감자 석방을 거절했다는 사실을 독일 정부가 전하지 않았기 때문입니다. 테러범과 협상을 하고 싶었던 독일은 이 사실을 묵인하고 시간을 계속 끌어왔고, 협상 가능성이 있다고 오해한 검은 9월단은 새로운 협상을 제안한 것이죠. 독일은 한 번 더 이스라엘의 협상 의지를 확인했으나 돌아온 답변은 같았습니다.

이제 독일이 할 수 있는 일은 테러범들이 비행기에 탑승하기 전에 체포하거나 사살하는 것뿐이었습니다. 독일은 비밀리에 진압 작전을 세웠습니다. 테러범 5명과 인질 9명을 퓌르슈텐펠트브루크 비행장으로 이동시킨 다음 미리 숨어 있던 두 팀의 독일 경찰이 협동작전으로 테러범을 제압하는 것입니다. 첫 번째 목표는 리더 이사였습니다. 공항에 도착하면 이사가 카이로로 타고 갈 비행기와 승무원을 미리 확인하리라 예측한 것이죠. 승무원과 정비병으로 위장한 12명의 경찰이 비행기 안에 미리 대기하다 이사가 비행기에 오르면 곧바로 제압하기로 했습니다. 이뿐만 아니라 저격수를 관제탑에 세 명, 비행기 인근 낮은 담벼락과 트럭 옆에 각각 한 명씩 배치해서 인질과 함께 남은 테러범 3명을 겨냥할 작전을 세웠습니다.

독일은 이 작전을 수행하기 위해 비행기 출발 시각을 다음 날인 9월 6일

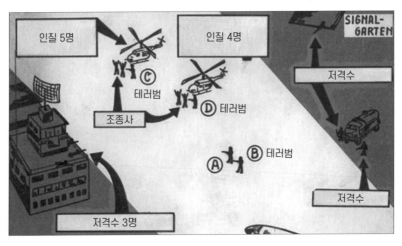

퓌르슈텐펠트브루크 비행장 작전 계획

아침 8시로 연기하자고 제안했습니다. 하지만 테러범들은 지금 당장 카이로행 비행기에 탑승할 수 있도록 준비하지 않으면 인질을 사살하겠다고 협박했죠. 독일은 하는 수 없이 테러범의 요구를 들어주었습니다. 독일과 검은 9월단은 다음과 같은 일정에 합의했습니다.

1. 검은 9월단의 요구에 따라 선수촌에서 약 25km 떨어진 군 공항에 비행기를 준비한다.
2. 헬리콥터로 테러범들과 인질이 공항으로 이동한다.
3. 저녁 9시 30분에 이집트 카이로로 비행기를 타고 떠난다.

안타깝게도 이번 계획 역시 시작부터 어긋났습니다. 헬기 이송과 여러 보안상 문제로 작전은 원래 시간보다 늦어진 밤 10시에 시작되었습니다. 게다가 경찰은 선수촌에서 헬기장까지 이동하는 중간에 저격수를 배치하고 테러범을 진압할 또 다른 작전을 세웠습니다. 하지만 경찰과 함께 헬기장까지 동선을 답사하던 테러범 리더 이사가 버스를 요구하면서 이마저도 소용없게 되었죠. 버스는 검은 9월단과 인질 9명을 태우고 숙소에서 약 200m 떨어진 헬기장으로 이동했습니다. 그런데 이들을 주시하던 중 이상한 점을 발견했습니다. 이제껏 5명인 줄 알았던 테러범이 8명이었던 것입니다. 독일 정부는 그제야 비로소 테러범의 정확한 숫자를 파악한 것이었죠. 완벽해야 할 작전에 계속 빈틈이 생기는 상황에서 더는 물러설 곳이 없던 독일은 작전을 밀어붙이기로 했습니다.

드디어 헬기가 도착하고, 독일의 예측대로 이사가 조직원 한 명과 함께 비행기에 올라탔습니다. 미리 대기하고 있던 경찰이 두 사람을 덮치기만 하면 작전 성공이었죠. 모두가 긴장 속에서 비행기를 주시하던 그때 이사와 조직원이 비행기에서 내렸습니다. 비행기 안에는 조종사도, 승무원도 없이 텅 비어있었기 때문입니다. 원래 대로라면 승무원과 정비병으로 위장한 경찰이 비행기에서 대기 중이어야 하는데, 대체 무슨 일이 있었던 것일까요? 당시 비행기에 오르기로 했던 경찰은 폭탄 테러로 죽을지도 모른다는 걱정이 컸다고 합니다. 그래서 작전을 실행하기 직전에 비행기에 남을지, 아니면 피할지 거수로 투표를 진행했습니다. 투표 결과 피하자는 쪽이 더 많아서 일방적으로 보고한 후 비행기에서 내린 것입니다.

비행기에서 내린 이사와 조직원은 독일 경찰의 계획을 눈치채고 헬기 쪽으로 뛰기 시작했습니다. 이때 관제탑에서 대기하고 있던 저격수들이 이들을 저격했고 조직원이 쓰러졌습니다. 그사이 이사는 헬기 밑에 숨어서 맞대응을 시작했습니다. 헬기에서 대기 중이던 다른 테러범도 이 모습을 보고 격렬하게 대응했죠. 총격전 끝에 테러범 5명이 사망하면서 뮌헨 테러는 사건 발생 20시간 만에 종료되었습니다. 공항의 조명등이 꺼졌고, 저격수들은 자신들의 승리를 기뻐했습니다. 그런데 뭔가 이상합니다. 테러범과 인질이 버스를 타고 헬기장으로 이동할 때 검은 9월단은 분명 8명이었습니다. 그런데 독일 경찰은 5명의 테러범만 사살한 채 총격전을 종결했습니다. 테러범의 정확한 숫자가 현장에서 대기하고 있는 저격수들에게 전달되지 않은 것입니다.

상황은 다시 급변했습니다. 저격수들이 놓친 세 명의 테러범은 두 대의 헬기에 나눠타고 마지막까지 저항했습니다. 하지만 이길 가능성이 희박하다는 현실을 깨닫고는 최악의 선택을 하고 말았습니다. 겁에 질린 9명의 인질에게 총을 난사하고 수류탄을 투척해 모두 죽였습니다. 이렇게 뮌헨 테러는 인질이 모두 사망한 채 끝났습니다. 살아남은 테러범 3인은 모두 체포되었습니다.

충분히 테러를 제압할 수 있던 상황임에도 독일 경찰의 허술함으로 작전은 실패했습니다. 저격수들에게 테러범의 수를 정확히 전달하지 않은 치명적 실수 외에도 늦은 밤에 이뤄진 작전에 야간투시경 등 필수 장비조차 제대로 지급하지 않았습니다. 게다가 진압 장갑차가 지나가는 길목의 교통 통제도 하지 않아 장갑차가 계획보다 늦게 도착하기도 했죠. 빈틈투성이였던 비극적인 사건이 끝난 다음 날인 9월 6일에 독일의 빌리 브란트 총리는 이스라엘의 골다 메이어 총리에게 서신을 보냈습니다.

> '뮌헨에서 평화로운 스포츠 정신을 갈망하던 많은 젊은이의 비극적인 죽음으로 독일 국민은 고통과 깊은 슬픔에 잠겼습니다. 진심으로 조의를 표합니다. 고통받는 가족들에게 애도하는 저의 마음을 전합니다.'

당시 빌리 브란트 총리를 비롯해 독일 전체가 이 문제를 매우 심각하게 생각했습니다. 자칫 독일과 이스라엘 두 국가 간 문제로 번질 수 있었기 때문이었죠. 독일 총리는 이후에도 여러 번의 서신을 보냈고, 이스라엘 선수단장이 사건 해결에 노력해 준 독일에 감사를 전하면서 두 나라의 관계가 더는 틀어지지 않았습니다.

독일은 사건 다음 날인 9월 6일 오후 2시에 뮌헨 올림픽 경기장에서 추모식을 열고 모두 함께 이스라엘 선수들을 애도하는 시간을 가졌습니다. 이스라엘과 국제사회의 반대로 34시간 동안 중단됐던 뮌헨 올림픽은 선수단 투표를 거쳐 경기를 계속했습니다. 하지만 평화의 축제인 올림픽은 이스라엘 선수단 11명, 검은 9월단 조직원 5명, 독일 경찰 한 명의 사망이라는 비극적인 결말과 함께 씻을 수 없는 오명을 남겼습니다.

그림은 당시 언론에서 이 사건을 풍자한 만평입니다. 첫 번째 그림은 '또 다른 영광의 순간'이라는 글과 함께 총을 든 테러범이 1등 단상 위에 서 있고, 악마가 해골 목걸이를 걸어주고 있습니다. 뮌헨 올림픽의 최고 수혜자는 테러범이며 악마가 메달을 걸어줄 만큼 수법이 잔인했다는 뜻으로 해석할 수 있죠. '뮌헨 릴레이 정신'이라는 제목의 두 번째 만평은 히틀러가 아랍인에게 '반유대인'이라고 쓰인 횃불을 전해주는 모습입니다. 1936년 베를린 올림픽을 개최한 나치 독일이 제2차 세계대전에서 유대인을 학살했다면, 1972년 뮌헨 올림픽에서는 팔레스타인 게릴라가 유대인을 학살했음을 풍자했습니다. 1936년 베를린 올림픽은 히틀러가 말하는 이상적 인종인 아리아인의 우수성을 보여주겠다며 유대인 참가를 금지했습니다. 36년 뒤 다시 독일에서 열린 뮌헨 올림픽 역시 테러의 온상지가 되면서 전 세계가 허술했던 독일의 대응에 비판을 쏟아냈습니다.

뮌헨 올림픽을 풍자한 만평들

테러범의 최후와 이스라엘의 '신의 분노 작전'

뮌헨 올림픽을 테러로 물들이고 현장에서 체포된 테러범들은 독일 교도 소에 수감됐습니다. 하지만 불과 2개월 만에 출소해 유유히 자신들의 근거 지로 돌아갔습니다. 1972년 10월 29일에 시리아에서 독일 프랑크푸르트로 향하는 독일 여객기가 경유지인 레바논의 베이루트 국제공항에 머물고 이 륙하던 중 검은 9월단에 납치됐습니다. 납치범들은 비행기 승객과 뮌헨 테 러 사건으로 독일에 수감 중인 테러범 3인을 맞바꾸자고 요구했습니다. 뮌 헨 사태로 홍역을 치른 독일 정부는 인질이 또다시 희생되는 사고를 막기 위해 요구를 들어주기로 했습니다. 11명의 승객과 7명의 승무원은 리비아 트리폴리 국제공항에서 테러범 3인과 교환하는 조건으로 풀려났습니다. 이때 독일 항공기 납치를 설계한 사람은 뮌헨 올림픽 테러를 기획한 아부 다우드입니다. 훗날 자서전에서 아부 다우드는 PLO 수장 아라파트에게 당 시 테러 계획을 보고했으며, 아라파트로부터 신의 가호를 빈다는 말을 들 었다고 밝혔습니다. 결국 뮌헨 테러 배후에 PLO가 있었던 셈이죠.

풀려난 검은 9월단 테러범들은 본거지인 리비아로 돌아갔고, 열렬한 환 영 속에 기자회견까지 열어 뮌헨 테러로 검은 9월단과 팔레스타인의 상황 을 전 세계에 알렸다며 자축했습니다. 하지만 이 사건을 검은 9월단의 승 리로만 여겨서는 안 됩니다. 그때까지만 해도 영국과 이스라엘에만 존재하 던 대테러 부대의 필요성을 전 세계가 깨달은 것입니다. 410쪽의 사진처럼 독일, 프랑스, 미국 등 주요 국가가 국제 테러 대비 부대를 만들기 시작했습 니다. 특히 독일은 뮌헨 테러의 뼈아픈 실패를 겪고 올림픽이 끝난 직후인 1972년 9월 26일에 국경경비대 제9그룹 'GSG9'을 창설했습니다. 이외에도 프랑스 대테러 부대 GIGN(1974), 미국 FBI 산하 SWAT의 HRT(1984) 역시 뮌헨 테러와 같은 테러 상황에 대비하기 위해 창설했죠.

하지만 이스라엘의 골다 메이어 총리는 좀처럼 위안을 얻지 못했습니다. 골다 메이르는 검은 9월단이 테러를 벌인 지 일주일이 지난 9월 12일에 유가족을 집무실로 초대했습니다. 그리고 "여러분들에게 제 계획을 알려드리고 싶군요. 저는 그들을 하나도 남김없이 찾아내겠다고 결심했습니다. 어떤 식으로든 학살에 관여한 사람은 오래 살아남지 못할 것입니다. 지구 끝까지라도 쫓아갈 겁니다"라고 말했습니다. 유가족에게 위로의 말 대신 복수를 약속한 것이죠. 411쪽의 그림은 당시 그녀의 다짐을 나타낸 만평입니다. 골다 메이어 총리가 '폭력'이라는 상자를 보낸 사람에게 다시 반송하고 있습니다. 이스라엘이 당한 비극을 그대로 돌려보낸다는 뜻으로, 피는 피로 되갚겠다고 선언한 셈이죠. 이것이 바로 이스라엘이 '신의 분노'라고 부르는 암살 작전입니다.

독일 대테러 부대 GSG9

프랑스 대테러 부대 GIGN

미국 대테러 부대 HRT

이 작전은 뮌헨 테러와 관련 있는 사람은 한 명도 빠짐없이 찾아 정리하는 것이 목표입니다. 작전은 PLO의 핵심 인물들이 로마, 프랑스, 아테네 등 세계 각지에서 의문의 사고사를 당하면서 시작됐습니다. 이스라엘이 목표로 한 팔레스타인의 핵심 인물들은 대부분 갑작스러운 죽음을 맞이했습니다. 걸어가다가 총을 맞거나, 자동차 시동을 걸면 갑자기 차가 폭발하거나, 심지어 자고 있는데 침대가 폭발하기도 했죠. 특히 1972년 10월부터 이듬해 7월까지, 다양한 장소에서 다양한 방법으로 PLO 고위 인사 의문사만 10건 이상 일어났습니다. 사건이 일어난 정황과 증언을 정리해 볼 때 암살의 주범은 이스라엘의 대외정보기관인 '모사드'라고 추측합니다.

폭력을 되돌려 보내는 골다 메이어 총리

하지만 이스라엘은 여기서 끝내지 않고 이참에 아예 PLO를 완전히 뿌리 뽑을 생각이었습니다. 그 이유는 1972년 이스라엘 의회의 오랜 야당 지도자였던 메나헴 베긴Menachem Begin의 발언에서 유추해 볼 수 있습니다.

"보복 공습만으로는 충분치 않습니다. 우리는 살인자들과 그들의 기지를 정해진 시한 없이 끈질기게 공격할 것입니다. 그들의 모든 계획과 작전을 차단하고, 살인을 일삼는 조직 자체를 와해시켜야 합니다. 우리에게는 손과 머리가 있습니다. 이제 그 힘을 활용해야 합니다. 살인자들과 범죄자들을 몰아내고, 공포에 떨게 만들어서 더는 폭력을 저지르지 못하게 막아야 합니다."

이스라엘이 내세운 암살 작전의 목적은 뮌헨 테러의 복수를 넘어 이스라엘을 향한 테러분자를 사전에 제거해 가능성을 완전히 차단하는 것이었습

니다. 하지만 그 과정에서 테러와는 전혀 상관없는
민간인들이 다수 희생됐죠. 특히 1973년 7월 21일,
노르웨이 릴레함메르에서 암살 전담팀은 너무나도
치명적인 실수를 저지르고 말았습니다. 뮌헨 테러
와 아무 관련 없는 민간인을 테러의 주모자 알리 하
산 살라메Ali Hassan Sakameh로 오인해 암살한 것입
니다. 희생자는 모로코 이민자 출신의 평범한 시민
으로, 임신한 아내가 보는 앞에서 억울하게 죽임을
당했습니다.

알리 하산 살라메

　　알리 하산 살라메의 아버지인 하산 살라메는 팔
레스타인 사람들의 반영 항쟁을 주도했던 인물입니다. 그런데 아들인 살라
메는 아버지가 혁명 전사였다는 사실에는 관심을 보이지 않고 방탕하게 노
는 것을 좋아했습니다. 사람들은 그에게 아버지처럼 혁명에 가담하라고 설
득했습니다. 이후 팔레스타인에서 태어났지만 스위스와 독일에서 교육받
아 독일어를 유창하게 할 줄 알았던 살라메가 뮌헨 테러에서 주요한 역할
을 했을 것이라는 이야기가 흘러나왔습니다. 살라메가 뮌헨 테러를 기획했
다는 '살라메 기획설'을 독일 언론이 최초로 보도했고, 이를 이스라엘 언론
에서 받아적으면서 모사드의 암살 목표가 된 것입니다.

　　사실 살라메는 미국 CIA와도 긴밀하게 내통하고 있었습니다. 베이루트
미 대사관의 안전을 보호하는 임무를 담당했죠. 이런 이유로도 살라메는
모사드가 가장 잡고 싶어 한 인물 중 하나였습니다. 하지만 애꿎은 청년의
죽음으로 신의 분노 작전에 비난이 일자, 이스라엘은 작전을 잠정 중단했습
니다. 그렇다고 모두 포기한 것은 아닙니다. 이스라엘과 PLO의 대결은 계

속되었고, 그러던 중 이스라엘이 테러의 주도권을 바꾼 사건이 벌어졌습니다. 구출 작전의 신화이자 대테러의 교과서로 불리는 '엔테베 작전'입니다.

테러의 주도권을 바꾼 '엔테베 작전'

1960년대 후반부터 팔레스타인 무장단체들을 필두로 잇따라 항공 테러가 발생했습니다. 이는 테러 단체가 주도권을 쥐기 쉬운 방법이기 때문입니다. 하지만 무장 경찰이나 검색 시스템을 보완하며 안전을 강화하는 국가가 증가하면서 점차 항공 테러의 횟수도 줄었습니다. 그러던 중 1976년 6월 27일에 예기치 못한 사건이 발생했습니다. 이스라엘 국제공항을 떠난 비행기가 경유지인 그리스 아테네에서 테러범을 승객으로 태우면서 단 3분 만에 피랍된 것입니다.

당시 아테네 공항은 이스라엘에 비해 상대적으로 보안이 허술한 편이었습니다. 이를 노리고 벌인 테러라고 볼 수 있죠. 이번 항공 테러범들은 기존 비행기 납치 테러로 유명했던 PFLP보다 더욱 강경한 노선을 채택해 갈라선 PFLP-작전단 소속이었습니다. 이처럼 팔레스타인 해방운동을 위해 새로운 테러 조직이 계속 생겨났지만, 비행기 납치 수법은 기존 PFLP의 방법과 크게 다를 바 없었습니다. 우선 다른 조직처럼 항공기를 자신들에게 유리한 땅으로 끌고 갔습니다. 이들이 향한 곳은 아프리카 우간다의 엔테베였습니다. 군사 쿠데타로 정권을 잡은 독재자 이디 아민Idi Amin이 지배하는 땅이었죠. 우간다는 1972년까지만 해도 이스라엘과 사이가 좋았습니다. 하지만 이디 아민이 탄자니아와 케냐를 침공할 무기를 요청했으나 이스

라엘이 거절하자 반이스라엘파로 돌아섰습니다. 이스라엘을 싫어한 이디
아민은 팔레스타인을 암묵적으로 용인했고, 납치범들을 받아주었습니다.
인질은 엔테베 공항 구청사에 가뒀죠.

인질범들은 500만 달러와 독일, 프랑스, 스위스, 케냐, 이스라엘 등지에
투옥된 테러범 53명을 석방할 것을 요구했습니다. 심지어 이스라엘 시각으
로 7월 1일 오후 2시까지 조건을 들어주지 않으면 인질을 살해하겠다고 협
박했죠. 인질은 승객 248명, 승무원 12명으로, 약 3분의 1이 이스라엘 국민
이었습니다. 이때 테러범들은 이스라엘 국민과 타 국적 국민을 나눴고, 이
스라엘인들은 홀로코스트의 공포를 떠올렸습니다. 유대인이 아닌 인질은
풀어주면서 결국 이스라엘 국민만 인질로 남게 되었습니다.

이번에는 이스라엘도 테러범과 협상에 나서기로 했습니다. 협상을 받아
들이는 척하면서 협상 기한을 7월 4일까지 늦춰 비밀리에 인질을 구출해
낼 계획이었죠. 이스라엘의 첫 번째 작전은 엔테베 공항의 구조와 도면을
입수해 철저히 분석한 다음, 공항을 간이모형으로 제작해 작전에 참여하기
전에 실제 훈련을 진행하는 것이었습니다. 모사드와 미국의 도움을 받아
엔테베 공항의 위성사진과 자료도 입수해서 철저히 고증까지 거친 후 리허
설을 완벽하게 진행했습니다.

하지만 리허설을 마친 이스라엘은 한 가지 고민에 빠졌습니다. 작전을
실행하려면 이스라엘의 텔아비브에서 우간다 엔테베 공항까지 4,000km가
넘는 거리를 이동해야 했기 때문입니다. 심지어 주변 아랍 국가에 들키지
않고 우간다 영공에 진입해야 했습니다. 결국 이스라엘은 아랍 국가들의
레이더망을 피하고자 초저고도로 비행했습니다. 조종사는 이스라엘 특수
부대 요원 100명을 태우고 모든 조명을 끈 채, 어두운 밤에 야시경을 쓰고

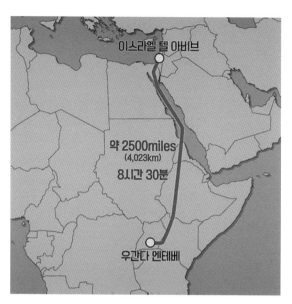

이스라엘 텔아비브에서 우간다 엔테베 공항까지

전투기를 조종했죠. 탐지를 최소화하기 위해 지면이나 해면에 가능한 한 가깝게 비행하는 초저고도 비행은 매우 위험한 방법입니다. 그래서 우간다의 빅토리아 호수를 거쳐 진입하는 작전도 생각했다고 합니다. 그런데 호수에 악어 떼가 많아서 인질의 안전을 장담할 수 없어 포기했습니다.

실제 훈련 리허설부터 초저고도 비행까지 이스라엘은 대테러 작전을 차근차근 진행했습니다. 하지만 엔테베 공항에 도착해서 피랍된 비행기에 접근하려면 우간다 경찰의 감시를 피해야 했죠. 이때 세 번째 작전인 위장술이 빛을 발했습니다. 이디 아민 대통령의 공항 방문으로 위장해서 우간다 경찰의 감시를 피해 인질이 잡혀 있는 터미널 내부로 진입할 계획을 세운 것입니다. 특공대는 이 작전을 위해 대통령의 자동차를 그대로 모방한 벤츠 한 대와 랜드로버 두 대를 준비했습니다. 모든 준비를 마친 특공대는 여러 차례 위장술을 발휘해 엔테베 공항까지 접근했습니다.

완벽히 위장한 자동차가 무사히 검문을 통과하리라는 예상과 달리 인질이 잡혀 있는 공항 구청사로 가던 중 생각지 못한 총격전이 일어났습니다. 초소에 있던 우간다 군인 두 명이 총을 겨냥한 채 차량을 제지하자 이를 위협이라 생각한 이스라엘 특공대가 먼저 공격한 것입니다. 총격전이 벌어지는 정신없는 틈을 타 특공대는 인질이 잡혀 있는 청사 안으로 진입했습니다.

그런데 깜깜한 밤이었던 탓에 인질로 잡힌 이스라엘 국민을 알아보기 어려웠습니다. 이때 이스라엘 특공대는 암흑 속에서 이스라엘 말인 히브리어로 "엎드려"라고 외쳤습니다. 기지를 발휘한 덕분에 인질을 무사히 구출해 수송기에 태워서 보냈고, 우간다 공군이 추격하지 못하도록 공항에 있던 미그기를 전부 폭파하며 엔테베 작전을 종결했습니다. 침투부터 구출까지 걸린 53분 동안 우간다 경찰 45명과 이스라엘 인질 세 명, 그리고 이스라엘

이디 아민 대통령의 자동차로 위장한 벤츠

9대 총리였던 베냐민 네타냐후-Benjamin Netanyahu의 형이자 당시 작전 대장 요나단 네타냐후-Yonatan Netanyahu가 사망했습니다.

우간다 경찰을 진압한 이스라엘 특공대는 인질 91명과 승무원 12명을 비행기에 태우고 엔테베 공항을 떠났습니다. 1968년부터 1976년까지 숱한 비행기 납치 테러 사건을 겪었던 이스라엘이 드디어 대테러 작전으로 인질 구출에 성공한 것입니다. 이스라엘 국민은 무사히 이스라엘에 도착한 인질을 맞이하며 환호했습니다. 반면 화가 난 이디 아민 대통령은 병원에서 치료 중이던 이스라엘 여성 인질과 우간다 의료진을 즉결 처형했고, 이스라엘 작전에 도움을 준 케냐를 원망하며 우간다에 거주 중인 케냐인들을 처형했습니다.

엔테베 작전 성공 이후 항공기 납치는 점차 줄어들고, 비행기 납치 테러의 주범이었던 PFLP도 서서히 세력을 잃었습니다. 그리고 1979년 1월 22일, 이스라엘이 뮌헨 테러 주동자로 지목한 알리 하산 살라메가 모사드의 폭

엔테베 작전 성공 후 환호하는 이스라엘 사람들

탄 세례로 사망했다는 소식이 전해졌습니다. 1970년대를 테러로 물들였던 이들의 시대가 저문 것입니다. 이때를 기점으로 PLO도 온건 노선을 걷기 시작했습니다. 뮌헨 테러의 주동자였던 아부 다우드는 2010년에 병으로 사망했습니다. 아부 다우드는 자서전에서 다음과 같은 글을 남겼습니다.

> '나는 뮌헨과 같은 작전을 반대할 것입니다. (중략) 하지만 이 작전으로 이스라엘에 희생된 팔레스타인 사람들을 거들떠보지 않았던 5억 인구 가정에 팔레스타인 문제를 알렸습니다.'

오늘날 올림픽 같은 세계적 행사를 공격하는 것은 팔레스타인의 이미지를 손상할 뿐이라고 말합니다. 그렇다면 이제 평화가 찾아왔을까요? 안타깝게도 아닙니다. 요르단에서 레바논으로, 다시 튀니지로 본부를 옮겨가야 했던 PLO를 대신해서 이슬람주의로 무장한 하마스Hamas가 강경 노선을 주도하며 이스라엘-팔레스타인 분쟁의 핵심으로 등장했습니다. 더욱이 하마스는 이란의 지원까지 받고 있습니다. 현재 이스라엘은 팔레스타인을 공격하고 있고, 이에 맞서 팔레스타인 무장단체의 보복 공격도 계속되고 있습니다. 두 나라의 테러와 보복으로 무고한 시민들은 여전히 고통받고 있습니다.

이제 팔레스타인 문제는 아랍과 이스라엘의 대립이 아니라, 이란까지 개입된 국제적 문제가 되었습니다. 이란은 시온주의를 악으로 규정하고 이슬람의 힘으로 이를 깨야 한다고 믿고 있습니다. 레바논의 헤즈볼라와 팔레스타인의 하마스를 적극적으로 지원하죠. 그래서 이란을 안보 위협으로 여기던 아랍 국가들도 이스라엘과 손을 잡고 반이란 전선을 이루고 있습니다. 민심과 정치 지도자, 종교 지도자들의 생각이 엇갈리다 보니 현재 이스라엘-팔레스타인 문제는 해결이 힘든 상황입니다. 여기에 미국과 러시아 등 국제사회 강국의 이해관계까지 끼어들면서 해결은 더욱 어려워졌습니다. 그래도 민간인의 목숨을 담보로 삼아 정치적 목적을 이루려는 극악한 테러는 반드시 사라져야 합니다.

벌거벗은 세계사 - 사건편 2

초판 1쇄 발행 2024년 6월 17일
초판 2쇄 발행 2024년 7월 17일

지은이 tvN 〈벌거벗은 세계사〉 제작팀
　　　　김헌, 류한수, 박구병, 박삼헌, 박현도, 이광수, 이성원, 이재학, 임승휘, 조영헌
펴낸이 안병현 김상훈
본부장 이승은 **총괄** 박동옥 **편집장** 임세미
책임편집 정혜림 **디자인** 박지은 **마케팅** 신대섭 배태욱 김수연 김하은 **제작** 조화연

펴낸곳 주식회사 교보문고
등록 제406-2008-000090호(2008년 12월 5일)
주소 경기도 파주시 문발로 249
전화 대표전화 1544-1900 **주문** 02)3156-3665 **팩스** 0502)987-5725

ISBN 979-11-7061-144-8 (03900)
책값은 표지에 있습니다.